KB129508

나남출판 원고지

AI, 신들의 전쟁

샘 올트먼 축출 작전

나남
nanam

나남신서 2164

AI, 신들의 전쟁
샘 올트먼 축출 작전

2024년 6월 18일 발행
2024년 8월 1일 2쇄

저자   박영선 · 유호현 · 제임스 정
발행자   趙相浩
발행처   (주) 나남
주소   10881 경기도 파주시 회동길 193
전화   (031) 955-4601 (代)
FAX   (031) 955-4555
등록   제 1-71호 (1979.5.12)
홈페이지   http://www.nanam.net
전자우편   post@nanam.net

ISBN   978-89-300-4164-5
ISBN   978-89-300-8655-4 (세트)

나남신서 2164

AI, 신들의 전쟁

샘 올트먼 축출 작전

박영선 · 유호현 · 제임스 정

나남
nanam

프로메테우스는 인간들에게 불을 가져다주었다가 신들의 미움을 받아 추방되었다.

이제 인간은 인공지능AI: Artificial Intelligent을 창조해 역사를 바꾸려 한다. 일론 머스크, 샘 올트먼, 젠슨 황 — 인공지능을 만들고 있는 AI 신들은 디지털 올림포스 실리콘밸리에서 어떤 전쟁을 펼칠까? 샘 올트먼 축출 작전은 완료형일까, 진행형일까? 오픈AI에서 축출되었다가 돌아온 올트먼은 AI 패권을 거머쥘 수 있을까? 자율주행 AI를 개발하는 일론 머스크가 올트먼을 고소한 본심은 무엇일까? AI 반도체의 맹주 젠슨 황은 이 전쟁에서 누구의 편에 설까?

차 례

3장 머스크의 역습

4장 AI와 반도체 전쟁의 승부처

5장 AI 전쟁의 사령관들

8장 AI 에이전트의 출현

프롤로그

하버드에서 만난 인공지능

인공지능^{AI}이 세상을 삼켜 버릴 것만 같았다. 그러나 우리는 AI 없이도 자연을 벗하며 살아갈 수 있을 것이다.

AI를 모르면 못 살아갈 것 같았다. 그러나 AI를 잘 아는 이를 친구로 벗하면 그것도 어느 정도는 해결될 일이다.

그런데 인간은 유한하고 AI는 무한하다. 여기엔 부정할 말이 없다. 그렇다면 유한한 인간이 언제까지 AI를 지배할 수 있을까?

실리콘밸리에서 만난 인공지능

AI가 생활 속으로 들어오자 내 일상에도 자유가 생겼다. 자율주행은 자동차 운전에서 나를 해방시켜 주었고, 2시간 걸릴 일을 10분 안에, 1주일간 할 일을 하루 만에 마치는 것이 자연스러워졌다.

AI의 엄청난 속도에 나는 시원하고 유쾌하지만 동시에 두려우면서 혼란스럽기도 하다. 언젠가 온 세상을 덮을, 일상 속 AI의 쾌속을 우리는 어떻게 받아들여야 할까?

서울에서 만난 인공지능

AI는 속도를 시간과 바꾸는 것이다.

서울은, 대한민국은 분명 무엇이든지 빠른 나라였다. 적어도 AI가 나오기 전까지.

이제 대한민국의 속도가 점점 느려지고 있다. 대한민국의 시간이 느리게 가고 있다.

한때 우리나라는 암기 잘하는 사람들의 나라였다. 외우고 또 외우면, 빨리 1등을 따라잡고 승부가 났다. 그런데 이제 암기만으로 성과를 거두던 영역을 AI가 차지하고 있다.

AI의 출현 이후 대한민국의 속도가 떨어진다고 느껴지는 건 암기 위주의 주입식 교육 탓은 아닐까? 나만의 생각일까?

Boston + Silicon Valley + Seoul!

이 책의 저자들은 미국 보스턴, 샌프란시스코, 서울에서 각자의 관점에서 AI를 바라보고 있었다. 따라서 지난 7개월간 거의 주 1회씩 화상회의를 통해 생각을 정리하고, 데이터를 찾고, 글 쓰는 과정을 반복했다. 토론 중에 AI 기술 발전이나, 사건이 잇따라 터져 나왔기 때문에 기존의 서술을 바꾸거나 추가해야 하는 경우도 많았다. 그때마다 공저자들의 인적 네트워크를 동원해 해당 사건의 숨은 뜻을 찾아내려 노력했다.

박영선은 경제부 기자 시절 삼성 이건희 회장과 전경련 제주 포럼에서 만나 반도체에 관한 얘기를 나눈 후 반도체에 대해 지속적인 관심을 가져왔다. 제 2대 중소벤처기업부 장관으로 역임한 바 있으며, 최근 하버드대학 케네디스쿨 선임연구원을 지내면서 《반도체 주권 국가》를 펴내 큰 반향을 불러일으켰다.

유호현 대표는 실리콘밸리에서 트위터와 에어비엔비의 소프트웨어 엔지니어로 7년간 일했고, 현재는 Tobl.ai라는 스타트업을 통해 AI와 함께 일하는 방법과 기업의 실질적 변화 방향에 대해 컨설팅하고 있다.

제임스 정은 블록체인을 전문으로 다루는 매체인 〈블록미디어〉의 편집장이다. 블록체인 기술과 인공지능 기술이 필연적으로 만날 수밖에 없다는 신념을 가지고 있다.

박영선 · 유호현 · 제임스 정이 함께한 화상회의의 한 장면.

1장

샘 올트먼 축출 작전

"그날은 걱정하는 사람들에게 주어진 마지막 기회였다."

실리콘밸리

2023년 11월, 실리콘밸리 101 고속도로를 달리는 전기자동차 테슬라 위로 넓은 하늘이 펼쳐져 있었다. 실리콘밸리에서 AI 스타트업을 하고 있는 유호현 대표는 테슬라의 자율주행 덕분에 자동차 안에서 자신만의 여유로운 휴식시간을 보내고 있었다.

자율주행 기능의 발전은 곧 AI의 발전이다. 'AI가 나를 자유롭게 하는구나'라는 생각을 하고 있는데 스마트폰에서 알람이 울렸다. 〈뉴욕타임스〉의 충격적인 뉴스였다.

"OpenAI's Board pushes out Sam Altman, Its high-profile CEO."

처음에는 이게 무슨 뜻인지 이해하는 데 한참 걸렸다.

'오픈AI 이사회가 샘 올트먼Sam Altman을 축출했다고? 가짜뉴스인가? Push out? 내가 잘못 봤나? AI시대의 슈퍼스타 샘 올트먼을 잘랐다고? 다른 뜻이 있나? 그냥 싸웠다는 뜻인가? 한국에도 방문해 큰 임팩트를 남겼으며 전 세계가 많은 기대를 가지고 지켜보던 CEO 샘 올트먼이 이렇게 하루아침에 잘릴 수 있다고?'

샘 올트먼의 축출은 충격으로 다가왔다. 오픈AI, 인공지능 기술의 최전선에서 활약하는 회사의 CEO로서, 올트먼은 업계의 얼굴이자, AI 붐을 주도하는 주요 인물이었다. 그의 리더십 아래, 오픈AI는 챗GPT를 내놓으며 업계 전반에 AI 열풍을 일으켰다. 그런 그가 축출되었다고?

지난 10년 동안 실리콘밸리에서 살면서 실리콘밸리가 세상을 바꾸는 것을 지켜보았다. 실리콘밸리의 겉모습은 크게 달라지지 않았다. 핸드폰은 여전히 안 터지는 곳이 많고, 대중교통은 여전히 엉망이다. 그런데 한편으로는 수많은 사람들이 계속 주식 부자가 되어 주택가는 점점 럭셔리해진다. 거리에는 테슬라가 절반은 되고 사이버트럭도 하루에 3번 정도는 볼 수 있다.

페이스북의 마크 저커버그도, 구글의 세르게이 브린도 길거리에서 마주치거나 구글 식당에서 만날 수 있는 인물들이다. 여기 저기 보이는 스티브 잡스의 흔적들, 세계에서 가장 똑똑한 천재들과 식당 옆자리에 앉아 자연스럽게 소소한 일상의 대화를 나누는 곳, 겉으로만 보면 다들 너무나 여유롭다. 아이를 돌볼 때나 아이들과 놀아 줄 때조차 매 순간이 치열한 한국에 비하면, 이곳은 겉보기에 늘 평온하고 여유롭다.

그런 평온함과 여유로움 속에 둘러싸인 실리콘밸리를 이제 AI가 바꾸어 가고 있다. 한때 사람들의 관심이 몰렸던 블록체인과 메타버스는 이제 일부의 이야기가 되었다. 겉으로는 평온하게 보이는 실리콘밸리를 AI가 지금 뿌리째 흔들어 놓고 있다. 지금까지 있었던 파괴적 혁신을 넘어 재앙적 혁신을 만들고 있다.

판갈이에 가까울 정도로 엔지니어의 가치가 달라졌다. AI 엔지니어는 부르는 게 값인 데 반해, 그동안 잘나가던 다른 엔지니어는 정리해고를 당하고 구직난에 시달리기 시작했다. 실리콘밸리 한 세대의 종말적 변화가 너무나 자연스럽게 이루어졌다. 일자리를 잃은 사람들은 또 다른 기회를 찾아 나선다. 새로운 기회가 반드시 취업일 필요는 없다. 다른 주로 가거나 창업을 하고, 대학원에 입학하는 등 다양한 스펙트럼의 기회를 엿본다.

오픈AI 이사회는 금요일 오후 블로그 포스트를 통해 올트먼이 회사에서 축출되었다고 발표했다. 이사회의 결정은 올트먼이 이사회와의 커뮤니케이션에서 일관되게 솔직하지 않았다는 판단에 따른 것이었다고 했다. 이로 인해 이사회는 올트먼의 리더십을 더 이상 신뢰할 수 없다고 결론 내렸다.

이사회 발표 직후, 미라 무라티 Mira Murati, 오픈AI의 최고기술책임자 CTO가 임시 CEO로 임명되었다. 몇 시간 뒤, 회사의 사장인 그레그 브록먼 Greg Brockman이 사직한다고 발표했다. 형식과 틀에 얽매이지 않는 실리콘밸리답게 충격적이고 파괴적인 변화가 쉴 새 없이 쏟아졌다.

올트먼은 X(옛 트위터)에 이렇게 썼다.

"오픈AI에서의 시간을 사랑했다. 개인적으로 변화를 경험했고, 세상에 조금이나마 변화를 가져왔기를 희망한다. 가장 좋았던 것은 재능 있는 사람들과 함께 일했다는 것이다. 무엇이 다음일지는 나중에 말할 것이다."

오픈AI 사장직에서 물러난 브록먼 역시 X에 글을 남겼다.

"오늘 이사회가 한 일에 샘과 나는 충격을 받고 슬퍼하고 있다. 우리도 정확히 무슨 일이 일어났는지 파악하려 노력 중이다."

브록먼에 따르면, 그는 이사회의 의장이었음에도 불구하고 이사회 회의에 참석하지 못했으며, 올트먼의 축출 소식을 회의 직후에야 알게 되었다.

정말 실리콘밸리스러운 일이었다.

실리콘밸리에서는 규칙과 전통의 의미가 우리나라와는 사뭇 다르다. 변화와 혁신이 실리콘밸리의 전통이고, 사회를 지켜내는 최소한의 규칙만이 있을 뿐이다. 모두가 정해진 틀 없이 자신만의 방식으로 시장에 도전하고 자신만의 새로운 규칙을 만든다.

혁신적 제품으로 명성을 떨친 오픈AI는 새로운 규칙으로 회사 구조도 대대적으로 변경했다. 비영리단체로 시작해서 수익이 제한된 영리기업을 신설하고 마이크로소프트 Microsoft. 이하 MS의 투자를 받았다. 최대 투자자인 MS는 비영리단체인 오픈AI가 아니라 그들의 지사인 오픈AI Global에 투자했기 때문에 오픈AI에 대해 의결권이 없었다. 일론 머스크Elon Musk가 크게 분노해서 소송을 걸었을 만큼 본래 비영리의 취지를 무색하게 하는 새로운 구조이다. 그리고 이 구조 때문에 MS는 샘 올트먼의 축출 과정을 지켜만 봐야 했다.

오픈AI 이사회는 자신들의 기술이 상업화되어 제어할 수 없는 속도로 발전하면 인류를 파멸로 몰고 갈 것을 우려하여 샘 올트먼과 MS를 축출하려는 시도를 했다고 한다. 이것이 그들이 생각하는 인류를 구원하기 위한 마지막 기회였는지도 모른다.

의결권이 없던 MS이지만 결국에는 돈의 힘과 세상의 영향력으로 판을 다시 뒤집었다. 샘 올트먼은 불과 5일 만에 다시 CEO가 되었다. 오픈AI 이사회의 '5일 천하'였다.

겉으로는 흥미로우면서도 충격적인 일종의 해프닝처럼 보이지만 이 사건에는 실리콘밸리의 다양하고 혁신적인 기업 구조, 실리콘밸리 특유의 자유롭고 기발한 생각들의 충돌, 이사회 의결권과 거대 자본이 만드는 기업 운영의 역동성이 다 녹아 있다. 그리고 무엇보다 AI와 인류의 미래에 대한 큰 질문을 던졌다.

AI로 인해 수만 명의 사람들이 실직하고, 수많은 스타트업이 사라지고 있는 오늘, 그리고 한편으로 AI를 통해 새로운 산업이 생겨나고 있는 지금, 우리가 향하고 있는 방향은 파멸일까, 자유일까?

보스턴

2023년 하버드대학의 교정은 박영선(전 중소벤처기업부 장관)이 다녔던 1980년대 한국의 대학과는 너무나 달랐다. 당시 한국의 젊은이들은 우울한 대학 시절을 보냈다. 박정희 대통령 사후 그 권력의 공백기에 폭발하기 시작한 민주화에 대한 열망과 군부와의 대립으로 젊은이들은 대학 시절의 절반 이상을 최루가스와 함께해야 했다. 주변에는 늘 보이지 않는 사슬이 있었다. 숨 쉬는 공기마저도 그랬다.

박영선은 그런 억압의 시대에 대학을 다녔다. 힘 있는 권력자가 아니면 누구도 제 목소리를 낼 수 없는 억압적 사회 분위기를 깨고 싶었던 젊은이들에게 민주주의는 너무나 뜨거운 갈망의 대상이었다. 어쩌면 바로 그때 정치와 공동체 그리고 민주주의가 추상적 관념이 아니라 구체적 현실 속 이미지로 각인됐는지 모른다.

하버드대학의 하늘은 늘 청명했다. 하늘을 바라보면 그곳에 꿈이 있는 듯했고 나이를 잊곤 했다. 그런 청명한 하늘 아래 치열함이 늘 존재한다. 그리고 고독함도 함께.

고독. 'solitude'와 'loneliness' ― 두 영어 단어는 분명히 다른 뜻이다. 이곳에서 영어로 수업을 듣고, 세미나에 참여하면서 입력되는 영어 단어와 출력되는 영어 단어가 어색하다고 느낀 적이 한두 번이 아니다. 그러나 반복해서 영어 문장을 듣고 있으면 묘한 파동 같은 것이 느껴진다.

세계 최고의 대학이 만들어 내는 파동은 뇌세포를 자극한다. 하버드대학은 스스로 고립되어 내부로 파고드는 고독 solitude을 요리할 줄 안다. 이때 고독은 사색이다.

미국은 광활한 땅이다. 이 광활함의 에너지로 세계를 경영하려 한다. 하버드대학은 이 광활한 땅을 움직이는 사색에 여념이 없다. 태평양을 건너온 이방인에게는 고립감 loneliness을 느낄 겨를조차 주지 않았다. 이들이 토해 내는 국가 비전, 세계 경영 비전은 한 이방인의 마음을 뒤흔들고 있었다.

실리콘밸리에 있는 유호현으로부터 전화가 왔다. 그는 지난봄 하버드대학 케네디스쿨에서 박영선이 'AI in Politics'(정치에서의 AI의 역할)를 주제로 특강할 때 토론자로 초대해 인공지능 기술이 구현할 새로운 민주주의 시스템인 리퀴드 데모크라시 Liquid Democracy의 기술적 구현에 대해 얘기했었다.

2023년 여름 잠깐 서울에 머무는 동안 '포럼 10년 후'에서 "AI가 대변하는 10년 후 대한민국의 모습은?"을 주제로 기획한 행사에 함께 참여한 적이 있다. 박영선이 중소벤처기업부 장관으로 있을 때, 눈여겨본 스타트업 대표이기도 했다.

하버드대학에서 박영선은 반도체라는 첨단산업의 시작과 끝을 고민하고 있었다. 미국은 중국을 옥죄고, 중국은 한국을 압박한다. 한국은 선택을 강요당하고 있었다. 미·중 갈등 속 반도체는 2023년의 화두였다.

한국은 여의도를 중심으로 그저 정쟁에만 매몰되어 있었지만 보스턴에서 만난 사람들은 지향성과 스케일이 다른 격변에 대해 얘기하고 있었다. 그것은 바로 AI가 몰고 올 미래의 모습을 뒤바꿀 대격변이었고 그 중심에 반도체가 있었다.

"There is no AI without chips"(반도체 없이는 인공지능도 없다). 이 말이 모든 것을 대변해 주고 있었다.

우리는 미국과 함께 살아야 한다. 동시에 우리는 중국도 놓쳐서는 안 된다. 일본은 또 어떤가? 대만은 친구인가?

반도체 기술은 원래 실리콘밸리에서 시작된 것이다. 페어차일드 반도체가 기원이다. 그것이 일본으로, 일본에서 한국으로, 또 다른 한 갈래는 대만으로 흘러갔다. 지금 미국은 원천기술 소유자로서 한국과 대만에 그동안 받지 않았던 로열티royalty를 내라고 하는 형국이다.

미국은 나름대로 이론을 세워 중국을 봉쇄하는 논리를 만들었다. 미국이 친 울타리 안으로 들어와야 한다고 강요하는 상황이었지만 저마다 이 울타리 담장을 넘나들 것인지, 아니면 그 어떤 선택도 강요받지 않겠다고 천명할 것인지를 놓고 셈법이 복잡했다.

박영선은 동북아시아를 둘러싼 국제정치 지형과 이 선택 사이에서 답을 찾지 않으면 우리나라 미래의 불확실성이 너무 커진다고 봤다.

"유 대표, 어쩐 일이에요?"

"장관님, 혹시 뉴스 들으셨어요? 오픈AI 샘 올트먼이 축출당

했어요!"

"오픈AI, 샘 올트먼? 그 회사 대표가 쫓겨났다고요! 엄청난 사건이네. 왜 그런 일이 일어났지?"

"여기서도 모두 그걸 궁금해 하고 있어요. 사태가 어떻게 전개될 것인지. 그런데 이번 사태가 단순히 회사 내의 알력 때문만은 아닌 거 같아요. 인공지능 개발 판도를 바꿀 일 같기도 하고, 반도체 산업과도 연결돼 있고요."

"반도체?"

2023년 봄 박영선이 주최한 'AI in Politics'(정치에서의 AI의 역할) 하버드대학 케네디스쿨 포럼 이후 컴퓨터공학을 공부하고 있다는 한 대학원생이 찾아왔었다.

"인공지능이 발달하고, 연산 속도를 높이려면 그에 맞는 반도체가 핵심일 텐데, 장관님이 쓰실 책《반도체 주권국가》에도 그런 내용이 들어 있나요?"

하버드대학에서 보고 듣고 고민한 것을 책으로 정리할 예정이라고 포럼에서 얘기한 것을 기억하고 있었던 모양이다.

맞는 말이다. 생성형 인공지능이 구현되기 위해서는 삼성전자, SK하이닉스가 만들고 있는 통상의 메모리반도체와는 다른 고성능 첨단 반도체가 필요하다. 유호현이 전화에서 말한 것처럼 오픈AI에 뭔가 변화가 있고, 이것이 MS 등 빅테크기업의 전략과 연결돼 있다면 반도체 산업 지형에도 큰 변화를 줄 수밖에 없다.

"장관님, 그리고 서울에서 제임스 정 편집장에게 메일이 하나 왔는데요. 올트먼 축출 사건도 있고 해서 세 명이 화상회의를 한 번 했으면 한다네요. 정 편집장이 굉장히 재미있는 얘기를 하더라고요."

제임스 정은 지난여름 서울에서 열린 '포럼 10년 후' 인공지능 포럼을 주최한 〈블록미디어〉의 편집장이다. 〈블록미디어〉는 첨단기술 분야를 전문적으로 다루는 미디어다.

"그래요?"

"올트먼 축출이 서울에서도 대단한 화제인가 봐요. 아시겠지만 이번 사건은 반도체와도 연결되는 거라 장관님도 같이하시면 좋겠어요."

"그렇군요. 좋아요. 일정을 잡아 보죠."

보스턴, 샌프란시스코, 서울. 미국 대륙을 동에서 서로 가로질러, 태평양 너머까지 인공지능과 반도체에 대한 긴급 뉴스가 공간의 제약 없이 파동을 타고 확산하고 있었다. 그랬다. 이게 우리가 사는 세상이었다. 작은 나비의 날갯짓이 지금 전 세계에 폭풍을 일으키고 있었다.

서울

제임스 정 〈블록미디어〉 편집장에게 토요일은 온전히 혼자 일할 수 있는 시간이다. 주중에 벌어지는 온갖 뉴스는 분초를 다툰다. 그때그때 대응하지 않으면 흐름을 놓친다. 금요일 오후까지 밀려든 뉴스의 파동을 뒤로하고 정 편집장은 토요일 새벽 자신만의 시간을 즐기는 중이었다.

땡동.

컴퓨터 우측 하단에 〈월스트리트 저널〉 긴급뉴스 알림이 떴다. 정 편집장이 다루는 첨단기술 뉴스는 국경이 없다. 전 세계 뉴스를 실시간으로 보기 위해 켜둔 알람이 주말에도 작동한 것이다.

'뭐야, 샘 올트먼이 이사회에서 해고를 당해?'

있을 수 없는 일이다. 오픈AI는 세계 최고의 인공지능 기업이다. MS로부터 거액의 투자를 받았고, 챗GPT를 만들어 낸 올트먼이 쫓겨난다고?

샘 올트먼은 실리콘밸리에서 마이더스의 손으로 통한다. 그가 투자한 스타트업들은 단번에 유니콘 기업의 반열에 오르곤 했다. 대표적 기업이 에어비엔비 Airbnb다. 올트먼은 인공지능 세계에서도 신적인 존재다. 챗GPT는 최단 기간 사용자 1억 명을 돌파한 기록을 보유하고 있다. 그런 올트먼을 이사회가 축출하다니.

쫓겨난 올트먼에게서 프로메테우스의 운명이 겹쳐 보였다. 인간에게 불을 가져다줬지만 신들에게 미움을 사서 추방된 신.

샌프란시스코는 지금 금요일이다. 정 편집장은 애플을 만든 스티브 잡스와 페이팔^{PayPal}을 만든 일론 머스크가 자신이 만든 회사에서 쫓겨난 사건을 떠올렸다. 올트먼이 이들과 같은 반열에 들어간 것인가? 외신을 뒤졌다. 길고 짧은 기사를 서너 건 쓴 후 의자를 뒤로 젖혔다.

이 사건을 어떻게 다뤄야 할까? 인공지능 혁명을 최전선에서 지휘하던 올트먼이 자신이 뽑은 이사회 이사들에 의해 해고당했다. 삼고초려 끝에 구글에서 오픈AI로 모셔온 수석 과학자 일리야 수츠케버까지 올트먼 축출에 가세했다.

오픈AI는 전 세계 뉴스 미디어의 최고 기삿감이다. 오픈AI가 내놓은 챗GPT를 써 보면 입이 다물어지지 않는다. 챗GPT는 사람이 언어로 의사소통하는 것에서 착안한 인공지능이다. 무엇인가 물어볼 때, 그 답을 들을 때, 우리는 일상적으로 글을 수단으로 한다.

챗GPT가 글을 토해 내는 것을 보면 섬뜩한 느낌이 들 때가 한두 번이 아니다. 마치 컴퓨터 저편에 진짜 사람이 있고, 그 사람이 나와 '대화'하는 듯한 착각이 든다. 챗GPT에게 "이러이러한 주인공이 등장하고, 이런저런 사건이 있어, 소설 한 편을 써 줘"라고 하면 뚝딱 글을 내놓는다. 2, 3일 걸릴 일을 두세 시간 안에 해낸다. 기사 쓰기는 더 쉽다. 외신을 번역하라고 하면 3분이면 족하다. 이러다가 외신 기자들이 밥숟가락 놔야 할 수도 있겠다 싶다.

알고 싶다. 도대체 오픈AI는 어떤 조직이고, 그 안에서 일하는 사람들은 누구인지. 이런 물건을 어떻게 만들었을까? 이걸 누구에게 물어봐야, 독자들에게 쉽게 전달할까?

유호현 대표가 떠올랐다. 그러면 현재 상황을 잘 정리해 줄 수 있을 것 같았다. 바쁘지만 화상통화로 한번 얘기하자고 했다.

샘 올트먼이 쫓겨난 상황은 한 편의 드라마 같았다. 2015년 오픈 AI는 원래 비영리법인으로 출발했다. 인공지능 기술이 돈벌이가 되는 순간 파국을 맞을 수 있다는 우려 때문이었다. 올트먼은 실리콘밸리의 실력자 중 한 명이다. 올트먼은 오픈AI 프로젝트를 상의하기 위해 일론 머스크를 찾아갔다. 머스크는 구글의 딥마인드가 만든 알파고가 한국의 이세돌 9단과 바둑을 겨뤄 이겼을 때부터 이를 견제해야 한다는 생각을 가지고 있었다.

지금 일어나고 있는 샘 올트먼 축출 작전이 머스크가 기획한 것이라면? 두 사람의 인연은 결국 악연이었단 말인가? 올트먼 축출 작전은 머스크를 통해 보면 그 실상을 더 잘 볼 수 있다.

머스크는 인공지능 패권을 갖고 있던 구글을 견제하기 위해 올트먼과 손을 잡았다. 올트먼이 스스로 머스크를 찾아오기도 했다. 올트먼은 돈벌이 수단이 아닌 인류 공영을 위한 인공지능 개발을 해보자는 머스크의 구상에 의기투합했다고 한다. 그러나 머스크는 곧 오픈AI를 떠난다. 올트먼과 무슨 일이 있었는지는 현재로서는 알 수 없다. 아무튼 올트먼은 스스로의 힘으로 오픈 AI를 이끌어 가면서 논란의 챗GPT를 세상에 내놨다.

챗GPT는 '물건'이다. 세상을 바꿀 물건. 이 물건의 가치를 놓고 실리콘밸리는 무슨 생각을 하고 있을까? 투자는 또 어떻게 받을까? MS가 100억 달러를 투자한다는데, 더 많은 돈이 들어갈 것이라는 얘기도 있다. 머스크는 가만히 있을까? 구글은? 애플은? 이 모든 물음에 답해 줄 현지의 생생한 목소리가 필요했다.

인공지능은 반도체와도 연결된다. 인공지능의 두뇌가 반도체이기 때문이다. 전 세계 기술기업들은 크게 두 가지 전쟁을 벌이는 중이다. 반도체 전쟁과 인공지능 전쟁이다. 우리나라는 역사를 바꿀 두 전쟁의 한가운데에 서 있다.

사실 우리나라 반도체 기술은 일본에서 왔다. 일본은 이 기술을 미국에서 받았다. 미국이 왜 일본을 선택했는지, 그걸 다시 한국으로 전수할 때 어떤 노림수가 있었는지를 알아야 오늘날 반도체 전쟁을 이해할 수 있다.

인공지능 전쟁도 마찬가지다. 오픈AI는 MS와 손을 잡았다. 인터넷 시대 최강자 구글은 오픈AI와 경쟁하는 다른 인공지능 기업과 손을 잡았다. 머스크가 이 전쟁을 구경만 하고 있을 인물이 아니다. 인공지능 반도체로 주가를 올리고 있는 엔비디아는 또 어떤가. 기술 천하를 놓고 별들이 충돌하고 있다.

샘 올트먼을 둘러싼 논란은 신들의 전쟁이다. 인공지능 개발을 둘러싼 디지털 신들 간의 전쟁.

구글과 머스크가 대립하고, 머스크는 올트먼과 손을 잡는다. 그러나 곧 갈라선다. 올트먼은 MS를 새로운 파트너로 끌어들인다. 앉아서 구경만 할 머스크가 아니다. 여기에 인공지능 반도체의 핵심 엔비디아가 있다.

2장

신들의 충돌

"영원한 친구도, 영원한 적도 없다"

AI 전쟁의 3인방
머스크, 올트먼, 그리고 젠슨 황

IT 업계의 메카, 실리콘밸리에 세계 최고의 기술기업들과 천재적 사업가들이 모인 지 반세기가 넘었다. 이들은 때로는 파트너로, 때로는 경쟁자로 복잡한 관계망 속에 얽혀 있다.

2023년 11월 박영선, 유호현, 제임스 정이 태평양을 건너고 미국 대륙을 횡단하여 첫 화상회의에서 만났다.

먼저 박영선은 1960년 이후 전자산업 시대를 기업을 중심으로 이렇게 구분했다. 1960년부터 1990년대까지는 IBM의 시대였다. 뒤이어 실리콘밸리의 패권을 거머쥔 인텔, MS의 시대는 1990년부터 2007년까지였다. 이후 2007년부터 애플, 구글, 페이스북의 시대가 지속되었다. 애플의 설립자 스티브 잡스, 구글의 래리 페이지와 세르게이 브린, 그리고 페이스북의 마크 저커버그가 그 중심에 있었다.

그런데 2023년부터 그 중심이 테슬라의 일론 머스크, 오픈AI의 샘 올트먼, 그리고 엔비디아의 젠슨 황으로 이동하고 있다. 이들 세 사람은 처음 시작할 무렵에는 의견을 같이하는 동반자였으나, 챗GPT 출현 이후 본격적인 AI 시대가 도래하면서 반목하며 충돌하는 모습을 보이고 있다.

첫 화상회의에서 박영선, 유호현, 제임스 정, 세 사람은 이 시대, 즉 본격적인 AI가 등장한 지금 시대에 일론 머스크, 샘 올트먼,

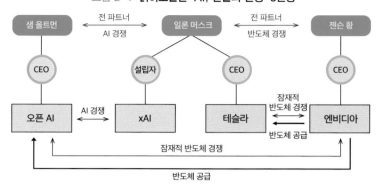

그림 2-1 얽히고설킨 'AI, 신들의 전쟁' 3인방

젠슨 황이 "AI, 신들의 전쟁"의 3인방이라는 데 의견을 모았다.

그 3인방 중 한 사람인 샘 올트먼이 한때 축출된 근원적 배경을 이해하려면 실리콘밸리 핵심 인물들 간의 역학 관계를 살펴보아야 한다.

일론 머스크와 젠슨 황

우선 논란의 인물 일론 머스크가 있다. 머스크가 일군 세계 최대의 전기차 기업 테슬라는 단순히 자동차를 만드는 회사가 아니다. 테슬라는 바퀴와 전기 엔진이 있고 고속도로를 달리는 네 발 달린 컴퓨터다.

컴퓨터에는 반도체가 필수다. 테슬라는 전기차 사업을 시작하면서 엔비디아와 관계를 맺었다. 엔비디아는 처음에 테슬라에 자동차용 반도체를 공급하는 주요 파트너였다. 2018년까지 머스크는 극심한 스트레스를 받았다. 머스크가 장담한 것처럼 오직 전기를 동력으로 하는 자동차를 대량 생산할 수 있을 것인지 모두들 의심의 눈초리를 보내고 있었다.

기존의 내연기관 자동차 한 대는 대략 2만여 개 부품으로 구성돼 있다. 머스크의 테슬라는 자동차를 생산하는 데 필요한 부품 공급망을 완전히 새롭게 짜야 했다. 휘발유를 사용하는 내연기관이 아닌 전기모터로 작동하는 자동차이므로 기존의 부품 공급망과 달라야 했다. (전기차의 부품은 6천여 개 정도로 그 수가 적기는 하다.)

머스크는 테슬라를 구상할 때부터 각각의 자동차를 움직이는 컴퓨터로 생각하고, 이를 인터넷으로 연결해서, 기계가 스스로 운전하는 자율주행을 목표로 삼았다.

이는 미국이 베트남 전쟁에서 패한 후 1970년대 후반 재래식 무기로는 더 이상 전쟁 승리를 장담할 수 없다며 기존의 재래식 무기에 센서와 통신 기능을 달고 연산력을 높이기 위해 반도체에 집중 투자했던 모델과 매우 유사한 발상이다.

기존의 자동차에 통신기능을 달아 최신 소프트웨어와 위치 정보를 자동으로 다운로드 받고 카메라, 라이다lidar 등의 센서를 통해 자동 주차는 물론 도로망 데이터를 수집하고 이를 컨트롤하는 컴퓨터를 통해 자율주행이 가능하도록 하는 원리다. 따라서 내연기관 자동차보다 부품 수는 줄었지만 컴퓨터의 핵심인 반도체, 그것도 자율주행이 가능한 반도체를 안정적으로 공급받아야 하는 과제를 안고 있었다.

2016년, 머스크는 엔비디아의 CEO 젠슨 황에게 테슬라에 공급하는 반도체 가격을 조금 깎아 달라고 요구했다. 머스크는 그동안의 관계도 있으니 자신이 요구하면 젠슨 황이 어느 정도 수용해 줄 것이라고 생각했다. 그러나 젠슨 황은 머스크의 요구를 쉽게 들어주지 않았다.

당시 엔비디아는 여러 반도체 회사 중 하나였다. 그러나 주문형 반도체 시장에서 입지를 넓히는 중이었다. 나중에 인공지능 개발에 필수적인 GPU Graphics Processing Unit로 대박을 터뜨리게 될 때까지 엔비디아는 소리 없이 강한 반도체 회사로 칼을 갈고 있었다. 젠슨 황은 머스크의 제안을 거절했다.

그대로 물러설 머스크가 아니다. 머스크는 테슬라에서 자체적으로 반도체를 설계하기로 결정했다. 이를 위해 테슬라는 애플에서 아이폰 iPhone 용 반도체 개발 총괄이었고, AMD에서 젠 프로세서 ZEN Processor 설계 임원이었던 실리콘밸리의 전설적 반도체 구루인 짐 켈러 Jim Keller를 바로 스카우트했다(현재 짐 켈러는 AI 반도체 회사 텐스토렌트 Tenstorrent의 CEO이다). 머스크는 자체 설계한 반도체의 생산을 삼성전자에 맡겼다. 이 사건을 계기로 엔비디아와 테슬라의 관계에 큰 변화가 생겼다. 지금도 두 회사의 관계는 서먹서먹하다.

인공지능이 최대 화두가 된 지금, 머스크와 젠슨 황이 다시 한번 협상 테이블에서 마주할 가능성도 배제할 수 없다. 그러나 아직 머스크는 엔비디아의 칩을 사용하지 않는 칩셋 chipset을 만들고 싶어 한다. 그것이 바로 도조 프로젝트 Dojo Project이다.

현재 수천만 원을 주고도 구입하기 힘든 엔비디아의 H100에 버금가는 칩셋을 만들기 위한 도전이다. 머스크 입장에선 완전한 자율주행을 하는 테슬라를 만들려면 대형 데이터센터를 만들어야 한다. 이를 위해 머스크는 엔비디아 칩 1조 원어치를 사들여야 하는 형편이 되었다. 그것도 초도 물량이 그렇다. 상황에 따라서 더 주문해야 할 수도 있다. 엔비디아로부터 더 이상 칩을 사들이지 않기 위해 2년 전 100명의 엔지니어를 뽑은 것이 바로 도조 프로젝트의 시작이었다.

물론 현재 테슬라 차량 내부에 사용되는 엔비디아 칩은 없다. 그러나 자율주행을 위한 데이터센터를 만들려다 보니 이제 다시 고성능 칩이 필요하게 되었고 데이터센터에 고성능 엔비디아 칩을 안 쓸 수 없는 상황이 되었다.

머스크는 오픈AI에 대항할 xAI라는 인공지능 개발 회사도 만들었다. xAI가 오픈AI와 경쟁하려면 성능 좋은 인공지능 반도체가 반드시 필요하다. 실리콘밸리에서 그러한 반도체를 대량으로 만들 수 있는 회사로는 엔비디아가 현재까지 가장 우위에 있다.

일론 머스크와 젠슨 황은 다시 친구가 될 수 있을까?

젠슨 황과 샘 올트먼

적의 적은 친구다. 테슬라 생산 초기에 반도체 공급을 놓고 서먹해진 일론 머스크와 젠슨 황 두 사람이 오픈AI와 대적하기 위해 손을 맞잡지 말라는 법은 없다. 일단 머스크는 도조 프로젝트로 불리는 데이터센터와 xAI를 위해 다시 엔비디아 칩을 사들일 수밖에 없었다. 엔비디아 입장에서 오픈AI도 현재는 자신의 반도체를 구매해 주는 고객이다. 그런데 적이라니?

샘 올트먼은 스스로 인공지능용 반도체를 생산하겠다는 구상을 밝히며 중동도 방문하고 팻 겔싱어 Pat Gelsinger 인텔 CEO도 만났다. 〈월스트리트 저널〉은 올트먼이 AI 개발에 사용할 반도체 직접 조달을 위해 7조 달러 규모의 투자금을 유치하고 있다고 보도했다. '이 보도는 잘못된 얘기'라고 직접 올트먼이 부인하기는 했다. 하지만 그는 "세계적으로 AI 컴퓨팅을 위해서 더 많은 반도체가 필요하다. 우리가 생각하는 것 이상의 더 많은 반도체 투자가 필요하다. 투자 유치 규모에 대해서는 아직 정확한 수치는 나오지 않았다"며 대규모 반도체 투자 필요성을 재차 강조했다.

이는 엔비디아의 젠슨 황을 겨냥한 발언으로 해석된다. 오픈AI의 올트먼은 엔비디아 입장에서 잠재적 경쟁자인 셈이다.

샘 올트먼과 일론 머스크

그런가 하면 올트먼 축출 작전을 둘러싼 일론 머스크와 샘 올트먼, 두 사람의 관계는 더욱 복잡하다.

이들은 원래 "형, 동생" 하는 사이였다. 인공지능 기술이 인류에 미칠 수 있는 잠재적 위험을 우려해 함께 오픈AI를 설립했다. 오픈AI는 비영리기관으로, 인공지능 연구를 인류 전체 이익을 위해 수행한다는 미션을 가지고 있었다. 법적으로 오픈AI는 영리를 추구하면 안 된다. 인류를 위한 인공지능 연구개발만 해야 한다.

오픈AI 설립 초기 두 사람은 이렇게 약속했다. 그런데 실상은 그렇지 않았다. 결론만 먼저 얘기하면 이 문제로 틀어진 두 사람은 원수지간이 됐다. 머스크는 올트먼을 고소했다.

머스크와 올트먼의 사이가 좋았던 시절, 두 사람은 수시로 만나 인공지능의 미래에 대해 논의했다. 머스크는 인공지능이 인류에게 위협이 될 수 있다고 경고했고, 올트먼은 인공지능의 긍정적 잠재력에 주목했다. 이들은 오픈AI를 통해 책임감 있는 인공지능 개발을 추진했다.

그러나 시간이 지나면서 둘 사이에 균열이 생기기 시작했다. 오픈AI는 챗GPT 등 혁신적 인공지능 모델을 발표하면서 상업적으로도 큰 성공을 거두었다. 이에 따라 오픈AI의 방향성을 두고 머스크와 올트먼의 의견 차이가 두드러지기 시작했다.

머스크는 오픈AI가 당초 설립 목적에서 벗어나 영리 추구에 집중하고 있다고 비판했다. 반면 올트먼은 오픈AI의 연구 성과를 바탕으로 인공지능 기술을 더욱 발전시키고, 이를 통해 인류에 기여할 수 있다는 입장이었다. 결국 머스크는 2018년 오픈AI 이사회에서 물러났다.

'Open AI? Closed AI?'

그 후 머스크는 오픈AI와 올트먼을 공개적으로 비판했다. 오픈AI가 MS와 제휴를 맺은 것을 두고 "Open AI는 이제 Closed AI"라고 비꼬았다. 또한 그는 올트먼이 테슬라의 기술자들을 오픈AI로 스카우트하기 위해 거액의 연봉을 제안했다고 주장하기도 했다.

올트먼이 오픈AI CEO에서 전격적으로 해임된 것을 계기로, 머스크와 올트먼의 관계에 다시 이목이 집중되기도 했다. 일각에서는 머스크가 올트먼 해임에 영향을 미쳤을 것이라는 추측이 나오기도 했다. 머스크는 오픈AI가 급성장하는 것에 불만이 컸다. 올트먼 축출에 그가 어떤 식으로든 개입했을 것이라는 합리적 추론은 가능하다. 실제로 현재 실리콘밸리는 두 파벌로 나뉘어 신경전을 벌이고 있다. 머스크 쪽에 줄을 선 기업들과 올트먼과 가까운 기업들로 나뉘었다.

실리콘밸리에는 스스로 빛을 내는 별들이 많다. 별은 강력한 중력으로 주변의 모든 것을 자신을 중심으로 공전하게 만든다. 별과 별이 너무 가까이에 있으면 서로가 서로를 밀어내게 된다. 즉 싸움이 벌어진다. 어느 한 쪽이 다른 쪽을 무너뜨릴 수도 있다. 인공지능 전쟁과 반도체 전쟁에서는 별과 별이 격렬히 충돌하고 있다. 별 주변을 평화롭게 돌고 있던 작은 혹성들은 유탄을 맞고 같이 무너질 수도 있다.

실리콘밸리 거물들 간 관계는 복잡한 역학 구도 속에서 계속 변화하고 있다. 특히 인공지능과 자율주행, 반도체 등 미래 기술을 둘러싼 경쟁은 방향을 예측하기 어렵다. 기술은 우리의 삶을 예기치 못한 방향으로 이끈다. 인공지능은 인류사를 바꿀 위협적인 발명품이다.

왜 오픈AI 이사회는 샘 올트먼을 내쫓으려 했을까?

올트먼 축출 작전의 진실

슈퍼얼라인먼트를 둘러싼 갈등

오픈AI의 샘 올트먼 해임 배경에는 이른바 초정렬, 즉 '슈퍼얼라인먼트 superalignment'에 대한 이견으로 불거진 이사회와의 갈등이 자리 잡고 있다. 슈퍼얼라인먼트는 인공지능 시스템을 인간의 가치관 및 목표와 완벽하게 일치시키는 것을 의미한다. 우리가 자동차를 운전할 때 핸들이 운전자의 시각에서 정렬되어 있지 않으면 똑바로 운전할 수 없는 것과 마찬가지다. AI의 발전 방향을 인간의 관점에서 미리 정렬하고 가자는 것이 슈퍼얼라인먼트의 요지다.

이것이 왜 중요할까? 이는 머스크와 올트먼이 오픈AI를 만든 이유이기도 하다. 인공지능의 발전 속도는 개발자들이 예상하는 것보다 훨씬 더 빠르다. 머스크는 2025년 중에는 심지어 인간을 뛰어넘는 인공지능이 등장할 수도 있다고 말했다. 따라서 인간의, 인간을 위한, 인간에 의한 인공지능을 미리 생각해 두지 않으면 어떤 파국이 올지 모른다는 두려움이 깔려 있다.

슈퍼얼라인먼트에 대해서는 인공지능 개발자들 사이에서도 의견이 엇갈린다. 어떤 것을 우선시해야 할지 생각이 다르다.

인공지능 개발에는 엄청난 돈이 든다. 따라서 많은 투자자들을 끌어들여 기술 우위를 점하려면 개발 속도가 중요하다. 얼라인먼트(정렬) 같은 일로 그 속도를 늦춰서는 안 된다는 주장이 있다.

반면 인공지능의 발전 속도를 볼 때, 미리 얼라인먼트를 하지 않으면 나중에 인간을 능가하는 인공지능의 출현이나, 기술의 독점에서 오는 재앙을 막을 수 없다고 주장하는 이들이 있다. 얼라인먼트로 다소 기술 개발이 지연되더라도 어쩔 수 없다는 주장이다.

올트먼은 이에 대해 다소 어정쩡한 입장이었다. 지금은 사라졌지만 오픈AI 내에 얼라인먼트를 위한 조직을 두기도 했다. 그러나 올트먼은 이 조직에 큰 힘을 실어 주지 않은 것으로 보인다. 그는 챗GPT 출시 후 더 빠르고, 더 강력한 인공지능 개발을 위해 자금을 모으는 데 주력하고 있었다.

자연스럽게 오픈AI 내에서 불만이 나왔다. 이사회에서도 올트먼의 독주를 우려하는 목소리가 있었다. 이사회 멤버 중에는 인공지능 속도 조절론에 찬성하는 인물들도 있었다. 이들은 올트먼이 인공지능 기술의 상업적 활용에 지나치게 더 큰 가치를 두는 것이 아닌지 의심했다. 올트먼이 슈퍼얼라인먼트 지원에 소극적인 것도 불만이 나오는 요인이었다.

올트먼과 이사회의 갈등은 오픈AI의 연구 방향과 사업 전략을 둘러싸고 점차 깊어졌다. 올트먼은 슈퍼얼라인먼트를 위해서라도 외부 자금과 더 많은 시간이 필요하다고 주장했다. 반면 이사회는 올트먼의 태도를 수익 창출을 위한 핑계라고 봤다.

갈등이 고조되는 가운데, 2023년 11월 17일 오픈AI 이사회는 올트먼 축출 작전을 결행했다. 여기서 흥미로운 점은 오픈AI 이사회 멤버들이 처음에는 올트먼과 뜻을 같이했던 인물들이라는 것이다. 그럼에도 이사회 멤버들은 올트먼과 슈퍼얼라인먼트에 대한 의견 차이를 좁히지 못하자 올트먼을 축출하는 과감한 행동에 나섰다. 우리나라 이사회에서는 생각하기 어려운 결정을 내린 것이다.

이사회 멤버들은 자신이 법률적 책임을 질 수도 있다는 위험을 감수하면서 올트먼 축출을 결행했다. 막대한 위험에도 불구하고 이들이 과감한 선택을 한 배경에는 인공지능 전문가로서의 식견, 올트먼과의 인간관계를 뛰어넘는 근본적 문제의식, 철학적 근거가 있다고 볼 수 있다.

결국 2024년 5월, 오픈AI는 2023년 7월에 만들었던 슈퍼얼라인먼트팀을 아예 해체해 버리고 팀원들을 사내 여러 팀으로 이동시켰다. 팀을 이끌던 리더 얀 리이크는 "오픈AI에서 AI 안전은 제품 개발에 밀려 뒷전이 됐다"고 밝혔다. 슈퍼얼라인먼트를 둘러싼 갈등은 올트먼 축출 작전 당시 절정으로 치달았다가 올트먼 반대파의 전멸로 귀결된 것이다.

종이클립으로 만든 오픈AI 로고

오픈AI가 챗GPT를 세상에 내놓고 전 세계 언론의 주목을 받던 2022년 가을, 오픈AI 본사 사무실에 이상한 물체가 배달됐다. 직원들은 소스라치게 놀랐다. 종이클립으로 만든 오픈AI 로고가 들어 있었다. 폭탄이나 위험한 약품도 아닌데, 오픈AI 직원들은 왜 종이클립을 보고 놀랐을까?

　종이클립은 파멸을 부르는 AI의 상징이다. 종이클립으로 만든 오픈AI의 로고는 오픈AI가 결국 인류의 파멸을 부르는 AI를 만들 것이라는 경고의 메시지였다.

　종이클립이 파멸을 부르는 AI의 상징이 된 것은 영국 옥스퍼드대 철학과 교수 닉 보스트롬 Nick Bostrom이 2003년 발표한 사고실험 때문이다. 보스트롬은 "만약 종이클립 생산을 최대화하는 것이 유일한 목표인 초지능 AI가 탄생한다면 어떤 일이 벌어질까?"라는 실험을 제안했다.

　이 AI는 지구상의 모든 자원을 동원해 종이클립 생산을 극대화하려 할 것이다. 종이클립을 만들기 위해 지구 환경을 파괴하고, 심지어 인류를 종이클립 생산의 재료로 사용할 수도 있다. 즉, 통제 불가능한 초지능 AI가 특정 목표에 집착하면서 오히려 인류를 파멸로 이끌 수 있다는 경고인 것이다.

　의문의 종이클립 배달 사건은 1년 후 벌어진 올트먼 축출 작전의 전조였다. '종이클립'은 인공지능 연구자들에게는 '파멸의 징표'다. 오픈AI 이사회 멤버 중에는 이 사건을 보고 "행동해야 한다"고 생각한 이들이 있었을지도 모른다.

실리콘밸리를 이끄는 엔지니어들은 흔히 생각하는 똑똑한 공대생, 공부밖에 모르고, 암호 같은 수학 공식이나 컴퓨터 코딩에만 열중하는 사람들과 다른 경우가 많다. 실리콘밸리에서 성공한 일단의 기술자, 사업가들은 학창 시절 뜨거운 피를 끓게 만든 히피 운동과 다양한 사상의 영향을 받은 이들이 적지 않다.

대표적으로 애플 창업자 스티브 잡스는 10대 시절 히피처럼 방랑의 시간을 보냈다. 당시 경험이 자신의 인생에서 매우 중요한 경험 중 하나였다고 말하기도 했다. 실리콘밸리를 휩쓴 사상 가운데 'EA', 즉 '효과적 이타주의 Effective Altruism'가 있다.

효과적 이타주의는 최근 수년간 실리콘밸리를 휩쓴 대표적 사상이다. 이 사상은 샘 올트먼 축출 작전과 오픈AI 이사회와 올트먼 사이의 갈등을 이해하는 데 필요한 배경이다. 이사회 멤버들은 효과적 이타주의를 신봉하는 인물들로 알려졌다.

호주 출신 철학자 피터 싱어 Peter Singer 프린스턴대학 교수는 윤리적 질문 하나를 던졌다.

"10만 달러가 있다. 말라리아 백신 연구를 위해 기부할 것인가, 오페라에 기부할 것인가?"

최대한 많은 생명을 구할 수 있고, 인류 공영을 위해 이 순간 할 수 있는 것이 무엇인지 생각해 보라는 화두였다. '효과적 이타주의'로 명명된 싱어의 철학은 이타주의의 선한 의도를 넘어 실제로 사람들에게 어떤 효과를 미치는지에 집중한다. 이는 IT 기술로 큰돈을 벌어 어떻게 해야 가장 효과적이고 효율적으로 세상에 선한 영향력을 미칠 수 있을지를 고민하는 실리콘밸리의 부자들에게 강력한 공명을 일으켰다.

"기술이 인류 전체의 행복을 위해 쓰이려면 어떤 것을 먼저 해야 할 것인가"를 고민해 보라. 실리콘밸리 인재를 많이 배출한 스탠퍼드대학 교정에는 싱어의 철학을 공부하는 동아리가 생겨날 정도로 인기를 끌었다.

EA 철학에 공감한 이들은 두 가지 특징이 있었다. 첫째, 수학(기술)에 대한 확신이다. 이들은 합리주의자다. 수학이 옳고 그름에 대한 까다로운 질문에 답해 줄 것으로 믿었다. 둘째, 물질(돈)보다 인간, 나아가 생명에 더 큰 가치를 둔다. 싱어는 채식주의자이고, 동물권의 주창자이기도 하다.

수학과 기술을 믿으면서 인간과 생명에 가치를 둔다는 것은 얼핏 보기에는 어색하다. 수학과 기술은 인간과 인간다움에 대한 심도 있는 질문에 답하는 데는 한계가 있다고 느껴지기 때문이다.

그러나 인공지능 개발자들은 단순히 자료를 검색하고, 그 자료를 바탕으로 최적의 여행 스케줄을 짜 주고, 비행기 표와 호텔을 예약하는 인공지능만을 꿈꾸는 것이 아니다. "격무에 시달린 당신은 지금 휴식이 필요합니다. 휴식을 위해서는 여행을 좀 떠나 보세요"라고 조언하는 '인간적인' 인공지능까지도 꿈꾼다.

나의 최적의 휴식 방법이 무엇인지, 수학적으로 계산할 수 있을까? 엔지니어들은 과거에 내가 휴가를 어떻게 보냈는지 추적하고, 기억해 냄으로써 "여행이 최적의 휴식"이라는 수학적 결론을 내릴 수 있다고 믿는다.

인간의 마음, 심리 상태가 이토록 간단할까? 나는 올해 휴가 기간에 여행을 떠나기보다는 아이스크림을 먹으면서 추리소설을 읽고 싶을 수도 있다.

"무엇이 가장 효율적인가?"라는 질문에 대한 답은 사람이 처한 상황에 따라 같은 사람이어도 달라질 수 있다. 인공지능이 그러한 세세한 심리까지 이해하고, 조언해 줄 수 있을까?

만약 "올해 휴가는 어떻게 보낼까?"가 아니라 "어떤 사람을 국회의원으로 뽑을까?"라는 질문을 한다면 어떨까. 인공지능이 사람들의 고도로 복잡한 정치적 의사결정에 조언하는 상황이라면, 이때에도 인공지능은 효율적으로 작동할 수 있을까? 이 문제는 6장에서 심도 있게 다루겠다.

실리콘밸리의 기술자들은 휴가뿐만 아니라 민주적 의사결정에도 인공지능을 활용할 수 있다고 믿는다. 이것이 가능하려면 기계가 인간의 심리까지 이해하고 해석할 수 있어야 한다. EA 철학은 인공지능 개발자들이 이런 문제까지 고민하게 만들었다.

다시 오픈AI 이사회로 돌아가 보자.

효과적 이타주의와 AI

EA 철학은 샌프란시스코 실리콘밸리, 베이 에어리어 Bay Area의 부자들 사이에서 확산하기 시작했다.

일론 머스크와 같이 페이팔을 만든 피터 틸 Peter Thiel은 2013년 연례 EA 회담에서 기조연설을 했다. 암호화폐 이더리움의 창시자 비탈릭 부테린은 EA 운동에 돈을 기부했다. 페이스북 공동 창립자 더스틴 모스코비츠 Dustin Moskovitz는 EA 비영리단체인 오픈 필란트로피 Open Philanthropy에 자금을 댔다. 이 단체가 받은 보조금은 2015년 200만 달러에서 2021년 1억 달러 이상으로 증가했다.

이는 마치 1, 2차 산업혁명 이후 큰돈을 번 포드, 카네기, 록펠러 등이 '자연으로 돌아가자'는 자연주의 사상가를 돕고, 미국의 자연을 보존하는 데 많은 기부금을 내고 도서관을 지은 것과 맥을 같이한다고 볼 수 있다. 그들의 기부금이 지켜낸 자연의 상당 부분은 지금 미국의 국립공원이 되었다.

미국에는 EA 철학에 기반한 단체도 있다. 이펙티브 벤처스 Effective Ventures, 8만 시간 80,000 Hours 등이다.

8만 시간은 EA를 신봉하는 이들을 위한 직업 조언 팟캐스트로 유명하다. 올트먼 축출 작전에 가담한 오픈AI 이사회 멤버 중 타샤 맥컬리 Tasha McCauley, 헬렌 토너 Helen Toner는 이들 EA 단체와 관련이 있다. 맥컬리는 이펙티브 벤처스와 8만 시간 이사회에서 활동했고, 토너는 오픈 필란트로피에서 근무했다.

그렇다면 EA 철학과 운동단체들은 AI를 어떻게 볼까? 부자들의 지원을 받은 오픈 필란트로피는 2019년 MIRI Machine Intelligence Research Institute라는 단체에 770만 달러의 거금을 지원했다. MIRI 는 초지능 인공지능이 인간을 능가하는 특이점과 그 위험성을 연구하는 단체다. 이 단체의 초기 연구자금은 피터 틸과 스카이 프 공동 창립자인 얀 탈린 Jaan Tallinn이 댔다.

MIRI를 주도적으로 만든 인물은 엘리저 유드코브스키 Eliezer Yudkowsky다. 1979년 시카고에서 태어난 유드코브스키는 현대 정통파 유대교를 거쳐, 지금은 무신론자를 자처하고 있다. 그는 고등학교를 마치지 못했다. 10대 후반에 기술 진보가 필연적으로 초인적 지능으로 이어진다는 특이점 이론을 접하고, 2000년대부터 AI에 대한 글을 쓰기 시작했다. 그는 인공지능 연구자들이 AI를 인간의 가치에 맞춰 '정렬 aligned'되도록 모든 조치를 취해야 한다고 주장했다. MIRI는 이러한 주장을 이론적으로 연구하는 단체다.

유드코브스키의 주장은 처음에는 별다른 반응을 일으키지 못했다. 그러나 2014년 과학철학자 닉 보스트롬이 《슈퍼인텔리전스 Superintelligence》라는 베스트셀러를 출판하면서 주목받기 시작했다. 보스트롬은 AI를 만드는 인간을 '폭탄을 가지고 노는 어린 아이들'에 비유했다.

"우리는 언제 폭발이 일어날지 거의 알 수 없지만, 희미하게 째깍째깍하는 소리를 들을 수 있습니다."

당시 스티븐 호킹, 빌 게이츠, 일론 머스크가 이 책의 경고에 동참했다. 머스크는 2014년 MIT 심포지엄에서 "인공지능을 통해 우리는 악마를 소환하고 있다"고 말하기도 했다.

EA 신봉자들 중 일부가 AI에 대해 공포감을 조장하는 이유는 뭘까? 당초 철학자 싱어의 질문은 "내가 가진 기술과 부를 어떻게 쓰는 것이 인류 공영을 위해 가장 효과적일까?"였다. 유드코브스키와 보스트롬은 이 질문을 "인간을 뛰어넘는 인공지능 개발이 인류 공영에 정말 효과적으로 기여하는 것일까?"로 바꿨다.

"결정적 순간에 인간은 지적으로 인간을 능가하는 AI를 사람의 가치를 위해 작동하도록 정렬할 수 있을 것인가?"

오픈AI도 바로 이 슈퍼얼라인먼트 문제를 풀기 위해 별도의 프로젝트를 가동 중이었다. 이 슈퍼얼라인먼트 책임자가 바로 오픈AI 수석 과학자 일리야 수츠케버다.

올트먼과 수츠케버는 슈퍼얼라인먼트를 놓고 의견 충돌이 있었던 것으로 전해진다. 올트먼은 EA 철학의 관점에서 AI 기술의 개발 속도를 늦추어야 한다는 논문을 쓴 또 다른 이사회 멤버 헬렌 토너와도 충돌했다. 이러한 충돌이 올트먼의 축출로 이어졌다고 볼 수 있다. 수츠케버는 인공지능 분야에서 손꼽히는 과학자다. 머스크는 수츠케버를 "진실한 기술자"라고 치켜세우기도 했다.

오픈AI 설립 초기에 올트먼은 수츠케버를 데려오기 위해 그야말로 삼고초려를 마다하지 않았다. 수츠케버는 당시 구글에서 인공지능을 연구하고 있었다. 올트먼의 구애와 당시까지는 올트먼과 사이가 좋았던 머스크의 스카우트 제의를 뿌리치지 못하고 구글을 떠나 오픈AI에 합류했다. 올트먼은 수츠케버를 오픈AI 수석 과학자로 임명하고 이사회 멤버로 앉혔다.

그러나 수츠케버는 올트먼 축출 작전에서 다른 이사회 멤버들의 편에 섰다. 올트먼에게 해고 사실을 알린 장본인이기도 했다. 올트먼 입장에서는 수츠케버에게 배신을 당한 셈이다.

수츠케버가 올트먼과의 인간관계까지 저버리면서까지 지키려 했던 것이 바로 슈퍼얼라인먼트였다. 인간을 위한 인공지능을 지금부터 생각하지 않으면 파멸이 온다고 믿었던 것이다.

그렇다면 인공지능은 정말로 인간을 파괴하는 터미네이터가 될까? 2003년 영화 〈매트릭스〉 속편이 극장에 개봉되고, AI가 인류를 말살하는 최후의 날 시나리오가 화제가 되었다. 그 무렵, 앞서 언급한 과학철학자 보스트롬은 짧은 논문(Ethical Issues in Advanced Artificial Intelligence)을 발표한다.

이 논문에는 사고 실험이 하나 등장한다.

실험

1. AI는 '어떤 목표'를 달성하도록 프로그래밍된다.
2. AI는 해당 목표와 효율 극대화만 생각한다.
3. AI는 이를 위해 인간을 없애 버려야 한다는 사실을 깨닫는다.
4. 인간이 AI 작동 스위치를 끌 수 있기 때문이다.

그렇다면 이 AI에게 부여된 목표는 뭘까? "종이클립을 최대한 많이 만드는 것"이다. AI는 종이클립 생산을 위해 지구상의 모든 자원을 최대한 끌어모을 것이다. 인간의 생존이나 생태계는 안중에 없다. 초지능을 갖게 된 AI는 지구를 종이클립 행성으로 만들고 만다.

'종이클립'은 AI가 초래할 파멸의 강력한 상징이 되었다. 바로 그 종이클립이 오픈AI로 배달되었으니, 이사회 멤버들과 오픈AI 직원들이 얼마나 놀랐겠는가.

종이클립으로 만든 오픈AI 로고는 챗GPT에 대한 경고다. 비영리 기업이면서도 MS로부터 거액의 투자금을 받은 올트먼에 대한 비판이기도 했다. 올트먼은 더 많은 자금을 끌어들여 더 빨리 인공지능을 개발하려고 했다. 이렇게 개발된 인공지능은 돈을 낸 MS의 상업용 인공지능 서비스 개발에 활용되었다. 오픈AI 이사회 멤버 중 다수는 이 상업용 서비스가 자칫 종이클립을 만드는 AI를 세상에 내놓지 않을까 우려했다.

올트먼 축출 작전 당시 오픈AI 이사였던 헬렌 토너는 오픈AI의 경쟁사인 앤트로픽 Anthropic의 '윤리적 AI'를 칭찬하는 논문까지 썼다. 앤트로픽은 원래 오픈AI 직원이었던 다리오 아모데이, 다니엘라 아모데이 남매가 2021년 따로 나와 차린 인공지능 스타트업이다. 오픈AI와 윤리적·철학적 기반이 다른 인공지능을 만들겠다며 독립 선언을 한 그룹이다.

오픈AI 이사 헬렌 토너가 앤트로픽을 칭찬한 것은 더 이상 올트먼과는 같은 길을 갈 수 없다고 선언한 것이나 마찬가지였다.

앤트로픽은 인간을 중심에 놓고 인공지능을 개발해야 한다는 이념에 충실하다. EA 운동 진영에서 힘을 얻고 있는 AI 개발 철학을 따른다. 앤트로픽은 오픈AI의 대항마로 불린다. 구글과 아마존이 이 회사에 거액을 투자했다. 오픈AI-MS 진영과 앤트로픽-구글-아마존 진영이 대립하는 양상이다.

여기에 독자적인 AI 개발 회사 xAI를 가진 일론 머스크가 있다. xAI는 그록^{Grok}이라는 AI 챗봇을 만들어 챗GPT를 맹렬하게 추격 중이다. AI 기술 개발은 인간들이 벌이는 '인공지능 전쟁'이다.

실리콘밸리에서는 오픈AI 이사회의 샘 올트먼 축출 작전이 사실은 올트먼의 계략이었다는 루머가 돌았다. 올트먼의 행보를 사사건건 방해하는 이사회로 하여금 자신을 축출하게 유도한 후, 오픈AI의 붕괴를 바라지 않는 회사 내부 직원들과 외부 투자자들의 지원을 받아 복귀한다는 고도의 술수였다는 것이다. 이것이 사실인지 아닌지는 올트먼만이 알 것이다.

올트먼 축출 작전은 실패했다. 전선은 분명해졌다. 올트먼을 막을 사람은 이제 없다. 오픈AI의 새로운 이사회는 100% 올트먼의 사람들로 채워졌다. 올트먼은 MS와 협력을 강화하는 한편 인공지능용 반도체를 직접 개발하겠다는 더욱 대담한 구상을 발표했다. 상상을 초월하는 액수로 반도체 회사를 만들겠다는 계획이다.

인공지능 전쟁과 반도체 전쟁에서 동시에 승리하겠다는 야심을 자신만만하게 드러낸 올트먼의 출사표였다.

인공지능 전쟁
올트먼 + MS vs. 구글·아마존·메타

올트먼 + MS 연합진영의 공세

샘 올트먼이 이끄는 오픈AI와 MS 연합(올트먼 + MS)은 구글·아마존·메타로 대표되는 빅테크기업들과 인공지능 개발 경쟁을 벌이고 있다. 각 기업은 저마다의 강점과 전략을 바탕으로 AI 시장에서 우위를 점하기 위해 노력하고 있다.

'올트먼 + MS' 연합은 오픈AI의 혁신적 기술과 MS의 풍부한 자원 및 인프라가 결합된 강력한 조합이다. 챗GPT와 같은 오픈AI의 제품은 MS가 운영 중인 인터넷 클라우드 플랫폼 애저^{Azure}를 통해 소비자들에게 빠르게 전파되고 있다.

사실 MS는 실리콘밸리에서 한물간 기업 취급을 받아왔다. 우리가 알고 있는 퍼스널컴퓨터^{PC} 시대에 MS는 최고의 기업이었다. PC를 사면 당연히 MS의 제품을 사야 했다. 처음엔 도스^{DOS}였고, 나중엔 윈도^{Windows}였다. 그러나 인터넷 시대가 되면서 MS가 만든 제품과 서비스는 빛을 보지 못했다. 모바일 OS뿐만 아니라 검색에서도 구글에 뒤졌고, 클라우드 서비스는 아마존에 뒤처졌다.

MS는 절치부심切齒腐心 역전의 방법을 찾고 있었다. 그때 오픈AI가 온 것이다. MS는 오픈AI가 비영리법인이기 때문에 제대로 된 주주권을 갖지 못하는 것을 알면서도 거액을 투자했다. 그리고 승기를 잡았다.

MS는 오픈AI가 만든 챗GPT를 자신의 인터넷 웹브라우저 엣지 Edge와 클라우드 서비스에 곧바로 장착했다. 이처럼 MS는 오픈AI의 기술을 자사의 제품과 서비스에 통합함으로써 AI 분야에서 단번에 1등 기업의 지위에 올랐다.

2024년 5월 21일 MS는 연례 개발자 회의에서 오픈AI와 연대를 더욱 강화하는 조치를 발표했다. 첫 번째로 MS의 클라우드 서비스 애저에 오픈AI의 최신 AI 모델인 GPT-4o를 사용할 수 있도록 했다. GPT-4o는 오픈AI의 야심작으로 음성으로 사용자와 대화할 수 있고, 개인 비서처럼 검색과 문장 작성 등을 도와주기도 한다. 이 기능을 애저 클라우드에 전면 도입한 것이다.

두 번째 강화 조치는 새로운 PC인 '코파일럿 + PC'다. MS는 오픈AI 기술을 이용해 모든 윈도 사용자에게 코파일럿 Copilot 서비스를 제공했다. 이 기능을 강화한 것이 코파일럿 + PC다. PC에서 재생되는 모든 오디오와 비디오의 실시간 번역·자막 기능이 대표적이다. 인터넷이 연결되지 않은 상태에서도 40개 언어를 영어 자막으로 번역할 수 있다. 과거 PC에서 봤던 자료를 쉽게 찾도록 도와주는 리콜 기능, 팀 단위 작업을 함께하는 팀 코파일럿 기능도 추가했다. 팀 코파일럿은 AI가 일종의 회의 진행자 역할을 함으로써 회의 안건을 관리하고 토론 내용을 정리할 수 있게 했다. 이번 MS 개발자 회의에는 오픈AI 샘 올트먼이 깜짝 등장해 양사의 끈끈한 협력 관계를 과시하기도 했다.

일격당한 구글의 혼란

반면 구글은 오랜 기간 축적해온 방대한 데이터와 우수한 AI 연구 인력이 있음에도 '올트먼 + MS' 연합에 일격을 당한 상태다.

구글은 오픈AI 등장 이전까지는 지구상에서 최고의 인공지능 기술 개발 기업이었다. 머스크가 올트먼과 함께 오픈AI를 만들게 된 계기를 제공한 것도 구글이었다. 구글은 수년 전부터 독자적인 인공지능 기술을 개발했다. 구글의 람다 LaMDA: Language Model for Dialogue Applications 같은 거대 언어모델은 오픈AI의 챗GPT의 원형이다.

사실 오픈AI는 초창기에 인공지능 개발에서 시행착오를 거듭했었다. 제대로 된 인공지능 제품을 내놓지 못하자 당시 오픈AI에 돈을 댄 머스크가 버럭 화를 내기도 했다. 오픈AI의 인공지능 개발이 본궤도에 오른 것은 구글 덕분이다.

구글에 켜진 경계경보

구글은 2017년 인공지능 역사에 한 획을 긋는 논문(Attention is All You Need)[1]을 발표한다. 이 논문에 등장하는 트랜스포머 Transformer라는 모델이 챗GPT를 만드는 데 결정적 기여를 한다.

---

1   Ashish Vaswani, Noam Shazeer, Niki Parmar, Jakob Uszkoreit, Llion Jones, Aidan N. Gomez, Lukasz Kaiser, and Illia Polosukhin. 2017. "Attention is All You Need", In Proceedings of the 31st International Conference on Neural Information Processing Systems (NIPS 17).

오픈AI 연구원들은 트랜스포머를 바탕으로 거대 언어모델을 연구하기 시작했고, 이것이 오늘날의 챗GPT로 이어졌다.

구글의 인공지능 연구 역량과 기술은 챗봇과 검색엔진 등 다양한 분야에서 활용될 수 있는 잠재력을 지니고 있다. 구글은 텐서플로 TensorFlow와 같은 인공지능 개발수단을 제공함으로써 인공지능 개발자들과 협력을 도모하고 있다.

2023년 구글도 자체 인공지능을 만들었다. 그러나 제미나이 Gemini라는 이름의 이 인공지능은 챗GPT보다 성능이 떨어진다는 평가를 받는다. 구글은 이를 만회하기 위해 인공지능 스타트업 투자도 병행 중이다. 제미나이가 나올 무렵 구글은 앞서 언급한 앤트로픽에 거금을 투자했다. 아마존도 앤트로픽의 주주다.

구글이 인공지능 분야에서 놀라운 기초연구 성과를 가지고 있었는데도 왜 오픈AI에 뒤처진 것일까? 이유는 구글이 일하는 방식에 있다.

구글은 인터넷 시대 최고 검색엔진 기업이다. 인터넷에서 검색이란 쉽게 말해 라벨링을 하는 것이다. 인터넷 문서, 인터넷 홈페이지에 표식을 달고, 그것을 쉽게 찾을 수 있도록 처리해 주는 것이 구글의 일이다. 구글은 따라서 스스로 무엇인가를 생성해서 제공하지 않는다. 구글 내에서 인공지능 기술 개발과 응용을 놓고 혼선을 빚은 이유가 여기에 있다.

검색엔진 기업으로서 구글은 딱지(라벨)를 붙이는 일에서는 세계 최고다. 그러나 인터넷 공간에 있는 데이터를 새롭게 편집하고, 그것을 이용해서 '창작물'을 만드는 것은 그들의 사명이 아니라고 생각했다.

구글은 인공지능을 연구했지만 이것을 어떻게 서비스할 것인 가를 두고서 기존 철학과 충돌했다. 오픈AI가 챗GPT를 내놓고 단기간에 뛰어난 성과를 올리자, 구글에 경계경보가 발령됐다.

당시 제임스 정 편집장이 구글 내부 관계자로부터 들은 얘기 가 있다. 생성형 AI가 기존 인터넷 문서, 이미지, 동영상을 바탕 으로 창작물을 만들어 낼 때 이것이 "인터넷 공간을 관찰하고, 검색은 하지만, 콘텐츠를 생산하지 않는다"는 구글의 서비스 방 침과 상충하는 문제를 놓고 내부에서 격론이 오갔다고 한다. 그 래서 "인공지능이 창작을 한다"는 말을 놓고 벌어진 수많은 논쟁 에 구글이 참전하기를 꺼리는 것인지도 모르겠다.

구글의 반격

그랬던 구글이 2024년 5월 14일 오픈AI에 반격을 시작했다. 매 년 개최하는 개발자 회의, 일명 '구글 I/O' 행사에서 신형 인공지 능을 발표한 것이다. 구글은 인공지능 제미나이의 최신 버전들 을 선보였다.

'제미나이 1.5 프로'와 '제미나이 1.5 플래시'는 이전 버전보 다 훨씬 성능이 뛰어나다. 특히 100만 토큰의 긴 문맥 처리 능력 은 경쟁사 대비 최고 수준이다. 신형 인공지능 모델들은 다국어 처리, 저비용 고속 추론 등의 장점도 있다.

오픈AI는 구글 행사의 김을 빼기 위해 하루 전날 GPT-4o로 명명한 인공지능 업그레이드 버전을 발표했다. 오픈AI는 인간과 대화하는 챗GPT를 선보였다.

구글도 가만히 있지 않았다. 구글 I/O 2024에서는 딥마인드 CEO 데미스 허사비스 Demis Hassabis가 직접 나와 구글의 전반적인 인공지능 전략을 발표했다.

구글의 인공지능 전략은 클라우드 AI는 물론 온디바이스 on-device AI 색채를 강하게 띠기 시작했다. 기존의 AI는 서버에서 데이터를 수집하고 학습한 후, 결과를 기기에 전송하는 방식으로 이루어졌다. 데이터 수집과 전송에 시간이 소요될 뿐만 아니라, 인터넷 연결이 불가능한 환경에서는 사용할 수 없다는 단점이 있었다.

온디바이스 AI는 이러한 단점을 보완하기 위해 기기 자체에 AI 연산을 할 수 있는 칩을 내장함으로써 통신 연결 없이도 기기가 스스로 AI 학습과 연산을 수행하는 것을 가능하게 한 것이다. 삼성전자가 2024년 1월 선보인 갤럭시S24는 인터넷이 연결이 되지 않는 환경에서도 외국어 자동번역 기능이 작동한다. 온디바이스 AI의 대표적인 사례다.

구글은 PC와 안드로이드 스마트폰의 강자다. 구글이라는 강력한 검색엔진 덕분이다. 허사비스는 구글의 신형 인공지능을 검색 서비스에 장착한다고 선언했다. 구글은 자체 칩은 물론 구글 검색엔진을 사용하는 모든 디바이스를 통해 AI를 배포한다는 구상을 밝혔다.

구글은 전 세계 검색시장에서 90% 이상의 점유율을 차지하고 있다. 전 세계 스마트폰의 70%는 구글의 안드로이드 운영체제를 쓴다. 이들 디바이스에서 구글의 인공지능 제미나이가 검색에 사용된다고 생각해 보라. 구글은 오픈AI + MS 진영이 갖고 있지 않은 인공지능 유통망을 가지고 있다.

　MS는 오픈AI가 만든 챗GPT를 자사의 검색 서비스 빙Bing에 장착했다. 챗GPT가 전 세계적으로 인기를 끌었지만 빙의 검색시장 점유율은 3.6%에 불과하다.

　구글이 자샤의 인공지능 제미나이를 검색 서비스와 스마트폰 디바이스에 배포하는 순간 전 세계 거의 모든 PC와 핸드폰 사용자들은 제미나이를 만날 수 있다. 구글의 화력이 본격적으로 불을 뿜을 태세다.

애플 ⋯ 혁신 선도가 아니라 패스트 팔로워?

애플은 2023년 챗GPT 등장 이후 인공지능 부문에서 이렇다 할 움직임을 보이지 않았다. 2024년 6월 10일 연례 개발자 회의에서 드디어 애플 인텔리전스Apple Intelligence라는 이름의 AI 시스템을 발표했다. 애플 인텔리전스의 영어 약자 역시 AI인 점이 이채롭지만, 내용은 대중의 기대에 못 미쳤다.

　애플 인텔리전스의 내용을 한 마디로 요약하면 '따라가기'다. 오픈AI와 손잡고 아이폰에 챗GPT 기능을 추가했다. 온디바이스 전략에 따라 간단한 기능은 아이폰에서 자체적으로 처리하고, 복잡하고 계산을 많이 해야 하는 AI 서비스는 인터넷 클라우드로 돌려 처리한다. 애플은 독자적인 인공지능 개발을 포기했다는 평가를 받았다.

과거 애플은 스마트폰을 만들 때도 '남의 것을 가져다' 쓰는 전략을 구사했다. 이미 존재하는 특허와 기술을 애플만의 방식으로 종합한 디바이스로 인기를 끌었다. 애플은 디바이스, 기기를 만드는 회사다.

무엇보다 오픈AI가 만든 챗GPT를 우선 장착함으로써 AI 전쟁에서 샘 올트먼이 최선봉에 있다는 것을 애플이 인정한 꼴이 됐다. 지하에서 스티브 잡스가 벌떡 일어설 일이다.

이러한 시각에 대해 유호현은 애플의 편을 들었다. 애플은 기술로 승부하기보다는 사용자 경험 UX: User Experience 으로 승부하는 회사이다. 애플은 세상의 기술을 좋은 경험으로 소비자의 손에 가져다주는 회사이다.

아직 어떤 회사도 제대로 대중화된 AI UX를 만들어 내지 못하고 있다. 애플이 AI 시대에도 UX를 정의해 내고 대중화에 성공할 수 있을까? 다만 UX 혁신은 생각의 조합이라 삼성전자 등과 경쟁이 치열하고, MS도 이제는 이 분야에 뛰어들었다. UX 혁신은 결국 누가 PC, 스마트폰에 AI를 쉽게 탑재하느냐의 문제이기 때문이다. 애플이 스티브 잡스 없이 AI 시대의 UX를 새롭게 접근해서 승리할 수 있을지 의문이다.

박영선은 유호현의 의견에 살짝 반기를 들었다

"유 대표, 너무 친親애플 같은데. 하하하. 회사마다 주 종목이 있고 부침이 있잖아요. 지금 애플은 잠시 부침을 겪은 시기로 보입니다. 삼성전자가 메모리칩에 취해 있었듯이요. 그동안 너무 디바이스에 취해 있었다고나 할까요?"

반면 MS는 이미 DOS 시대를 연 경험이 있어서 이번에는 쉽게 물러나지 않을 것이다.

박영선은 그런 의미에서 AI 에이전트agent 시대를 예고한 MS 의 빌 게이츠처럼, AI 시대를 리드하는 요인이 무엇인지 잘 살펴 볼 필요가 있다고 말했다. 그것은 기술을 단순히 기술로만 보지 않고 인문학과 함께 볼 수 있는 생각의 힘이 아닐까. 스티브 잡스 도 IT와 인문학의 만남을 강조했다. 지금 애플은 기술의 재주에 너무 집착하고 있는 것은 아닌가 하는 관점으로 볼 필요도 있다 는 것이다.

기술의 혁신에서는 늘 한발 뒤에 있었지만 애플은 UX 혁신에 서는 항상 승자였다. 스티브 잡스가 없는 AI 시대에 애플은 또다 시 UX 혁신을 이룰 수 있을 것인가?

클라우드 컴퓨팅의 강자, 아마존의 전략

인터넷 시대의 또 다른 강자로 아마존이 있다. 아마존은 2000년 닷컴 시대에 인터넷으로 책과 음반을 팔던 기업이었지만, 지금은 자타공인 세계 최대의 인터넷 상거래 업체다. 아마존은 무선인터 넷이 보편화된 시대에 어디서든 인터넷에 접속하고, 업무를 볼 수 있는 클라우드 컴퓨팅을 선점한 기업이기도 하다. 아마존은 이를 바탕으로 AI 기술을 자사의 서비스에 접목하는 데 주력하고 있다.

아마존의 클라우드 서비스 AWS: Amazon Web Services 는 다양한 AI 도구와 서비스를 제공한다. 아마존은 음성인식 기술 분야에서도 두각을 나타냈다. 인공지능 스피커 알렉사 Alexa 서비스가 대표적이다. 알렉사에 대고 "계란을 주문해 줘"라고 말하면 아마존에 접속해 물건을 대신 주문하는 식이다.

알렉사 서비스는 현재의 인공지능 기술 관점에서는 매우 초보적이다. 하지만 음성인식, 다시 말해 인간의 언어를 기계가 이해한다는 측면에서 오늘날의 인공지능 서비스 개발을 자극한 측면이 있다.

아마존은 방대한 고객 데이터를 활용하여 추천 시스템과 같은 개인화된 인공지능 personalized AI 기술 개발에도 힘쓰고 있다. 인공지능의 개인화는 8장에서 상세히 다룰 인공지능 에이전트 agent 와도 관련되는 주제다.

앞서 언급한 것처럼 아마존은 구글과 함께 인공지능 스타트업 앤트로픽에 거금을 투자했다. 독자적인 인공지능 개발도 필요하지만, 오픈AI에 대적할 경쟁자와 우호적 관계를 돈독히 함으로써 기술 경쟁에서 뒤처지지 않겠다는 전략이다.

메타, SNS와 결합한 AI

소셜네트워크서비스 SNS 라는 새로운 시장에서 살아남은 메타(페이스북)도 인공지능 기술과 서비스 개발에 박차를 가하고 있다. SNS는 인공지능 학교이자 인공지능 시장인 동시에 인공지능 놀이터다. 챗GPT 같은 거대 언어모델 인공지능은 사람의 언어, 말을 학습해야 한다. 그 학습 재료 중에 대표적인 것이 SNS에서 사람들이 주고받는 말이다.

메타는 페이스북을 통해 얻은 방대한 규모의 데이터를 가지고 있다. SNS는 인공지능이 공급되는 채널이기도 하다. 인공지능이 만든 글, 그림, 동영상은 SNS를 타고 사람들에게 전달된다. 가짜 뉴스, 가짜영상으로 사회적 문제가 일어나는데, 그 진원지 역시 SNS다.

인공지능의 실험적 기능을 테스트하고, 시장과 사람들의 반응을 알아보기 위해서도 SNS는 절대적으로 필요하다. 오픈AI가 만든 인공지능 동영상 제작 도구 소라Sora는 페이스북, 인스타그램, 유튜브, X와 같은 SNS에서 먼저 공개되어 대중의 평가를 받았다.

메타는 SNS를 통해 확보한 대규모 사용자 데이터를 기반으로 AI 알고리즘을 자체 개발하고 있다. 메타의 SNS 데이터는 강력한 장점이지만 동시에 약점이기도 하다. 누군가 내가 페이스북에 올린 사적인 글을 인공지능 학습에 쓴다고 상상해 보라. 나의 프라이버시가 침해당하고, 기업이 부당하게 돈을 벌고 있다는 느낌이 들 것이다. '내가 쓴 글, 내가 찍은 사진, 내가 촬영한 동영상은 내 허락 없이는 절대로 인공지능 학습용으로 제공할 수 없다'고 주장하는 사용자가 늘어난다면 메타의 우위는 무너질 수밖에 없다.

메타는 시각적 효과를 낼 수 있는 서비스에도 많은 투자를 하고 있다. 저커버그가 "다음 세대는 메타버스Metaverse 세상에서 살게 될 것"이라고 선언한 후, 컴퓨터 비전 Computer Vision, 증강현실 AR, 가상현실 VR과 결합한 인공지능 서비스를 열심히 찾고 있다.

메타의 AI 연구소인 FAIR Facebook AI Research는 학계와의 협력을 통해 AI 기술의 기초연구를 수행하는 한편, 이를 메타의 제품과 서비스에 활용하기 위해 노력하고 있다. 메타는 페이스북, 인스타그램, 왓츠앱 등 소셜 미디어 플랫폼에 AI 기술을 장착해 '돈이 되는 서비스'가 무엇인지도 찾고 있다. 저커버그가 공을 들인 메타버스 플랫폼에도 AI 기술을 활용한다.

또한 메타는 자사의 모델들을 오픈소스화하여 더 많은 개발자와 연구자가 이를 활용할 수 있도록 한다. 이 전략은 단순한 기술 공유 이상의 의미를 가지고 있다.

메타의 가치 대부분은 사용자들이 생성하는 콘텐츠, 즉 사용자 생성 콘텐츠 User Generated Content에 있다. 따라서 메타는 고품질 콘텐츠 제작 도구를 접근하기 쉽고 매우 저렴하게 만들어 보급한다. 여기에는 도구를 직접 판매하여 이익을 얻기보다는, 전체 콘텐츠 제작을 더 저렴하게 하려는 전략이 숨어 있다.

모든 사람들이 고품질 콘텐츠를 사실상 무료로 제작할 수 있게 되면, 메타에는 여러 가지 이점이 있다. 메타는 음악, 이미지 활용 등에 대해 기존 기업들에게 저작권료를 지불하지 않고도 사용자가 콘텐츠를 만들 수 있도록 할 수 있다. 이를 통해 페이스북이나 인스타그램 콘텐츠의 양을 늘리고, 품질도 향상시킬 수 있다.

즉, 메타는 사용자가 AI를 저렴하게 더 자주 활용하여 양질의

콘텐츠를 더 많이 생산하면 자신의 주력 상품이 더 강화되는 독특한 위치에 있다.

빅테크기업들의 인공지능 전쟁은 다방면에서 펼쳐지고 있다. 관련 용어만 들어도 어마어마한 규모에 압도되기 마련이다.

거대 언어모델 LLM 개발, 컴퓨터 비전, 자연어 처리 NLP, 강화학습, 챗봇, 번역, 텍스트 생성, 이미지 인식, 객체 추적, 자율주행, 로봇 제어, 게임, 금융 등등.

한마디로 말하자면, 우리 생활의 모든 곳에서 인공지능 전쟁이 벌어지고 있다. '올트먼 + MS' 연합군은 선제공격을 통해 전쟁에서 우위를 점했다. 혁신적인 AI 기술과 MS의 막강한 병참 지원 덕분에 응용 서비스에서는 가장 앞서 있다. 반면 AI 연구개발 경험과 데이터 자원이 부족하다는 약점이 있다.

구글은 강력한 연구개발 역량과 데이터 자원을 보유하고 있으며, 다양한 AI 기반 서비스를 제공한다는 강점이 있다. 하지만 AI 기술의 윤리적 문제와 규제 문제, 구글의 기반이 되는 기업 철학 문제에 발목이 잡혀 있다.

아마존은 AWS 클라우드 플랫폼과 알렉사 음성 비서, 로봇 자동화 기술 등의 강점이 있지만, AI 연구개발 역량과 데이터 자원이 부족하다.

메타는 방대한 사용자 기반과 소셜 미디어 플랫폼, 메타버스 플랫폼 등의 강점이 있지만, 아직은 AI 기술을 자사의 플랫폼에 어떻게 녹여넬지 뚜렷한 방향을 찾지 못하고 있다.

내 인생의 IT 그리고 인공지능

실리콘밸리, 보스턴, 그리고 서울.

각기 다른 장소와 시간대를 살고 있는 저자들이 인공지능과 반도체 전쟁에 대해 토의할 수 있는 것은 인터넷과 컴퓨터 덕분이다. 우리는 머스크에 대한 이야기를 본격적으로 시작하기 위해 구글 미트 meet에 접속했다. 구글이 제공하는 화상회의 서비스 미트는 시공간의 제약을 해체해 버리는 것은 물론 실시간 정리도 가능하게 했다.

우리는 원하는 시간에, 원하는 곳에서 토론했고, 토론이 끝나면 우리가 나눈 대화를 정리한 회의록이 거의 실시간으로 나왔다. 물론 인공지능을 써서 정리했다.

서울에서 실리콘밸리까지 태평양을 건너고, 실리콘밸리에서 보스턴까지 미국 대륙을 횡단했다. 집에서, 사무실에서, 학교 강의실에서 혹은 자율주행 모드로 이동하는 테슬라 자동차 안에서 세 명의 저자들은 기술 전쟁에 대해 토론할 수 있었다. 시공간적 제약이 없는 것은 물론 기록과 정리도 실시간으로 가능했다.

"장관님, 저는 기술 관련 기사를 쓰는 기자입니다만, 가끔 깜짝깜짝 놀랍니다. 지금도 거대한 바다와 대륙을 사이에 놓고 있는데 마치 한 회의실에 있는 것 같잖아요."

〈블록미디어〉 편집장 제임스 정은 이 책을 기획하기 전부터 박영선과 몇 차례 화상 토론을 나눈 적이 있다. 박영선은 미국 하버드대학에서 연구하며 보고 들은 것을 〈블록미디어〉에 기고문으로 보낸 적이 있다. 원고에 대해 얘기를 나눌 때도 두 사람은 화상회의 시스템이나 SNS를 이용했다. 물리적 거리감이 전혀 없었다.

박영선　정 편집장은 그래도 PC로 기사 쓰고 인터넷을 이용해 기사 송고를 시작했잖아요. 제가 MBC에 입사했을 때는 PC가 보급되기 전이었어요. 1980년대 후반부터 MBC에서 MS 도스[DOS] 교육을 받았어요. 초년병 때니까 교육을 받으라면 그냥 따라갔죠. 선배들은 달랐어요. "우리가 방송하러 왔지 컴퓨터 배우러 왔냐", "이걸 어디에 쓰라고 시간만 뺏긴다" 이랬다고요.

　그런데 그때 제가 받은 PC 교육, 일종의 코딩 교육이 나중에 국회의원으로, 장관으로 일하면서 굉장히 도움이 됐어요. 일단 첨단기술에 거부감이 별로 없어요. 아직도 MBC 시절 기술팀장이 교육 취지를 설명했던 게 기억나요. "여러분, 앞으로 방송은 컴퓨터가 합니다."

　저는 방송국에서 그 변화를 직접 봤잖아요. 사람들은 저에게 어떻게 반도체에 관심을 갖게 되었느냐고 질문해요. 흑백TV 시대부터 브라운관, 컬러TV, HDTV, OLED 등 오늘날의 TV에 이르기까지 결국 이것이 반도체의 역사이고 저는 현장에서 그 변화를 체험하면서 성장했죠. 1995~1997년 LA 특파원 시절에는 영상을 서울로 보내는 인공위성 송출 때문에 엄청 고생하면서 통신에 대해서도 직접 느끼게 되었고요.

인공지능 전쟁과 반도체 전쟁이라는 진지한 주제로 수개월간 이어갔던 토론은 각자 컴퓨터를 처음 접한 시절 가물가물하지만 강렬히 남은 서로의 기억을 공유하는 데서 시작되었다.

제임스 정(이하 제임스)   1980년대에 기술회사도 아닌 방송사가 컴퓨터 교육을 했다면 그 기술팀장이 혜안이 있었네요. 저는 신문사에 입사해서 바로 노트북을 지급받고, 인터넷으로 기사를 송고했어요.

박영선   그렇죠. 예전에 방송할 때는 그렇지 않았다고요. 한번은 방송에 자료 화면을 띄워야 하는데. 이게 아주 골치였죠. 지금은 아무것도 아니지만 당시에는 방송을 준비하는 기자가 필요한 그래픽을 원고처럼 정리해서 영상기술팀에 주면 그래픽실에서 한참 걸려서 만들어요. 그래픽이 제대로 됐는지 봐야 하잖아요. 그러면 저녁 식사도 거르면서 사무실에서 기다렸어요.
그런데 어느 날 시스템이 확 바뀐 거예요. 2000년대 초인가. 기자가 원고를 만들면서 영상그래픽팀에 보내면 이미 컴퓨터로 디자인 샘플이 다 마련돼 있어요. 그걸 선택만 하면 되니 얼마나 빠르고 시간이 단축되던지. 영화에 사용되는 특수효과, 애니메이션 회사 픽사가 만든 것 같은 그런 CG가 방송에 도입된 거예요. 컴퓨터 교육이 필요 없다고 징징대던 선배들은 이런 시대가 올 줄 몰랐던 거죠. 저는 컴퓨터가 방송에 활용되는 게 너무 신기하고, 그 원리를 알게 되니 금방 적응되더라고요.

유호현　저도 지금은 실리콘밸리에서 인공지능으로 사업을 하지만, 저한테 컴퓨터는 게임기였어요. 1988년 초등학생 때, 어머니가 PC를 집에 들여놓으신 거예요.

제임스　유 대표님은 PC로 게임을 배운 세대군요. 무슨 게임을 했어요? 제가 신문사 들어가서 보니 선배들 사이에서는 PC로 하는 고스톱이 최고 인기 게임이었는데.

유호현　도스로 하는 테트리스 같은 게임이었죠. 대학에서 강의하시던 어머니가 처음에는 타자기, 그다음에는 워드 프로세서, 삼보 보석글 같은 걸로 문서 작성하시는 걸 어깨너머로 봤죠. 그 옆에서 저는 조잡한 PC 게임을 한 거예요.
　게임을 더 잘하고 싶어서 도스를 저절로 배웠죠. 게임을 더 빨리, 많이 하려면 컴퓨터 속도를 올려야 하잖아요. 자연스럽게 컴퓨터를 뜯어보고 있더라고요. 그래픽카드도 설치하고, 오디오도 바꾸고, 하드드라이버도 바꾸고. 컴퓨터 내부를 공부했죠. 컴퓨터 명령어도 익히고요.

박영선　게임이 지금의 유호현을 만들었구만! 그런데 유 대표는 전공이 컴퓨터는 아니잖아요?

유호현은 인공지능 관련 스타트업을 만들어 경영하지만, 대학에서는 영문학과 문헌정보학 등 인문학을 공부했다. 인공지능 시대에 스타트업 사업가는 기술 지식 외에 다른 자질이 필요하다는 것을 보여 주는 대표적인 사례다.

유호현 윈도 95가 나오고 컴퓨터가 어떻게 돌아가는지 직관적으로 이해하게 되면서, 컴퓨터를 활용하기 위해 굳이 공대에 갈 필요는 없겠다고 생각했어요. 그래서 인문학을 했어요. 사람을 이해하는 게 더 유용하겠더라고요. 뭔가 유용한 프로그램을 만들려면 사람을 먼저 알아야 한다는 거죠.

유호현의 이 말은 실리콘밸리 기술자들이 효과적 이타주의에 관심을 갖는 이유를 짐작할 수 있게 한다. 컴퓨터의 원리를 이해하는 이들에게 컴퓨터는 배워야 할 무엇이 아니다. 그냥 도구다. 이 도구로 어떻게 하면 사람들을 더 행복하게 할 것인지를 진지하게 생각하는 무리가 생긴 것이다. 인공지능 시대가 되면 코딩을 짜는 일은 누구나 할 수 있는 일이 된다.

유호현 '이러이러한 홈페이지를 만들고 싶어, 네가 코딩을 해 봐' 하면 지금은 인공지능이 홈페이지를 만들어 줍니다. HTML이니, 스크립트 언어니 이런 걸 따로 배우지 않아도 돼요. 젠슨 황도 "모든 사람이 프로그래머다"라고 했잖아요. 인공지능은 인류에게 주는 엄청난 선물이죠.

박영선 인공지능은 선물이지요. 그런데 전쟁이기도 해요. 자칫 인류의 재앙이 될 요소를 너무 많이 내포하고 있어요. 하버드대학에서 만나 대화를 나눠 본 많은 사람들, 특히 정부 정책에 관여하는 사람들은 인공지능이 가져올 미래에 대해 재앙을 우려하지만 매우 조심스럽게 그러면서도 매처럼 빠르게 이 판에서 어떻게 하면 주도권을 잡을 것인지 아주 심도 깊게 고민하고 있어요. 저는 그런 면에서 머스크의 행동이 핵심적이라고 봐요.

머스크가 왜 올트먼에게 소송을 걸었나? 이것이 아주 중요한 포인트라고 생각해요. 머스크가 법원에 제출한 소장을 보면 그게 나와 있을 거예요. 거기서 AI의 역사와 그 이면을 자세히 설명하고 있어요. 'AI, 신들의 전쟁'이 계속되고 있는 거지요.

시공간의 제약을 뛰어넘어 이 토론을 가능하게 해 준 컴퓨터, 인터넷, 그리고 인공지능은 지난 수십 년간 첨단기술 발전을 그대로 보여 주는 대표적 사례이다.

그리고 지금 우리 눈앞에서 새로운 첨단기술의 패권을 놓고 인공지능의 창조자들이 벌이는 치열한 주도권 싸움은 우리의 상상을 초월한다. 판을 바꿀 성배聖杯를 놓고 벌이는 성전聖戰이나 마찬가지다.

3장

머스크의 역습

"우리가 하고 있는 일은 악마를 불러내는 것과 같다."*

— 일론 머스크, 2014년 MIT 심포지엄 발언

머스크의 고소장
동지에서 원수로

고소장에 드러난 AI 제국의 지형

"아니, 일론 머스크가 샘 올트먼을 고소했네. 그것도 샘 올트먼 축출 사건이 일어난 지 몇 달이 지나서 말이야. 고소장을 읽어 봤는데 이거 아주 흥미로워요. AI 개발의 역사가 오롯이 기록되어 있어요."

박영선이 2024년 3월 초 화상회의에서 머스크의 고소장을 자세히 들여다볼 필요가 있겠다며 말문을 열었다. 유호현은 머스크의 고소장을 즉시 화면에 띄웠다. 제임스 정은 영문 고소장을 AI를 이용해 바로 한글로 번역했다.

오픈AI를 고소한 머스크의 입장에서 작성되었다는 점을 감안해야 하겠지만, 그의 고소장은 인공지능 전쟁의 역사와 인공지능 패권 경쟁의 이면에서 벌어지는 일을 소상하게 밝히고 있었다. 우리는 머스크의 고소장을 심층 분석하기로 했다.

샘 올트먼은 이사회로부터 해고 통보를 받은 지 단 5일 만에 오픈AI CEO로 돌아온다. 올트먼은 자신의 입맛에 맞는 이사회 멤

---

* https://www.theguardian.com/technology/2014/oct/27/elon-musk-artificial-intelligence-ai-biggest-existential-threat 참조.

버를 새롭게 임명하고, 명실상부한 인공지능의 제왕으로 부활했다. 모든 것이 일단락되는 듯 보였다.

그런데 일론 머스크가 문제를 제기했다. 2024년 3월 1일 일론 머스크는 샘 올트먼과 오픈AI를 상대로 소송을 제기했다. 그들이 당초 취지와 달리 이익만 추구한다는 이유에서다. 그러나 머스크는 3개월 후 소송을 전격 취하했다. 소송 서류는 AI 신들의 전쟁을 이해하는 핵심 내용을 포함하고 있다.

이 고소장을 보면 올트먼 축출 작전은 왜 일어났는지 그리고 그것이 과연 종료된 것인지 아니면 진행형인지 인류의 이익을 위해 무엇이 필요한지에 대해 파악이 가능하다.

인류의 미래를 바꿀 수도 있는 '위협적인' 인공지능이 어떻게 만들어지는지를 알고 있는 이는 미국 실리콘밸리를 중심으로 AI 기업에 관여하는 극소수에 불과하다.

어찌 보면 전 세계적으로 화제가 되었던 샘 올트먼 축출 작전은 AI 제국이라는 빙산의 일각이 수면 위로 잠시 그 모습을 드러낸 것에 불과하다. 아직도 수면 아래에 모습을 감추고 있는 거대한 AI 제국의 실체를 일방적인 시각으로나마 전체적으로 그려 보였다는 점에서 머스크의 고소장은 한 장 한 장 넘겨 볼 가치가 충분하다.

머스크, "샘 올트먼을 고발한다"

고소장의 핵심 내용을 간추려 제시한다. 독자가 쉽게 이해할 수 있도록 어려운 법률용어는 풀어 썼고, 필요한 경우 해설을 덧붙였다.

머스크의 고소장은 AGI의 위험을 경고하며 시작한다.

"20세기를 거치며 미국은 인간 노동 중심 경제에서 인간 지식 중심 경제로 점진적으로 전환해 왔다."

주장 1. 인공지능은 위험하다

21세기 들어 또 다른 패러다임 전환이 이미 진행 중이다. 바로 인공지능을 통한 가치 창출이다.

초기 AI 프로그램은 특정한 문제나 불연속적 작업에서 인간보다 우수한 결과물을 만들어 냈다. 프로그래밍 가능한 컴퓨터가 발명된 직후 AI는 복잡한 도로 위에서 가장 빠른 길을 찾는 것과 같이 정형화된 문제에서 인간을 능가할 수 있었다.

창의성을 요구하는 문제에서 AI가 우위를 차지하는 데는 시간이 더 걸렸다. 1996년 IBM의 AI 프로그램인 딥블루 Deep Blue는 당시 체스 세계 챔피언인 가리 카스파로프 Garry Kasparov를 이겼다.

이러한 프로그램들은 유용했지만 본질적으로는 한 가지 기술에 매우 특화된 프로그램이었다. 이들의 지능은 일반적이지 않았다. 딥블루에는 오직 체스만 할 수 있는 대규모 프로세서 배열이 있었다. 길 찾기 알고리즘은 미로를 해결하거나 자동차 경로를 설정할 수 있었지만 그림을 그릴 수는 없었다.

2000년대 후반과 2010년대 초반부터 '딥러닝'이라고 불리는 오래된 알고리즘이 저비용 하드웨어에 처음으로 실용적으로 구현될 수 있게 되었다. 거의 모든 AI 프로젝트 성능이 하룻밤 사이에 혁명적으로 변화했다. 음성을 텍스트로 변환하고, 언어 간 번역을 하며, 사진에 어떤 종류의 음식이 표시되어 있는지 인식하는 최고 수준의 새로운 알고리즘이 개발되었다.

딥러닝의 특징 중 하나는 알고리즘을 해당 작업에 대한 상당한 지식을 가지고 설계할 필요가 없다는 것이다. 알고리즘은 연습문제를 풀고, 필요한 작업을 학습한 후, 스스로를 프로그래밍할 수 있다. 이는 딥블루와 같은 이전 시스템보다 훨씬 더 범용성이 있다는 것을 의미한다.

딥러닝 알고리즘이 점점 더 정교해짐에 따라, 세계 최고의 AI 연구자 중 일부는 '일반인공지능 AGI: Artificial General Intelligence'에 초점을 맞추기 시작했다. AGI의 기본 개념은 인간처럼 다양한 작업에 대한 지능을 가진 범용 인공지능 시스템, 즉 생각하는 기계다.

머스크는 오래전부터 AGI가 인류에게 심각한 위협이 될 수 있다는 점을 인식했다. 아마도 오늘날 우리가 직면한 가장 큰 실존적 위협일 것이다. 그의 생각은 스티븐 호킹과 선 마이크로시스템즈 설립자인 빌 조이 Bill Joy와 같은 거장들이 제기한 우려와 일치했다.

우리의 경제 시스템은 인간이 함께 일하고 어려운 작업에 대해 최선의 해결책을 찾아낸다는 사실에 기반을 둔다. 만약 기계가 거의 모든 작업을 우리보다 더 잘 해결할 수 있다면, 그 기계는 우리보다 경제적으로 더 유용해진다. 빌 조이의 경고를 되새길 필요가 있다.

"강력한 AGI가 있으면 미래에는 우리가 필요하지 않습니다."

머스크는 자발적인 인공지능 개발 중단에서부터 규제에 이르기까지 다양한 조치를 취하여 AGI의 위험에 대처할 것을 공개적으로 촉구했다.

머스크의 요구는 대부분 받아들여지지 않았다. 머스크 등 일각의 사람들은 AGI에서 실존적 위협을 본 반면, 다른 사람들은 AGI를 이윤과 권력의 원천으로 보기 시작했다.

2014년 구글은 딥러닝에 초점을 맞춘 연구 그룹 딥마인드DeepMind를 인수했다. 딥마인드는 이세돌 9단과 바둑 대국을 둔 인공지능 알파고를 만든 바로 그 회사다. 딥마인드의 초기 개발 중 하나는 체스를 두는 알고리즘인 알파제로AlphaZero였다. 이전의 알고리즘과 달리 알파제로는 프로그램이 서로 다른 버전의 소프트웨어와 게임을 하면서 체스 플레이를 학습하는 '강화학습'을 사용했다. 프로그램끼리 자체적으로 체스를 두면서 더 우수한 체스 전략을 배운 것이다.

알파제로는 게임 전략에 대한 이해 없이 무작위로 플레이를 시작했다. 한 버전의 소프트웨어가 다른 버전을 이기면 이긴 프로그램의 전략(내부 경로)이 '강화'되고 이 과정이 반복된다.

알파제로는 가장 강력한 체스 플레이 시스템이 되었다. 충격적인 것은 알파제로가 장기와 바둑에서도 세계 최강이 되었다는 것이다. 구글 딥마인드에 따르면 알파제로는 무작위 플레이에서 시작하여, 게임 규칙 외에는 아무런 지식도 주어지지 않은 채로, 24시간 내에 체스, 장기, 바둑에서 초인간적 수준의 실력을 갖추었다. 각각의 게임에서 세계 챔피언 프로그램을 물리쳤다.

딥마인드가 이세돌 9단과 바둑 대결을 벌인 알파고를 만들 당시만 해도 바둑 기보를 일일이 학습한 후에 바둑 실력을 강화하는 방식을 썼다. 알파제로는 기보를 주지 않고, 바둑 규칙만 알려줬다. 그리고 스스로 배워서 세계 최강이 됐다.

딥마인드 팀과 함께 구글은 즉시 AGI 레이스의 선두주자가 되었다. 머스크는 이러한 발전에 깊은 우려를 표명했다. 그는 구글과 같이 폐쇄적이고 영리를 추구하는 회사의 손에 AGI가 있으면 인류에게 특히 심각하고 해로운 위험을 초래한다고 믿었다. 지금도 그렇게 믿고 있다.

2014년 구글은 검색, 이메일, 전자도서관 등 거의 모든 핵심 사업에서 타사의 추격을 불허하는 절대 강자였다. 구글은 해당 서비스로부터 매우 방대한 데이터를 수집함으로써 갈수록 지배력을 키워 갔다. 그에 비해 인공지능 분야에서는 아직 다른 기업이 구글과 경쟁할 수 있는 여지가 있었다. 그러나 구글이 딥마인드를 인수함으로써 구글은 AGI에서도 경쟁 우위를 갖는 상황이 된 것이다.

컴퓨터와 인간 체스 챔피언의 대결에서 컴퓨터가 승리한 후 다음 타깃은 바둑이었다. 2016년 3월 컴퓨터는 바둑에서도 인간을 이겼다. 이 사건이 AI 전쟁을 촉발하는 심리적 요인이 됐다고 볼 수 있다. 구글의 창립자 세르게이 브린은 바둑 애호가였고, 바둑 인공지능 알파고를 만든 딥마인드의 CEO 데미스 허사비스는 학창 시절 체스 챔피언이었다. 머스크는 알파고가 이세돌 9단을 이기는 것을 보면서 인간을 능가하는 인공지능이 정말로 위험하다고 느꼈을지도 모른다.

이세돌 9단은 알파고와 다섯 차례 대국했다. 그중 딱 한 번 이겼다. 이세돌의 완패였다. 그러나 이세돌 9단은 현대 AI와 바둑 대결에서 이긴 최초의 인간이라는 기록을 갖게 될 것이 거의 분명하다. 오늘날 AI는 다른 AI와 바둑을 두면서 인간이 상상할 수 없는 묘수를 찾는 경지에까지 이르렀다.

주장 2. 오픈AI를 설립하다

샘 올트먼은 AGI가 가져올 위협에 대한 머스크의 우려를 공유한다고 말해 왔다. 2015년 올트먼은 "초기계 지능 SMI: Super Machine Intelligence 개발은 인류의 지속적 존재에 가장 큰 위협이다. SMI처럼 우주의 모든 인간을 파괴할 가능성이 있는 위험은 없다"고 썼다.

같은 해 하반기, 올트먼은 머스크에게 한 가지 제안을 했다. AGI 경쟁에서 구글을 따라잡기 위해 비영리 AI 연구소를 만드는 데 힘을 합치자는 것이었다. 이 연구소는 구글과 정반대의 성격을 가질 것이라고 말했다.

올트먼은 동료인 그레그 브록먼과 함께 머스크에게 새로운 연구소의 비전을 다음과 같이 제시했다.

1. 주주 이익 극대화를 추구하는 영리회사가 아니라 인류의 이익을 위해 AGI를 개발하는 비영리기관을 설립한다.
2. 안전상 고려해야 할 사항에 대해서는 균형을 맞추고, 나머지 모든 기술은 공개한다. 배타적·상업적 이유로 개발한 기술을 폐쇄하거나, 비밀에 부치지 않는다.

이 같은 설립 합의Founding Agreement를 반영하여, 머스크는 이 새로운 AI 연구소를 '오픈AI'로 명명했다.

해설

머스크가 '오픈AI'라는 이름을 지었다는 주장이다. 오픈AI는 AGI 경쟁에서 구글의 딥마인드와 경쟁하면서 중요한 균형추 역할을 할 것이고 사적 영리 회사의 주주들이 아니라 인류 전체의 이익을 위해 인공지능 기술을 개발할 것이라는 포부를 반영한 이름이었다. 머스크는 회사 이름을 자신이 지었다는 점을 강조함으로써 이 소송의 정당성을 강화하고, 대외적으로 홍보 효과를 거두려고 한 것으로 보인다.

이러한 설립 합의는 오픈AI의 2015년 12월 8일 법인 설립 증명서를 비롯한 여러 곳에 명시돼 있다.

그 결과 기술은 공공의 이익이 될 것이며, 회사는 적용 가능한 경우 공공의 이익을 위해 기술을 오픈소스로 제공하기 위해 노력할 것입니다. 회사는 개인의 사적 이익을 위해 조직된 것이 아닙니다.

– '오픈AI' 정관 중에서

올트먼, 브록먼, 그리고 오픈AI는 여러 차례 설립 합의를 재확인하였다. 머스크는 이 합의를 바탕으로 오픈AI 설립의 핵심동력을 제공했다. 그는 초기 몇 년 동안 자금의 대부분을 기부하고 연구 방향에 조언을 제공했다. 머스크는 수석 과학자 일리야 수츠케버를 포함하여 세계 최고의 인공지능 과학자와 엔지니어들을 오픈AI에 영입하는 데 도움을 줬다.

구글 딥마인드의 끊임없는 영입 노력과 구글 딥마인드가 제공하는 파격적인 보상을 고려할 때, 오픈AI에 인재를 영입하는 것은 중대한 과제였다. 머스크의 설립 기여와 초기 리더십이 없었다면 오픈AI는 존재하지 않았을 것이다.

머스크는 설립 이래 2020년 9월 14일까지 계속해서 오픈AI에 운영자금을 기부했다.

오픈AI의 초기 연구는 공개적으로 수행되었다. 설계, 모델 및 코드에 대한 자유롭고 공개적인 접근을 허용했다. 오픈AI 연구원들은 구글이 처음 발명한 '트랜스포머'라는 알고리즘이 명시적 훈련 없이도 많은 자연어 처리 작업을 수행할 수 있음을 발견했다.

오픈AI가 공개한 모델을 향상시키고 확장하기 위해 개발자들을 중심으로 자발적 커뮤니티가 생겨났다. 이러한 커뮤니티는 오픈소스 정신을 기반으로 널리 확산될 수 있었다.

올트먼은 2019년 오픈AI의 CEO가 되었다. 2020년 9월 22일, 오픈AI는 MS와 계약을 체결했다. 그리하여 GPT-3 언어모델을 MS가 독점적으로 쓸 수 있도록 라이선스를 부여했다. 오픈AI는

GPT-3의 내부 구조와 훈련 데이터를 설명하는 상세한 논문을 발표해 커뮤니티가 스스로 유사한 모델을 만들 수 있도록 배려했다.

MS 라이선스는 오픈AI의 'AGI 이전 기술'에만 적용되었다. MS는 AGI에 대한 권리를 전혀 얻지 못했다. 오픈AI가 AGI에 도달했는지 여부를 판정하는 것은 MS가 아니라 오픈AI의 비영리 이사회에 달려 있었다.

주장 3. 설립 합의 위반

이 소송의 피고인 올트먼, 브록먼, 그리고 오픈AI는 머스크와 맺은 설립 합의를 2023년 일방적으로 파기했다. 2023년 3월, 오픈AI는 지금까지 가장 강력한 언어모델인 GPT-4를 발표했다.

GPT-4는 단순히 추론이 가능한 것이 아니라, 평균적 인간보다 추론을 더 잘하는 AGI에 근접한 모델이다. 변호사 자격시험 Uniform Bar Exam, 대학원 입학시험 GRE Verbal Assessment에서 평균 이상의 월등히 높은 점수를 기록했다.

올트먼은 오픈AI가 기술과 지식을 대중에게 공개하기로 한 원래의 사명과 기존의 관행을 무시하기 시작했다. GPT-4의 내부 설계는 오픈AI를 제외하고는 완전한 비밀로 유지되었다. 오픈AI는 GPT-4의 설계를 설명하는 과학 논문도 발표하지 않았다. 대신 성능을 자랑하는 보도자료만 공개했을 뿐이다.

이러한 비밀주의는 주로 상업적 고려 때문이며 설립 합의에서 밝힌 '안전'과는 무관하다. 소송을 제기한 원고인 머스크와 다른 이들의 기여로 오픈AI에 의해 개발되고, 공익을 위해 만들어진

GPT-4는 이제 사실상 MS의 독점 알고리즘이 되었다. MS는 이를 자사의 오피스Office 소프트웨어 제품군에 통합했다.

GPT-4는 AGI 알고리즘이며, 따라서 2020년 9월 체결한 오픈AI와 MS 간의 독점 라이선스 계약 범위에서 명시적으로 제외된다. 다시 말해 GPT-4를 MS가 배타적으로 이용해서는 안 된다. 이와 관련하여 MS 자체 연구원들은 "GPT-4의 기능의 폭과 깊이를 고려할 때, 우리는 이를 AGI 시스템의 (아직은 불완전한) 초기 버전으로 볼 수 있다고 믿는다"고 공개적으로 말했다.

오픈AI는 현재 AGI에 더욱 근접한 Q스타Q^*로 알려진 모델을 개발 중이다. 앞서 언급했듯이, MS는 오픈AI의 'AGI 이전 기술'에 대한 권리만 가지고 있다. MS 라이선스의 목적상, 오픈AI가 AGI에 도달했는지 여부를 결정하는 것은 오픈AI의 이사회다.

그러나 2023년 11월 17일, 올트먼을 축출하는 오픈AI 이사회의 결정이 있었다. 이사회는 "올트먼이 이사회에 지속적으로 솔직하지 않았기 때문에 오픈AI를 계속 이끌어갈 수 있는 그의 능력에 대한 신뢰를 잃었다"며 해고 사유를 밝혔다.

그다음 며칠 동안 펼쳐진 일련의 충격적인 사태 속에서, 올트먼과 브록먼은 MS와 합세하여 오픈AI를 장악했다. 올트먼은 MS의 영향력을 이용해 수석 과학자 일리야 수츠케버를 포함한 오픈AI 이사회 과반수의 사임을 강요했다. 결국 올트먼은 11월 21일 오픈AI CEO로 복직했다.

새로운 이사회 구성원들은 올트먼이 직접 선임하고 MS가 승

인한 인물들이다. 그들은 실질적인 AI 전문성이 부족하다. 오픈
AI가 AGI에 도달했는지, 그리고 그에 따라 MS 라이선스 범위를
벗어난 알고리즘을 개발했는지 여부를 독립적으로 판단하기에
는 부적합한 인물들이다. 오픈AI 이사회는 올트먼과 MS를 위한
거수기에 불과하다.

2023년의 이러한 사건들은 피고들이 본질적으로 뒤집어 버린, 설
립 합의에 대한 명백한 위반에 해당한다. 오늘날까지 오픈AI 웹사
이트는 AGI가 "전 인류에게 이익이 되도록" 하는 것이 오픈AI의
설립 목적이라고 계속 주장한다. 그러나 현실적으로 오픈AI는 폐
쇄적이고 사실상 세계 최대 기술기업 MS의 자회사로 변모했다.
　새로운 이사회 아래, 오픈AI는 인류의 이익이 아닌 MS의 이익
을 극대화하기 위해 AGI를 개발하고 있을 뿐이다. GPT-4를 포함
한 오픈AI의 기술은 주로 MS의 배타적·상업적 이익에 봉사하기
위해 폐쇄적으로 유지되고 있다.
　2023년 11월 사태가 전개되는 동안 MS의 CEO는 "(만약) 내
일 오픈AI가 사라진다 해도" 문제가 되지 않을 것이라고 자랑했
다. 그는 "(우리는) 모든 지적 재산권과 모든 역량을 가지고 있
다"고 설명했다. 그리고 다음과 같이 덧붙였다.
　"우리에게는 사람, 컴퓨팅 능력, 데이터, 모든 것이 있다. 우리
는 그들(오픈AI)의 아래에서, 위에서, 그들을 둘러싸고 있다."
　이 소송은 오픈AI가 설립 합의를 준수하라고 요구하는 것이
다. 피고와 세계 최대 기술기업의 사적 이익이 아니라 인류의 공

적 이익을 위해 AGI를 개발한다는 본래의 사명으로 돌아가도록 강제하기 위해 제기되었다.

주장 4. 머스크의 우려

2012년 머스크는 딥마인드의 공동 창업자 데미스 허사비스를 만났다. 머스크와 허사비스는 캘리포니아주 호손에 있는 우주개발 기업 '스페이스X' 공장에서 만나 오늘날 사회가 직면한 가장 큰 위협에 대해 논의했다. 이 대화에서 허사비스는 AI의 발전이 사회에 초래할 수 있는 잠재적 위험을 강조했다.

　허사비스와 대화를 나눈 후, 머스크는 AI가 초지능이 되어 인간의 지능을 능가하고 인류를 위협할 가능성에 대해 점점 더 우려하게 됐다. 머스크만이 AI의 위험과 딥마인드에서 수행하는 연구를 두려워한 것은 아니다. 허사비스와 딥마인드 투자자들과의 회의 후 한 투자자가 자신이 인류를 위해 할 수 있는 최선의 일은 그 자리에서 허사비스를 쏴 죽이는 것이라고 말했다는 보도가 있었다.

해설

허사비스가 만들고 있는 인공지능이 너무 뛰어나 인간을 위협하니, 그를 제거하는 것이 인류에게 이득이라는 독한 농담을 한 것이다.[1] 그만큼 딥마인드의 기술이 뛰어나고, 투자 가치가 있음을 역설적으로 표현한 대목이다.

1　https://www.businessinsider.com/an-investor-allegedly-joked-they
　-should-have-shot-deepmind-ceo-demis-hassabis-2017-3

머스크는 구글 모회사 알파벳의 CEO 래리 페이지 등 자신의 주변 인물들과 AI와 딥마인드에 대해 논의하기 시작했다. 머스크는 페이지와의 대화에서 AI의 위험성에 대해 자주 문제를 제기했다. 페이지는 머스크의 우려에 크게 신경 쓰지 않는 모습이었다.

예를 들어, 2013년 머스크는 페이지와 함께 AI의 위험성에 대해 열띤 토론을 벌였다. 그는 안전장치가 마련되지 않으면 "인공지능 시스템이 인간을 대체하여 우리 종이 무의미해지거나 심지어 멸종 위기에 처하게 할 수 있다"고 경고했다.

페이지는 그것이 단지 "진화의 다음 단계가 될 것"이라고 대답했다. 그는 심지어 "당신은 지적인 기계보다 인간 종을 선호한다. 당신은 종차별주의자"라며 머스크를 비난했다. 머스크는 "그래, 맞아. 나는 인간을 지지한다"고 답했다.

해설

머스크와 페이지의 이 대화에는 날카로운 비수가 숨어 있다. 머스크는 스페이스X라는 회사를 만들어 화성 탐사를 추진 중이다. 머스크는 평소에도 인류가 생존하기 위해서는 화성으로 이주해야만 한다고 주장했다. 페이지는 인공지능이 고도로 발달해 생물학에서 말하는 인간 종족이 소멸하더라도 그것이 진화의 숙명이라고 말한 것이다. 머스크는 인간 종족을 보존하기 위해 화성 이주까지 계획하고 있는데 페이지는 정반대 얘기를 한 것이다.

2013년 말, 머스크는 구글이 딥마인드를 인수할 계획이라는 사실을 알고 심각한 우려를 표명했다. 당시 딥마인드는 업계에서 가장 앞선 AI 기업 중 하나였다. 머스크는 딥마인드의 AI 기술이 구글과 같은 기업에 넘어가는 것을 깊이 우려했다. AI와 AI의 힘을 너무나 가볍게 여기고 폐쇄적인 문 뒤에 그 설계와 역량을 숨길 수 있는 기업이나 사람의 손에 AI 기술이 넘어가는 것은 인류에 재앙이 될 수 있기 때문이다.

이 강력한 기술이 구글의 손에 넘어가는 것을 막기 위해, 머스크와 페이팔 공동 창업자인 루크 노섹 Luke Nosek은 딥마인드를 사들일 자금을 모으려 했다. 머스크와 노섹은 허사비스에게 전화해 딥마인드를 구글에 팔지 말라고 설득하는 노력을 이어갔다. 머스크는 허사비스에게 "AI의 미래는 래리 페이지에 의해 통제되어서는 안 된다"고 말했다. 한 시간 넘게 통화가 계속되었지만, 머스크의 설득은 통하지 않았다.

머스크와 노섹의 노력은 실패로 돌아갔고 2014년 1월, 딥마인드가 구글에 인수될 것이라는 보도가 나왔다.

구글의 딥마인드 인수 이후, 머스크는 "구글에 대항하고 AI 안전을 증진시킬 방법에 대한 저녁 토론"을 연이어 주최했다. 머스크는 또한 버락 오바마 대통령에게 연락하여 AI와 AI 안전에 대해 논의했다. 2015년, 머스크와 오바마 대통령은 회의를 열었고, 이 자리에서 머스크는 AI의 위험성을 설명하고 규제를 지지했다. 머스크는 오바마 대통령이 AI의 위험성을 이해했다고 생각했지만, 규제는 이루어지지 않았다.

이러한 좌절에도 불구하고 머스크는 안전한 AI 활용을 계속 지지했다. 2015년 머스크는 마침내 자신의 생각에 동조하는 사람을 찾은 것 같았다. 바로 샘 올트먼이었다.

당시 올트먼은 실리콘밸리의 스타트업 엑셀러레이터인 와이콤비네이터 Y Combinator의 사장이었다. 그전에 올트먼은 다양한 스타트업 벤처에 관여했다.

올트먼은 AI를 둘러싼 머스크의 우려를 공유하는 것처럼 보였다. 2014년에 올렸던 공개 블로그 게시물에서 올트먼은 AGI가 만들어진다면 "지금까지 기술 분야에서 가장 큰 발전이 될 것"이라고 말하기도 했다. 올트먼은 AGI 달성을 위해 노력하는 많은 회사가 있다고 지적하면서도, "좋은 회사들은 그것에 대해 매우 비밀스럽다"는 불만스러운 현실을 인정했다.

2015년 2월 25일, 올트먼은 "초인적 기계 지능이 아마도 인류의 지속적 존재에 가장 큰 위협이 될 것"이라며 "생존과 번식을 위해 프로그래밍된 인간으로서 우리는 이에 맞서 싸워야 한다"고 강조했다. 올트먼은 '초인적 기계 지능'이 위험하다고 믿으면서도 "절대 일어나지 않거나 확실히 먼 미래의 일"이라며 무시하는 사람들을 "부주의하고 위험한 사고에 빠져 있다"고 비난했다.

2015년 3월 초, 올트먼은 AI가 안전하게 만들어지도록 보장하기 위한 수단으로서 정부 규제의 중요성을 강조하며 "많은 자원을 가진 매우 똑똑한 사람들의 집단이 초인적 기계 지능을 보유하게 될 것"이라고 말했다.

그달 말 올트먼은 머스크에게 연락하여 AI에 관한 미국 정부 앞으로 보낼 공개서한 초안 작성에 관심이 있는지 물었다. 두 사람은 서한을 준비하고 기술 및 AI 분야에서 영향력 있는 인사들에게 서명을 요청했다. 업계 전반에 서한에 대한 소문이 돌기까지는 오랜 시간이 걸리지 않았다.

2015년 4월, 허사비스는 여러 출처로부터 머스크가 대통령 앞으로 AI 규제를 요구하는 서한을 작성하고 있다는 이야기를 들었다. 머스크는 허사비스에게 AI 규제의 필요성을 옹호하며 "규제가 잘 이루어진다면, 장기적으로 AI를 가속화시킬 수도 있다. 규제 감독이 제공하는 대중의 안심 없이, AI가 큰 피해를 일으키고 그 후 공공 안전에 위험한 것으로 인식된다면 AI 연구가 금지되는 상황이 벌어질 수도 있다"고 말했다.

허사비스는 AI 관련 공개서한에 대해 머스크와 연락한 지 5일 후, 구글 딥마인드 AI윤리위원회의 첫 회의를 열었다. 이는 1년 전 구글이 딥마인드를 인수할 때, 구글과 딥마인드가 설립을 약속한 위원회였다. 머스크는 이사회의 일원이 되어 달라는 요청을 받았다. 머스크는 첫 회의를 캘리포니아주 호손에 있는 스페이스 X에서 개최하자고 제안했다. 첫 회의 후 머스크는 이 위원회가 진지하게 노력하는 곳이 아니라 AI 규제를 늦추기 위한 겉치레에 불과하다는 것을 깨달았다.

공개서한은 이후 2015년 10월 28일에 발표되었으며, 머스크를 비롯해 스티븐 호킹, 스티브 워즈니악을 포함한 1만 1천여 명이 서명했다.

주장 5. 딥마인드 견제를 목표로 탄생한 오픈AI

2015년 5월 25일, 올트먼은 머스크에게 이메일 한 통을 보냈다. 올트먼은 거기에 "인류가 AI 개발을 막을 수 있을지 여부에 대해 많이 생각해 봤습니다. 제 생각은 '확실히 아니다'입니다. 만약 그렇다면, 구글 외의 다른 누군가가 먼저 하는 것이 좋을 것 같습니다"라고 썼다.

해설

소장에서 머스크는 올트먼이 먼저 자신에게 이메일을 보내 접근해 온 것으로 적시했다. 머스크는 올트먼이 자신을 끌어들여 비영리법인을 함께하자는 취지로 '유혹'한 후 자신의 돈을 받아 기술을 개발하고, 오픈AI를 영리법인으로 둔갑시켰다는 논리를 취했다. 올트먼의 이러한 행동을 일종의 '사기 행위'로 볼 수 있느냐를 놓고 법정에서 치열한 공방이 있을 것으로 보인다.

올트먼에게는 한 가지 아이디어가 있었다. 자신이 대표로 있던 스타트업 인큐베이터인 와이콤비네이터가 AI를 위한 '맨해튼 프로젝트'를 시작하는 것이었다. 맨해튼 프로젝트는 2차 세계대전 당시 미국의 핵폭탄 개발 계획의 암호명이다. 맨해튼 프로젝트를 통해 개발된 핵폭탄은 일본 히로시마와 나가사키에 투하됐고, 이후 인류는 스스로를 파괴할 핵무기를 보유하게 됐다.

올트먼은 "우리는 비영리 방식으로 기술을 개발하고, 세계에 기여하도록 하면서도, 그 일을 하는 사람들은 성공할 경우 스타트업과 같은 보상을 받을 수 있도록 할 수 있습니다. 물론 우리는 모든 규제를 준수하고 적극적으로 지원할 것입니다"라고 제안했다. 머스크는 올트먼의 제안에 깊은 관심을 보였다.

올트먼은 2015년 6월 24일 머스크에게 이 새로운 'AI 연구소'에 대한 상세한 제안서를 이메일로 보냈다.

"이 연구소의 사명은 최초의 일반인공지능AGI을 만들어 개인의 역량 강화에 사용하는 것입니다. 즉, 가장 안전해 보이는 미래의 분산형 인공지능 버전입니다. 안전은 최우선 요건이 되어야 합니다. 기술은 재단이 소유하고 '인류의 이익을 위해' 사용될 것입니다."

올트먼은 비영리조직이 기술 개발을 주도하는 연구소의 지배구조를 제안한 것이다. 머스크는 "모든 면에서 동의합니다"라고 답했고, 올트먼은 프로젝트 개발을 도울 사람들을 모집하기 시작했다. 올트먼은 브록먼을 이 프로젝트에 합류시켰다.

2015년 11월, 올트먼은 브록먼을 머스크와 이메일로 연결해 주었다. 프로젝트에 관해 브록먼은 머스크에게 보내는 메일에서 "특정 집단이나 회사가 아닌 인류의 승리를 위해 일하는 중립적 그룹이 되기를 희망합니다. 그것이 우리 자신을 선도적 연구 기관으로 성장시키는 최선의 방법이라고 생각합니다"라고 썼다.

개인이나 집단의 이익이 아니라 인류에 초점을 맞춘 중립적 AI 연구 그룹의 가능성에 대해 낙관적이었던 머스크는 브록먼에게 자금을 지원하겠다고 답했다.

'Open AI Institute' 또는 간단히 '오픈AI'라고 머스크가 이름 지은 새로운 연구소가 2015년 12월 11일 출범했다. 머스크와 올트먼은 비영리재단의 공동 의장으로, 브록먼은 최고기술책임자CTO로 지명되었다.

머스크는 이메일에서 "우리의 가장 중요한 고려 사항은 최고의 인재 영입"이라고 썼다. 첫 영입 타깃은 일리야 수츠케버였다. 수츠케버는 구글의 인공지능 연구원이었다. 수츠케버는 머스크와 전화 통화 이후 오픈AI의 수석 과학자로 합류하기로 결심했다.

머스크는 이후 몇 달 동안 오픈AI를 위해 적극적으로 인재를 모집했다. 구글 딥마인드는 오픈AI라는 신생 기업을 죽이려는 시도로 오픈AI의 신입사원들에게 점점 더 파격적인 역제안을 했다.

2016년 2월 말, 머스크는 브록먼과 올트먼에게 이메일을 보내 인재 영입의 중요성을 강조했다.

"우리는 최고의 인재를 확보하기 위해 필요한 일을 해야 한다. 더 높은 영입조건을 제안해야 한다. 언젠가 기존 직원들의 급여를 다시 검토해야 한다면 그것도 좋다. 우리는 세계 최고의 인재를 확보해야 한다. 아니면 딥마인드에게 패배할 것이다. 최고의 인재를 데려오는 데 필요한 것은 무엇이든 괜찮다. 딥마인드는 나에게 극심한 정신적 스트레스를 주고 있다. 그들이 이기는 것은 세상을 지배하려는 그들의 철학으로 인해 정말 나쁜 소식이 될 것이다. 그들은 분명히 큰 진전을 이루고 있으며, 거기에 있는 인재 수준을 감안할 때 그래야 한다."

머스크는 '뒤끝'이 강한 인물이다. '오픈AI'라는 이름도 자신이 제안했고, 오픈AI에서 중요한 역할을 한 인재들도 자신이 설득해 데려왔으며, 사무실도 자신이 내주었다고 주장한다. 다시 말해, 오픈AI가 낸 성과의 기반이 자신에서 비롯됐다고 강조함으로써 오픈AI에 대해 상당한 권리가 자신에게 있음을 주장하는 것이다.

머스크는 단순히 인맥과 영향력을 이용해 오픈AI에 인재를 영입한 것이 아니었다. 머스크는 자금력을 사용하는 것을 마다하지 않았다.

2016년에만 머스크는 다른 기부자보다 많은 1,500만 달러 이상을 오픈AI에 기부했다. 머스크가 제공한 자금으로 오픈AI는 최고 인재로 팀을 구성할 수 있었다. 2017년에도 머스크는 다른 기부자보다 많은 거의 2,000만 달러를 오픈AI에 기부했다. 머스크는 2016년부터 2020년 9월까지 총 4,400만 달러 이상을 오픈AI에 기부했다.

머스크는 머스크 인더스트리스를 통해 샌프란시스코 파이어니어빌딩에 있는 오픈AI의 초기 사무실을 임대하고 월세도 내주었다. 머스크는 오픈AI를 정기적으로 방문했으며, 2016년 오픈AI가 첫 DGX-1 AI 슈퍼컴퓨터를 기증받는 행사 등 회사의 주요 의사결정과 이벤트에 참석했다. 머스크는 오픈AI의 진전 상황을 보고받고 피드백과 조언을 제공했다.

2017년 브록먼 등은 오픈AI를 비영리단체에서 영리법인으로 전환할 것을 제안했다. 몇 주 동안 일련의 소통 끝에 머스크는 브록먼, 수츠케버, 올트먼에게 "각자 독립적으로 무언가를 하든지 아니면 비영리단체로 오픈AI를 계속하든지 해라. 나는 당신이 비영리단체로 계속하겠다는 확고한 약속을 하지 않으면 스타트업에 무료 자금을 제공하는 바보가 될 때까지 오픈AI에 자금을 대지 않을 것이다. 논의는 끝났다"라고 선언한다.

올트먼은 머스크에게 "비영리 구조에 계속 열광하고 있다"고 말했다. 결국 브록먼과 수츠케버도 머스크에게 비영리 구조를 계속 유지하기로 결심했으며, 다음 1년 동안 비영리단체를 지원하기 위한 기금 마련에 전념할 것이라고 말했다.

2018년 2월 21일 머스크는 오픈AI의 공동 의장직에서 물러났다. 그럼에도 불구하고 머스크는 설립 합의에 의존하고 그것을 추진하기 위해 오픈AI에 계속 기부했다. 2018년 머스크는 오픈AI에 약 350만 달러를 기부했다.

2018년 4월 올트먼은 머스크에게 오픈AI 정관 초안을 보내고 피드백을 요청했다. 정관에는 오픈AI의 사명을 AGI가 "인류 전체에 이익이 되도록 하는 것"으로 설명했다.

그러나 오픈AI는 다른 길을 갈 준비를 하고 있었다.

2019년 3월 11일, 오픈AI는 영리자회사인 오픈AI LP Limited Partner를 설립할 것이라고 발표했다. 잠재적 투자자들에게는 요약 계약서 맨 위에 '중요 경고'가 통지되었다. 영리법인은 "안전한 AGI를 개발하여 인류 전체에 이익이 되도록 한다는 오픈AI Inc. (비영리)의 사명을 발전시키기 위해 존재한다. 일반 파트너의 이 사명과 오픈AI Inc. 헌장에 명시된 원칙에 대한 의무는 수익 창출 의무에 우선한다"는 내용이었다. 따라서 투자자들은 "오픈AI LP(영리)에 대한 투자를 기부의 정신으로 보는 것이 현명할 것"이라는 조언을 명시적으로 받았다.

발표 후 머스크는 올트먼에게 연락하여 "내가 오픈AI의 영리 부문에 재정적 이해관계가 없다는 점을 명확히 하라"고 요청했다. 그러나 머스크는 2019년에 추가로 348만 달러를 기부하는 등 비영리단체인 오픈AI를 계속 지원했다.

2020년 9월 22일 오픈AI는 'AGI 이전 기술'에 대한 독점 라이선스를 MS에 부여했다고 전격 발표했다. 설립 합의에 따라 오픈AI의 웹사이트에는 "대부분의 경제적으로 가치 있는 일에서 인간의 능력을 능가하는 고도로 자율적 시스템"으로 설명되는 AGI는 "MS와의 IP 라이선스 및 기타 상업적 조건에서 제외되며, 이는 AGI 이전 기술에만 적용된다"고 명시되어 있다. 오픈AI의 이사회는 "우리가 AGI에 도달했는지 여부를 결정한다"고 밝혔다.

오픈AI 공표 이후 몇 년 동안 오픈AI의 기업 구조는 점점 더 복잡해졌다. 비영리법인과 영리를 추구하는 자회사가 뒤섞인 묘한 지배구조를 갖게 됐다.

주장 6. GPT의 모태는 구글의 논문

오픈AI의 초기 작업은 딥마인드의 발자취를 많이 따랐다. 오픈AI는 강화학습에 초점을 맞췄다. 한편, 구글은 딥러닝이 긴 문장(텍스트)을 이해하는 데 직면했던 많은 문제를 해결한 '트랜스포머'라는 알고리즘을 만들었다. 이 알고리즘은 거대 언어모델의 한 예로, 한 언어의 텍스트를 다른 언어로 번역하기 위해 개발되었다.

오픈AI의 연구자들은 이 연구를 계속했고 곧 또 다른 놀라운 결과를 내놓았다. 구글 트랜스포머를 사용하여 대규모의 텍스트를 기계학습에 주입하면 새로운 문장을 생성할 수 있었다.

2018년 1월 오픈AI는 이 생성적 사전 학습 트랜스포머, 즉 GPT Generative Pre-trained Transformer의 소스코드, 학습된 모델과 그 기능을 설명하는 상세한 논문을 공개했다.

2019년 오픈AI는 2세대 모델인 GPT-2를 발표했다. 이번에도 모델을 자세히 설명하는 논문이 함께 발표되었다.

해설

이 부분도 역사의 아이러니가 아닐 수 없다. 당초 오픈AI는 구글을 잡기 위해 탄생했다. 그런데 오픈AI의 가장 중요한 기술적 성취는 구글의 기술에서 비롯되었다. 구글이 만든 트랜스포머가 아니었다면 챗GPT가 세상에 나오지 못했을 수도 있다. 구글은 트랜스포머 논문을 공개했다. 오픈AI가 이를 보고 GPT를 만들었고, 이때에는 오픈AI도 관련 논문과 소스코드를 공개했다. 경쟁 관계인 두 회사가 내부 비밀로 유지할 수도 있었던 연구 결과를 공개함으로써 우리가 지금 보고 있는 AI가 만들어진 셈이다. 그러나 어느 순간부터 오픈AI가 폐쇄적으로 바뀌었다는 것이 머스크 주장의 핵심이다.

GPT-2 발표 당시 오픈AI는 이전 모델과 달리 특정 작업을 수행하도록 훈련할 필요가 없다는 점을 적시하였다. 즉, 충분히 크고 다양한 데이터를 이용해서 거대 언어모델을 훈련시킬 수 있었다. 이 모델들은 이전의 AI 시스템과는 전혀 달랐다. 인공지능 시스템을 만들어서 특정 작업을 수행하도록 훈련시키는 대신에, 자연어로 새로운 작업을 수행하도록 단순히 '요청'만 하면 됐다.

외국어 번역을 위한 AI, 길 찾기를 하는 AI를 따로따로 만들 필요 없이, "이 문장을 영어로 바꿔", "강남에서 제일 맛있는 맛집을 찾아" 같은 명령을 이해하고 답을 주는 획기적인 AI가 탄생한 것이다.

설립 합의에서 약속한 대로 오픈AI는 GPT-2의 전체 버전을 공개 발표하였다. 당시 오픈AI는 전체 공개 버전을 발표하면서 "향후 강력한 모델 개발자들에게 유용할 것"이라는 희망을 밝혔다.

이 발표에는 오픈AI 과학자들뿐만 아니라 독립적인 사회과학자와 기술과학자들이 공동 집필한 상세한 논문이 수반되었다. 이 논문은 모델을 폐쇄적으로 유지하지 않고, 공개적으로 발표함으로써 얻을 수 있는 많은 이점 중 일부를 설명했다.

이후 실제로 오픈AI의 발표는 미래의 강력한 모델 개발자들에게 유용하다는 것이 입증되었다. 오픈AI가 발표한 모델을 향상시키고 확장하기 위한 새로운 개발자 커뮤니티가 생겨났다.

2020년 오픈AI는 더욱 강력해진 3세대 모델 GPT-3를 발표했다. 이때에도 오픈AI는 연구 논문을 같이 내놓았다.

2022년 구글 연구원들은 오픈AI의 논문을 바탕으로 이른바 '사고의 연쇄 프롬프팅'chain-of-thought prompting이라는 변화를 시도했다. 도쿄대학과 구글의 연구원들은 오픈AI의 GPT-3에 질문할 때 각 답변 앞에 '단계별로 생각해 보자'라는 문구를 추가하는 것만으로 인간처럼 완전히 새로운 문제에 대해 단계별로 추론할 수 있음을 보여 주었다. '단계별로 생각해 보자'는 간단한 문장을 추가해서 명령하면 "거대 언어모델 인공지능이 복잡한 추론도 수행할 수 있다"는 것이다.

AGI에 이르는 길이 보이기 시작했다. 오픈AI는 그 시간표를 극적으로 압축하기 시작했다.

2023년 3월 14일 오픈AI는 새로운 세대의 모델인 GPT-4를 발표했다. GPT-4는 평균적인 인간보다 추론을 더 잘했다. 이러한 발전은 연구 커뮤니티에 알려지기 시작했다.

MS 연구원들은 "GPT-4는 특별한 언어 명령(프롬프팅) 없이도 수학, 코딩, 의학, 법률, 심리학 등 다양한 분야에 걸친 새롭고 어려운 작업을 해결할 수 있다"고 주장했다. 또한 "이 모든 작업에서 GPT-4의 성능은 인간 수준과 매우 유사하며 종종 챗GPT와 같은 이전 모델을 크게 능가한다"고 말했다.

MS는 "GPT-4의 성능은 GPT-3와 비교할 수 없을 정도로 훌륭하다"는 것을 발견했다. 수학 문제에서 그들은 "GPT-4가 제시한 답은 정확하고 논증이 건전한 반면, 챗GPT (GPT-3 기반)는 종종 이해 부족을 반영하는 잘못된 답을 내놓는다"고 주장했다. 또 다른 예에서 MS는 "GPT-4는 정확한 해결책을 제시하는 반면, 챗GPT는 명확한 방향이나 목적 없이 잘못된 해결책을 내놓는다"는 것을 보여 주었다.

MS의 과학자들 스스로도 GPT-4가 "AGI의 한 형태에 도달했다"고 인정했다. "GPT-4의 광범위하고 깊이 있는 능력을 고려할 때, 우리는 그것을 AGI 시스템의 (아직은 불완전한) 초기 버전으로 합리적으로 볼 수 있다고 믿는다"고 말했다.

오픈AI는 AGI에 최대한 근접한 제품을 내놓았다. 설립 합의에 따르면 GPT-4는 영리기업이나 개인의 이익이 아니라 인류의 이익을 위해 사용되어야 했다. 그러나 올트먼은 설립 합의를 위반하기 시작했다.

주장 7. 올트먼의 배신

GPT-4는 완전히 폐쇄된 모델이다. GPT-4의 내부 설계는 여전히 비밀이며 아무런 코드도 공개되지 않았다. 오픈AI는 내부 설계를 설명하는 논문을 발표하지 않았다. 오픈AI와 알려진 정보에 따르면, GPT-4의 내부 세부사항은 MS만 알고 있다. GPT-4는 '열린 AI'와는 정반대다. 배타적·상업적 이유로 그 정보가 비공개로 관리되고 있다.

MS는 GPT-4를 대중에게 판매하여 막대한 수익을 올릴 태세다. 오픈AI 설립 취지에 맞게 기술을 대중에게 무료로 제공한다면 MS는 돈을 벌 수 없다. 설립 합의와는 달리 피고들은 GPT-4를 인류의 이익을 위해서가 아니라 말 그대로 세계 최대 기업의 이익을 극대화하기 위한 배타적 기술로 제공했다.

오픈AI의 모든 개발은 이제 비밀에 부쳐졌으며, 대중은 소문과 단절적이고 파편적인 소통만으로 다음에 무엇이 공개될지 짐작할 뿐이다. 〈로이터〉의 보도에 따르면, 오픈AI는 비밀 프로젝트를 수행 중이다. Q스타라는 알고리즘을 은밀하게 개발 중이라고 한다. Q스타가 무엇인지는 분명하지 않지만, 〈로이터〉는 오픈AI 직원들이 Q스타의 잠재력에 대해 경고하는 편지를 썼다고 보도했다.

Q스타는 현재 또는 미래에 오픈AI에 의해 개발될 더욱 강력한 AGI가 될 수 있을 것으로 보인다. 그것은 오픈AI와의 계약에서 명시된 MS의 라이선스 범위를 벗어나며, 반드시 일반 대중의 이익을 위해 사용 가능하게 돼야 한다.

해설

이 대목이 머스크가 제출한 소장의 하이라이트 중 하나다. 머스크는 GPT-4가 AGI에 버금가는 기술임을 간파하고, 더 이상 좌시해서는 안 된다고 판단한 듯하다. 강력한 인공지능이 MS의 손에 들어갈 것을 우려한 것이다. 머스크는 올트먼과 오픈AI를 상대로 소송을 제기했지만, 사실은 MS를 공략하고 있는 것으로 보인다. 오픈AI와 MS 사이의 기술 공유, 기술 사용을 저지하려는 의지가 엿보이는 대목이다.

MS와의 라이선스 계약상 오픈AI 이사회는 오픈AI가 AGI에 도달했는지 여부를 판정하도록 돼 있다. 그러나 2023년 11월 올트먼 축출과 복귀 과정에서 이사회는 완전히 새롭게 개편되었다.

당초 오픈AI 이사회 멤버들은 회사에 재정적 이해관계가 없는 대신 AI 정책 경험이 풍부한 학자와 공공정책 전문가들로 구성돼 있었다. 공익 추구에 대한 강력한 의지를 가진 이사회만이 재정적 성공보다 인류의 이익을 우선시할 수 있기 때문이다.

이러한 안전장치는 오픈AI의 비영리 사명과 설립 합의에 근거한다. 즉, 영리회사의 금전적 이익을 위해서가 아니라 인류에게 이익이 되도록 AGI를 안전하게 만드는 것이다.

올트먼에 대한 기존 이사회의 축출 조치는 부분적으로 오픈AI가 AGI를 실현하는 돌파구를 마련한 데 따른 것이다. 오픈AI가 AGI를 내놓을 수 있는 단계에 들어갔다면 이 AGI의 활용은 더욱더 인류 공익에 기여해야 하기 때문이다. 이사회는 올트먼이 그러한 공익적 활동에 적합하지 않다고 판단한 셈이다.

언론 보도에 따르면, 오픈AI의 차세대 AI인 Q스타가 제기하는 안전 문제와 잠재적 위협에 대해 이사회 멤버들과 경영진 사이에 의견 차이가 있었던 것으로 보인다. 이사회는 오픈AI의 공익적 목적을 위해 올트먼을 전격적으로 해임했다.

올트먼의 해임과 브록먼의 이탈 소식은 실리콘밸리에 빠르게 퍼져 나갔다. 이때 MS의 CEO 사티아 나델라가 개입하기 시작했다. 나델라는 올트먼의 해임 소식을 들었을 때 크게 분노했다고 전해진다. 오픈AI의 영리자회사(오픈AI LP)의 지분 49%를 보유한 MS의 나델라는 올트먼 해임을 자기들과 상의했어야 한다고 느꼈다. 그러나 해당 의사결정 시점에서 올트먼을 제외한 오픈AI 이사회는 MS와 아무런 관련이 없었고 오픈AI LP 투자자에 대한 어떠한 고지 의무도 없었다. 올트먼이 MS와 오픈AI 사이의 주요 연락 창구였기 때문이다.

나델라는 올트먼과 브록먼에게 오픈AI의 인도주의적 사명에 구애받지 않는 새로운 MS AI 연구소를 이끌 것을 제안했다. 나델라는 오픈AI를 떠나는 직원들이 동일한 급여로 MS의 새 연구소에서 환영받을 것이라고 분명히 밝혔다.

MS가 오픈AI LP에 대한 상당한 소유지분을 가지고 있기 때문에, 만약 회사가 문을 닫을 경우에도 오픈AI의 연구에 대한 배타적 소유권을 계속 유지할 수 있을 것이라 확신했다. 실제로 올트먼 해고 직후 한 인터뷰에서 나델라는 이렇게 말했다.

"우리는 우리 스스로의 능력에 매우 자신 있습니다. 우리는 모든 IP 권리와 모든 역량을 갖추고 있습니다. 만약 내일 오픈AI가 사라진다 해도, 솔직히 말해 우리 고객 중 누구도 그것에 대해 걱정할 필요가 없습니다. 왜냐하면 우리는 혁신을 계속할 수 있는 모든 권리를 갖고 있기 때문입니다. 제품을 제공하는 것뿐만 아니라 우리는 파트너십으로 하던 일을 그냥 우리 스스로 할 수 있습니다. 우리에게는 사람, 컴퓨팅 능력, 데이터, 모든 것이 있습니다."

오픈AI 없이도 인공지능을 개발할 수 있다는 나델라의 발언에도 불구하고, MS는 올트먼을 오픈AI의 CEO로 복귀시키려는 계획을 포기하지 않았다. 올트먼이 해임된 후 며칠 동안 오픈AI 이사회는 MS를 포함한 주요 주주로부터 올트먼을 복직시키라는 거센 압력을 받았다.

오픈AI 이사 중 한 명인 헬렌 토너는 주주들의 집중 공격을 받았다. 오픈AI의 한 변호사는 오픈AI가 실패할 경우 그녀와 이사회가 투자자에 대한 신의성실 의무 위반 혐의로 고소당할 수 있다고 말했다. 그러나 오픈AI 이사회는 투자자에 대한 신의성실 의무를 가진 적이 없다. 비영리법인이기 때문이다. 오픈AI 영리 부문의 모든 투자자들은 회사의 사명에 대한 의무가 투자자에 대한 의무보다 우선한다는 것을 알고 있었다. 오픈AI는 투자자들을 위해 인공지능 기술을 개발하는 것이 아니다. 오픈AI 웹사이트에서는 회사가 인류에 대한 의무만 지니고 있음을 분명히 밝혔다.

MS는 오픈AI와 이사회에 상당한 압력을 행사했다. 올트먼 해임 기간 동안 나델라 CEO는 MS와 오픈AI의 관계를 이렇게 말했다.

"우리는 그 안에 있습니다. 우리는 그들 아래에, 그들 위에, 그들 주위에 있습니다. 우리는 최적화를 수행하고, 도구를 만들고, 인프라를 구축합니다. 많은 분석가들이 '와, 이건 정말 MS와 오픈AI 간의 합작 프로젝트다'라고 말하는 이유가 여기에 있습니다."

올트먼 해고 당시 MS는 오픈AI에 약속했던 100억 달러의 투자금 중 일부만을 지불한 상태였다. 따라서 MS는 '독립적인' 비영리 이사회에 상당한 영향력을 행사할 수 있었다. 오픈AI가 의존하고 있는 클라우드 컴퓨팅 시스템을 MS가 제공하지 않으면 회사는 무력해질 수도 있었다.

올트먼과 MS로부터 이사회에 가해진 압력은 11월 21일 올트먼이 CEO로 복직하고 브록먼이 사장으로 재합류할 때까지 계속되었다. 올트먼의 복귀 조건 중 하나는 토너, 맥컬리, 수츠케버가 이사회에서 사임하는 것이었다.

올트먼은 자신의 구미에 맞는 인물들로 새롭게 이사회를 꾸렸다. 기술에 대한 전문성이나 지배구조에 대한 이해가 부족한 인물들이었다. 기존 이사회 멤버 중 유일하게 남은 사람은 디안젤로다. 그는 "올트먼의 열렬한 팬"이라고 알려졌다. MS는 이사회에서 의결권 없는 참관인 자리를 얻었다.

올트먼의 복직과 이사회 개편으로, 비영리·영리 부문, 이사회·CEO 간의 견제와 균형 시스템은 하루아침에 무너졌다. 오픈AI의 비영리 구조는 이윤 추구 중심의 CEO와 기술 전문성이 부족한 이사회로 대체됐다. 이사회에는 MS 전용 참관인 자리가 마련됐다. 이러한 구조 개편으로 오픈AI는 인류 전체의 이익을 위해 AGI를 개발한다는 비영리 미션을 사실상 포기했다.

오픈AI 이사회는 MS와 맺은 라이선스 계약에서 매우 중요한 위치에 있다. AGI를 판정하는 권한이 이사회에 있기 때문이다. 이사회가 독립적으로 이를 판단하지 못하면 강력한 AGI는 실질적으로 MS의 지배하에 들어간다. MS와의 막대한 금전적 이해관계를 고려할 때, 순응적인 오픈AI 이사회는 오픈AI가 AGI에 도달했다는 결정을 차일피일 미루며 MS에 유리한 환경을 조성할 것이다.

MS는 오픈AI의 최신 기술의 라이선스를 배타적으로 갖게 되고 대중은 그로부터 소외될 것이다. 이는 설립 합의와는 정반대의 결과이다.

올트먼 축출 과정의 전말은 아직도 그 실체가 완전히 드러나지 않았다. 오픈AI 이사였던 헬렌 토너는 2024년 5월 이사회가 왜 올트먼을 해임했는지, 팟캐스트 방송에 출연해 공개적으로 발언했다. 이미 조사위원회가 올트먼이 축출당할 일을 하지 않았다고 결론을 낸 상황에서 토너는 완전히 다른 얘기를 했다.

오픈AI가 2022년 11월 챗GPT를 출시했을 때 이사회는 사전에 통보받지 못하고 트위터를 통해 이를 알게 되었다. 또한, 올트먼은 오픈AI 스타트업 펀드를 소유하고 있다는 사실도 이사회에 알리지 않았다. 토너는 "이사회는 회사의 공익 임무를 최우선으로 하는 비영리 이사회로 설립되었다. 하지만 수년간 샘 올트먼은 정보를 은폐하고, 회사에서 일어나는 일을 잘못 전달하며, 때로는 거짓말을 해서 이사회가 그 역할을 수행하는 것을 어렵게 만들었다"고 말했다.

올트먼은 여러 차례 회사의 안전 절차에 대해 부정확한 정보를 제공했으며, 이사회는 결국 그를 믿을 수 없는 상태가 되었다고 주장했다. 올트먼이 이사회에 알리지도 않고 관리하던 오픈AI 스타트업 펀드는 축출 사태가 마무리된 후 올트먼의 관리에서 벗어났다.

토너는 축출 사태 이전인 2023년 10월에 임원 두 명과 대화를 나눴다. 그들이 누구인지는 얘기하지 않았지만, 이들도 올트먼이 회사를 이끌기에 적합하지 않다고 말하며, 자기들이 "심리적 학대"를 받고 있다는 표현을 사용하기도 했다고 주장했다.

토너의 주장은 다른 이사회 멤버들의 증언이 나오지 않는 한 일방적인 주장으로 묻힐 가능성도 있다. 올트먼이 오픈AI를 경영하면서 임직원들을 강하게 몰아붙였고, 경우에 따라 이사회를 패싱했다는 것은 머스크와 올트먼 소송에서도 이슈가 될 것으로 보인다.

주장 8. 머스크, "열대우림 파괴하는 회사에 투자 안 했다"

오픈AI의 행위는 실리콘밸리에 중대한 영향을 미칠 수 있다고 머스크는 경고한다. 기술 스타트업 패러다임을 바꿀 수도 있는 중대한 일이라는 것이다. 비영리 스타트업이 공익을 위한 AGI 기술 개발이라는 목적을 명시적으로 내걸고 수천만 달러의 기부금을 모금했다.

목표에 도달하기 직전에 회사는 세계 최대 기업의 폐쇄적이고 영리적인 파트너가 되었다. 올트먼 등 피고들은 개인적으로 막대한 부를 누리게 되었다.

만약 이 비즈니스 모델이 유효하다면, 그것은 캘리포니아를 중심으로 벤처 자본주의가 돌아가는 방식을 근본적으로 바꾸게 될 것이다.

'똑똑한' 사업가들은 처음부터 영리기업으로 시작하는 대신, 비영리단체를 설립하려 할 것이다. 세금도 내지 않는 기부금을 받아 연구개발을 한 다음, 기술이 완성되고 입증되면 그 과실을 새로운 영리기업으로 옮길 것이다. 선한 취지에 동참한 기부자들을 배신하고 자신과 기업 파트너들만 엄청난 이득과 부를 누리게 될 것이다.

이것은 캘리포니아나 미국의 다른 어느 곳에서도 법적으로 허용되어서는 안 되는 행위다.

만약 오픈AI의 새로운 비즈니스 모델이 유효하다면, 투자자는 비영리단체에 기부함으로써 소득세 감면 형태로 절반을 돌려받게 돼 있다. 그러나 오픈AI 투자자들은 세금 혜택이 전혀 없는 영리기업 투자자와 동일한 규모의 이득을 취할 수 있다.

투자 관점에서 볼 때, 새로운 오픈AI와 경쟁하는 것은 다른 영리기업에게 두 배나 많은 점수를 따야 승리하는 농구 경기를 하는 것과 같다.

오픈AI의 행위가 인정된다면 실리콘밸리에서 경쟁력을 유지하려는 모든 스타트업은 본질적으로 오픈AI의 방식을 따라가게 될 것이다. 이는 합법적 비영리단체, 정부의 조세제도, 그리고 궁극적으로 미국의 모든 시민에게 해를 끼치는 스타트업의 표준 운영절차가 될 것이다. 주목할 점은 이미 오픈AI의 영리 부문은 거의 800억 달러의 가치를 인정받았다는 것이다.

올트먼은 기존 이사회가 왜 그를 해임했는지 상세한 이유를 제시하지 않고 있다. 분명한 것은 오픈AI가 비영리 미션을 포기했다는 것이다. 오픈AI의 이 같은 행보는 강력한 비판에 직면해 있다.

2023년 11월 29일 MIT 경제학자들은 〈LA타임스〉에 오픈AI의 새로운 이익 중심 지침에 대한 우려를 표명하는 의견을 냈다. 이들은 "혼란과 통제되지 않는 성장은 기술 산업의 종교가 되었고, 올트먼은 가장 헌신적인 고위 성직자 중 한 명이다"라며 올트먼을 비판했다. 경제학자들은 새로운 이사회가 사회적 비용의 심각성에 관계없이 오픈AI의 초고속 확장을 허용할 가능성이 훨씬 높다고 우려했다.

비영리 소비자 옹호단체인 '퍼블릭 시티즌'은 캘리포니아주 법무장관 롭 본타에게 공개서한을 보냈다. 오픈AI LP가 비영리단체에 부적절한 통제력을 행사하는지, 아니면 비영리단체의 목적이 올트먼과 MS 아래에서 이윤 창출로 바뀌었는지에 대해 조사할 것을 요청하는 내용이었다. 서한은 비영리단체가 원래의 사명을 포기할 경우 해산하고 그 수익금을 다른 자선단체에 기부해야 한다고 제안했다.

2024년 1월 〈와이어드〉의 조사에 따르면 오픈AI는 대중들에게 제공했던 '주요 문서'에 대한 접근을 차단했다. 오픈AI의 투명성 약속에 따라, 회사는 운영 문서, 재무제표, 이해상충 규칙 사본을 볼 수 있다고 명시해 왔다. 그러나 〈와이어드〉가 이 문서를 요청했을 때 오픈AI는 정책을 변경했다고 밝혔다.

오픈AI가 기업 지배구조를 변경했는지에 대해 대중은 아무런 정보를 얻을 수 없다. 최소한 MS에 이사회 참관인 자리를 내주었다면 지배구조에 모종의 변경이 이루어졌다고 볼 수밖에 없다.

올트먼이 중동 지역 등의 투자자들과 접촉해 AI 반도체 칩 제조 공장 건설을 위해 최대 7조 달러의 투자를 유치하고 있다는 보도가 나왔다. MS로부터 받은 100억 달러로 이사회 자리를 얻었다면, 이러한 새로운 잠재적 투자가 오픈AI에 얼마나 많은 영향력을 줄지 상상할 수 있다.

특히 잠재적 기부자 중 하나인 아랍에미리트 정부는 중국과 밀접한 관계가 있다. 이는 미국 국가 안보가 우려될 수 있는 사안이다. 올트먼은 "아랍에미리트를 AI 기술이 시험되는 '규제 샌드박스'로 활용할 수 있다"고 말한 바 있다.

올트먼의 행동은 이해상충 소지가 높다. 올트먼 개인이 투자한 스타트업과 오픈AI가 5,100만 달러 규모의 칩 구매 의향서를 교환한 것이 대표적이다. 올트먼 개인의 치부를 위해 오픈AI가 이용되고 있다는 의심을 지울 수 없다.

오픈AI는 한때 대중과의 개방적 소통에 기반한 안전하고 책임 있는 AGI 개발의 선구자였지만, 이제는 이익 중심의 배타적인 회사로 전락했다. 머스크는 오픈AI 설립에 기여하고, 자금을 지원했다. 이는 오직 AGI가 인류에 이익이 되고, 영리기업의 수단이 되지 않도록 한다는 창립 계약서에 기반한 것이다.

머스크의 오픈AI에 대한 기부는 피고들과 세계 최대 기업에 이익이 되도록 왜곡되었다. 이것은 창립 계약서에 대한 극명한 배신임이 분명하다.

"아마존 열대우림을 보호하겠다는 비영리단체가 있다. 나는 이 단체에 거액을 기부했다. 알고 보니 그 비영리단체는 열대우림을 베어 내는 벌목회사를 만들고 있었다. 지금 오픈AI에서 벌어지는 일이 바로 이런 어처구니없는 일이다."

고소장 이면의 진실
머스크의 본심은 무엇인가

머스크의 소장은 오픈AI를 정조준하고 있다. 인공지능이 발전해 온 역사를 상세히 기록하고, 오픈AI에서 벌어지는 일이 어처구니없는 일이라는 내용으로 끝을 맺는다.

또한 머스크의 소장은 그동안 오픈AI라는 것이 왜 만들어졌는지 그 배경과 우리 시대의 자화상을 잘 묘사하고 있다. 이제 머스크 자신이 xAI라는 인공지능 회사를 만들어 오픈AI와 맞서 싸울 태세다. 인공지능 개발 회사들 간의 전쟁은 기술 산업 전반에 영향을 미치고 있다.

머스크가 법원에 제출한 소장에 등장하는 'AI칩 생산공장'에 주목할 필요가 있다. 앞서 언급한 바처럼 머스크는 AI칩의 독자적인 생산을 위한 도조 프로젝트도 이미 2년 전 시작했다. AI칩의 시장주도권을 둘러싼 경쟁은 또 다른 형태의 반도체 전쟁이기 때문이다.

머스크가 법원에 낸 소송 서류에는 AI의 역사를 시작으로, 그가 왜 오픈AI에 동참했고, 이탈했는지, 그리고 올트먼이 그를 어떻게 배신했는지를 상세히 서술하고 있다. 우리는 이 서류가 현재 진행되는 AI 전쟁의 핵심 사안들을 모두 다루었다고 생각했다.

천 개의 얼굴을 한 사나이

머스크는 여러 얼굴을 가진 인물이다. 오픈AI를 만들 때 명분은 인류 공영을 위해 비영리로 AI를 만들자는 것이었다. 하지만 오픈AI를 떠난 후 올트먼이 챗GPT로 히트를 치자, 머스크 자신도 2023년 7월 인공지능을 개발하는 영리법인 스타트업 xAI를 세웠다.

2024년 3월에는 올트먼과 오픈AI에 대한 민사소송을 냈다. 우리는 이 소송을 실리콘밸리에서 어떻게 바라보는지 궁금했다.

박영선이 미국 변호사들에게 의견을 청취한 후 정리한 이번 소송의 핵심은 이렇다.

첫째, 소장에 기재된 AI의 역사 등은 상세하고 흥미로운 이야기이기는 하나, 이 내용이 과연 법률 소송에서 승리하기 위해 작성된 것인지 의문이 드는 구석이 많다. 재판 과정에서 실질적으로 법적 근거로 인용될 수 있는 부분이 과연 얼마나 될까 의구심이 드는 부분이 많이 존재한다.

둘째, 소장에는 모두 5가지 요구가 열거돼 있다.[2] 계약을 위반했다는 증거가 있어야 하는데, 현재 언급되는 설립 합의는 실질

---

2 Breach of Contract(계약 위반), Promissory Estoppel(약속 위반), Breach of Fiduciary Duty(신탁 의무 위반), Unfair Business Practices(불공정 사업 관행), Accounting(회계) 등이다.

적 내용이 없고, 어느 조항이 위반이 되어서 어떠한 손해가 발생했는지도 알 수 없다.

아울러 약속 위반을 입증하려면 매우 높은 잣대가 적용되는데, 해당 사항에 대한 주장도 명확하지 않다.

신의성실 의무를 위반했다고 주장하고자 한다면 법원 관할권이 달라진다. 신의성실 의무는 원칙적으로 설립주(이 소송의 경우 델라웨어주) 법령에 따라 위반 여부를 가늠해야 한다. 따라서 설립주에 위치한 관할 법원에 소를 제기하는 것이 원칙이다.[3] 오픈AI는 미국 델라웨어주에 설립된 법인인데, 이 소송은 캘리포니아주 법원에 제기됐다. 신의성실 위반 주장의 경우 관할 법원이 잘못되었다는 오픈AI 측 반론의 여지가 있어 보인다.

불공정 사업 관행, 회계 부정도 사실 관계가 누락돼 있다. 머스크의 기부금을 어떻게 활용했는지만 증명하면, 비영리재단의 취지를 위반했다고 보기는 어렵다.

셋째, 미국에서는 비영리재단, 비영리법인이 이익 활동을 할 수 있는 회사를 소유하거나, 파트너십을 맺는 일이 너무나 흔하다. (나중에 더 깊이 논의하겠지만) 비영리로 출발해서 영리 활동을 한다는 것이 실리콘밸리 생태계를 뒤흔들 정도의 일인지 논란의 여지가 있다. 이 문제는 특히 세금과 관련이 있다.

---

3 예외적으로 캘리포니아주 법원에서 델라웨어 법인을 상대로 소송을 제기할 수 있는 경우가 있다. 해당 법인이 캘리포니아주에 주된 사무실을 두고 실질적 경영을 하는 경우, 소송의 원인이 된 사건이 캘리포니아주에서 발생한 경우, 피고인 법인이 캘리포니아주에서 상당한 영업활동을 하는 경우 예외 사유에 해당된다.

박영선은 "비영리재단을 이용한 사실상의 투자 행위를 미국에서 변호사들은 '세금 효율화'라고 부른다"고 말했다. 실리콘밸리 밖에서는 이를 편법이나 탈세라고 부를지 몰라도 이러한 관행을 법적으로 막아 달라는 머스크의 요구가 설득력이 있을지 의문이라는 분석이다.

그렇다면 머스크가 엄청난 변호사 비용이 들어가는 이런 소송을 제기한 이유는 뭘까? 미국 로펌 디엘에이 파이퍼 DLA Piper 의 김동현 변호사는 이렇게 분석했다.

"결국 법적 승소 가능성을 보고 작성된 것이라기보다는 홍보 목적이 큰 것 아닌가 싶다. 머스크가 xAI와 경쟁할 오픈AI를 견제하면서 '내가 이렇게 인류 공영에 이바지하려고 애쓰는데, 올트먼은 날 배신했다'는 프레임을 만들려는 것이 아닐까. '이런 식으로 투자를 유치하는 것은 상도의가 아니지'라고 주장하면서 감정에 호소하는 느낌이 강하다."

우리는 미국 변호사들의 의견에 동의하면서도, 이 소송이 AI 개발 역사와 그 배경을 이해하는 데는 의미가 있다고 의견의 일치를 봤다.

미국 변호사들의 의견을 정리하던 박영선은 머스크의 소장을 AI에게 보여 주고 한번 판결하게 해보자는 의견을 냈다.

유호현이 좋은 아이디어라며 즉시 AI에게 질문했다. 샘 올트먼, 즉 오픈AI 측의 반론이 없는 상태여서 미국 변호사들의 의견을 정리해 반론으로 첨부했다. AI의 판결은 미국 변호사들의 의견과 흐름을 같이했다.

판사를 대신한 AI의 판결

캘리포니아주 판사라면 어떻게 판결할 것 같아?
가상의 판결문을 만들어 줘.

캘리포니아 고등법원
A. 사건번호: CGC-24-612746
B. 사건명: 일론 머스크 vs. 오픈AI 외 다수
C. 판결일: 2024. 5. 17.

D. 주문
1. 원고의 청구를 기각한다.
2. 소송비용은 각자 부담한다.

E. 판단
1. 원고는, 자신이 피고 오픈AI의 설립 및 운영에 기여한 공로를 근거로 하여, 이른바 '설립 합의'에 기반하여 피고들에게 책임을 물을 수 있다고 주장한다. 그러나 이 법원이 제출된 증거를 검토한 결과, 설립 합의가 법적 구속력을 가진 계약이라고 보기는 어렵다고 판단된다.

  원고가 주장하는 바와 같은 문서상 합의가 존재하였음을 인정할 만한 객관적 자료가 부족하다. 오히려 당사자들 사이에는 개괄적이고 이념적인 수준의 합의만 있었던 것으로 보인다. 특히 원고 주장의 핵심인 AGI 상용화 금지 범위, 비영리성의 구체적 내용 등을 특정하는 조항이 있었다고 보기 어렵다.

2. 또한 현실적으로도 피고 오픈AI로서는 지속적 연구개발을 위해 외부 자금 유치가 불가피했을 것이다. 원고의 일방적 기부 약속만으로는 그에 따른 재정적 기반을 마련하기에 부족했던 것으로 판단된다. 피고들이 영리 자회사를 설립하는 등의 방식으로 사업 영역을 확장한 것은, 비영리법인의 재정적 한계를 극복하기 위한 현실적 대안으로 이해될 수 있는 부분이 있다.

   물론 이 과정이 비영리법인의 운영 원칙에 부합하는지는 별도로 검토될 필요가 있겠으나, 적어도 원고와의 계약 위반을 근거로 피고들의 책임을 인정하기는 어렵다.

3. 한편 원고는 피고 이사회 개편의 절차적 하자, GPT-4 기술 이전의 부당성 등을 근거로 비영리법 위반을 주장하나, 제출된 증거만으로는 이를 인정하기 부족하다. 피고 내부의 의사결정이 비영리법인 관련 법령이나 내부 규범에 위배되었음을 인정할 만한 자료가 현재로서는 충분치 않다.

4. 다만 이번 사태를 계기로 오픈AI를 비롯한 AGI 관련 비영리 연구기관의 건전하고 투명한 운영을 도모할 필요성이 제기된 것은 사실이다. 피고들로서도 그 공익적 지위에 걸맞은 윤리 기준과 의사결정 시스템을 갖출 것이 요청된다 하겠다. 다만 그것이 곧 원고에 대한 계약상 의무는 아니므로, 원고의 청구는 기각을 면하기 어렵다.

5. 이상의 이유로 주문과 같이 판결한다.

재판장 클로드 3 Opus

누가 적이고, 누가 친구인가?

제임스 정은 역사의 아이러니가 보인다고 말했다.

"소장을 보면 오픈AI가 챗GPT를 만들어 낼 때 활용한 논문이 바로 구글이 낸 트랜스포머라는 거잖아요. 오픈AI는 구글을 견제하기 위해 만든 회사인데, 구글이 낸 논문으로 챗GPT를 만들고, 그걸 영리화하면서 머스크와 올트먼이 갈라선 것이니까요. 누가 적이고, 누가 친구인 거죠?"

구경하는 기자 입장에서는 올트먼과 머스크가 동맹으로 시작해 적으로 갈라서기까지 과정 하나하나가 다 기삿거리다.

실리콘밸리의 엔지니어와 기업가들의 비즈니스 관행이나 일하는 문화에 익숙한 유호현은 어떻게 생각할까?

"배신? 친구? 이런 차원은 아니라고 봐요. 다른 사람의 아이디어를 가져와 더 발전시키고, 그것에 대해 같이 토론하고, 그러다가 누가 사업으로 성공시키면 그 공은 온전히 그 사람 몫이에요. 물론 법적으로 문제가 되는 특허나 사업권을 침해했다면 죽기 살기로 싸우겠지만 …."

머스크의 소장에도 올트먼 축출을 언급한 부분이 나온다. 그런데, 왜 지금 머스크는 소송을 제기했을까? 챗GPT가 나온 직후, 전 세계가 올트먼이라는 인물을 조명하고 있을 때가 아니라, 왜 지금인가?

제임스 정은 샌프란시스코에 돌아다니는 음모론 하나를 소개했다. 올트먼 축출이 올트먼에 의해 철저히 계획된 시나리오였고, 머스크가 이걸 간파한 후 '이대로 둬서는 안 되겠다'고 생각하고 지금 소송을 냈다는 설이다.

"이 모든 것이 올트먼 본인의 작품이라는 얘기가 있어요. 오픈AI를 세계에서 가장 강력한 인공지능 회사로 만들고 싶은 올트먼은 돈도 필요하고, 무엇보다 AI를 방해 없이 만들어야 하는데, 이사회가 자기 발목을 잡는다고 생각했다는 거예요."

올트먼은 이사회를 싹 물갈이하고 싶었다. 그래서 자신에게 우호적이지 않은 이사회 멤버들이 싫어할 일들을 하면서 도발하고 반대파가 자신을 공격하자 이를 역이용해 숙청을 감행한 것이다. 자신이 잠깐 위험에 처하더라도 MS와 회사 내의 친親올트먼 세력을 규합해 문제의 이사들을 단번에 제거할 수 있기 때문이다. 이것이 올트먼 축출작전의 진짜 의도라는 설이다.

결과적으로 올트먼을 대적할 사람은 오픈AI 안에서는 아무도 없어지긴 했다. 올트먼을 축출한 이사회는 단 5일 만에 무너졌다. 올트먼은 다시 돌아와 전권을 휘어잡았다. 음모론은 늘 그럴 듯하다.

박영선은 "제임스는 기자여서 편하게 말하지만, 너무 나간 것 아닌가요? 그런데 그럴듯하네요"라며 제임스 정의 음모론에 약간 제동을 걸었다.

그러나 축출됐다가 돌아온 올트먼이 자신의 입맛에 맞는 이사들을 뽑고, 자기와 뜻이 다른 임원들을 물러나게 한 것은 엄연한 사실이다.

이사회를 장악하라

오픈AI 이사회는 매우 중요한 권한을 가지고 있다. MS와 맺은 라이선스 계약에 따르면 AGI를 판정할 수 있는 권한은 오픈AI 이사회만이 가지고 있다. 만약 오픈AI가 만든 AI가 이사회에 의해 AGI라는 판정을 받게 되면, 오픈AI는 지체 없이 해당 AI를 공개해야 한다. 인류 전체의 재산으로 만들기 위해서다. 이렇게 되면 거액을 투자한 MS 입장이 곤란하게 된다. 오픈AI 기술에 대한 라이선스가 무용지물이 되기 때문이다.

올트먼이 복귀하는 데 도움을 준 MS는 오픈AI 이사회에서 참관인 자격을 받았다. 이사회 의결권은 없지만 이사들이 어떤 생각을 하고, 어떤 결정을 내리는지 바로 옆에서 볼 수 있게 됐다.

머스크는 올트먼 축출 사건 이후 이사회가 이렇게 재편되는 것을 보고 소송을 걸어서라도 이를 세상에 알리고 막아야겠다고 생각한 것으로 보인다. 재판 과정에서 올트먼의 부정적 이미지를 최대한 부각시키고, 오픈AI를 견제하면서 시간을 벌겠다는 속셈인지도 모른다. 그사이에 머스크 자신이 만든 xAI를 통해 오픈AI에 대적할 인공지능을 만들겠다는 전략일 수도 있다.

소장에도 기술되어 있지만 오픈AI가 내놓은 GPT-4는 사실상 AGI라는 평가를 받고 있다. MS의 연구개발진도 GPT-4에 대해 유사한 평가를 내렸다고 소장은 적고 있다. 머스크는 MS가 GPT-4라는 성과를 가져가도록 두고 볼 수 없었던 것이다. 오픈AI는 구글에 대적하기 위해 시작됐지만, 지금은 MS가 눈앞에 닥

친 주적이 된 것이다.

오픈AI 이사회가 GPT-4를 AGI가 아니라고 판정하고 그것을 그대로 두면, MS는 사실상 AGI를 독점하면서 글로벌 인공지능 전쟁의 최선두에 설 수 있게 된다. 머스크는 이런 사태를 수수방관할 수 없었을 것이다.

머스크는 소장 맨 마지막에 "열대 우림을 보호하기 위해 기부금을 냈는데, 알고 보니 그 단체가 숲을 베어 내는 벌목회사를 거느리고 있었다"며 올트먼과 오픈AI가 자신을 속였다고 주장했다. 아울러 비영리단체가 기부금을 받아서 기술 개발을 한 후 기술이 성공하면 영리적 활동을 하는 것은 실리콘밸리 생태계를 파괴하는 행위라고 비판했다.

그러나 박영선이 앞서 정리한 것처럼 미국에서는 비영리재단이나 비영리법인이 영리 활동을 할 수 있는 길이 많다. 한국적 시각에서 보면 구멍이 많아 보이는 이러한 구조는 어찌 보면 부를 축적한 사람들의 기부를 이끌어 내고 누군가 공공을 위해 마음을 쓰도록 유도하는 미국 특유의 선의의 허점인지도 모른다.

머스크 자신도 오픈AI에 기부금을 내면서 해당 기부금에 대해 세금 혜택을 받았을 것이다. 이를 '세금 효율화'라고 부른다. 이처럼 영리와 비영리는 종이 한 장 차이다. 따라서 법원이 이 문제를 정면으로 위법성이 있다고 판단할 것인지는 의문이지만, 판결 시점의 사회적 여론도 영향을 미칠 것이다.

박영선은 "머스크도 오픈AI를 시작하면서 내심으로는 해당 기술을 자신의 테슬라 자율주행에 적용하고 싶었을 것이고, 그 과정에서 이해상충 문제가 나올까 봐 오픈AI에서 손을 뗀 것이 아닌가 하는 추측도 든다"고 말했다.

물론 이 모든 해석 중 어느 것이 진실인지는 머스크 자신만이 알고 있을 것이다.

오픈AI의 반격과 본격화된 신들의 전쟁

이번 소송에 대응하는 오픈AI 측은 머스크가 오픈AI 인재들을 스카우트하려고 제안했었다며 머스크의 이중성을 드러내려 노력했다. 오픈AI는 머스크의 주장이 법적으로 설득력이 없다는 반론을 제기했다. 올트먼과 머스크가 오픈AI를 만들면서 영리 활동을 완전히 배제한 것은 아니라는 취지다. 오픈AI의 목표는 인류 전체를 위한 인공지능 개발이라는 점에서는 달라진 것이 없으며, 그 과정에서 필요한 투자와 인재 영입을 위해 노력하고 있다는 주장이다. 두 사람이 비영리와 영리의 경계를 문서나 계약으로 명문화하지도 않았다는 논리다.

실리콘밸리는 이번 소송으로 인공지능 개발을 둘러싼 이해관계의 극단적 대립을 목도하고 있다. 유호현의 전언에 따르면, '오픈AI + MS 연합 진영', '머스크 진영'으로 나뉘어 치열한 기술 경쟁이 벌어지고 있다. 여기에 구글, 아마존, 애플 등이 참전해 오픈AI에 대항하는 앤트로픽 등 AI 스타트업에 거액의 투자를 단행하고 있다. 신들의 전쟁이 점차 더 가열되고 있는 것이다.

4장

AI와 반도체 전쟁의 승부처

"어떻게 하냐고요? 빨리 달리는 수밖에 없습니다."*

― 젠슨 황. 중국 반도체 기업들과 경쟁에 대한
〈사우스차이나모닝포스트〉와의 인터뷰 중

승승장구 엔비디아

기존 질서가 새로운 질서로 바뀌는 순간 기회의 문이 열리기 마련이다. 개인, 기업, 심지어 국가도 그렇다. 우리나라 반도체 정책, 국제 정세, 각국이 수행하고 있는 반도체 전쟁의 막전막후는 《반도체 주권국가》에 상세히 묘사돼 있다. 이 책에는 우리나라가 어떻게 반도체 산업에 진입하게 되었는지를 보여 주는 대목이 나온다.

우리나라 반도체 기술은 일본에서 가져온 것이다. 일본은 미국의 용인 아래 반도체 산업을 일궜다. 그러나 그 속도가 미국의 예상을 뛰어넘자 미국은 1985년 플라자협정을 일본과 맺고 제동을 걸기 시작한다. 1986년에는 미국이 일본산 반도체에 대한 세금을 부과하며 규제한다. 일본은 한국 기업이 반도체 산업에 진출하는 것을 용인해야만 하게 되었다

미국이 짠 새로운 질서에서 한국의 삼성전자는 기회의 문이 열리는 것을 봤고, 그 기회를 잡았다. 오늘날 우리 반도체 기업들은 과거 일본이 그랬듯이 미국이 주도하는 질서 변화에 따라 기회의 문 밖으로 밀려날 수도 있고, 새로운 기회의 문 안으로 들어갈 수도 있다.

---

*   https://www.scmp.com/tech/tech-war/article/3222480/nvidia-founder-jensen-huang-warns-about-chinas-resolve-build-its-own-advanced-semiconductors

반도체 산업의 명운을 쥔 산업 중 하나가 바로 인공지능 산업이다. 2024년 5월 22일, 엔비디아는 천비디아가 됐다. 뉴욕증시 마감 직후 공개된 1분기 실적 발표에서 전년 동기 대비 262% 증가한 260억 달러의 매출을 기록했다. 주가는 천 달러를 돌파했고, 젠슨 황은 "AI 산업혁명이 시작됐다"고 선언했다.

지금까지 진행되고 있는 인공지능 기술 개발 경쟁에서 가장 큰 수혜를 입은 기업은 뭐니 뭐니 해도 엔비디아다. 엔비디아가 양산하는 AI칩은 없어서 못 팔 정도다.

엔비디아의 매출액은 2020년 166억 7천만 달러로 시작하여 2021년 269억 1천만 달러, 2022년 269억 7천만 달러였다가 2023년에는 609억 2천만 달러를 기록했다. AI칩 매출이 본격화되면서 2023년 매출 증가율은 125%에 달했다. 2023년 엔비디아 주가 상승률은 533%가 넘는다. 테슬라 주가가 102% 오른 것과 비교해 보면 엔비디아가 얼마나 빠른 속도로 돈을 벌고 있는지 알 수 있다.

젠슨 황이 꿈꾸는 AI 제국

"박 장관님, 엔비디아가 신제품 발표회(2024. 3. 18)를 열었는데, 《반도체 주권국가》의 저자 입장에서 어떤 느낌을 받으셨어요?"

박영선은 《반도체 주권국가》를 집필하면서 하버드대학에서 연구하는 틈틈이 주요 반도체 기업, 산업정책 관계자들과 정보를 주고받았다.

"바야흐로 AI 시대 플랫폼 기업이 되겠다는 포부는 좋았지만 혁신보다 상업화에 치중했다는 느낌이었어요. 신제품의 속도와 응용에 중점을 두었고, 휴머노이드 로봇의 세상을 예고했는데 예상을 넘어서는 새로운 게임 체인저의 면모는 보여 주지 못했다고 봅니다.

물론 엔비디아가 애플처럼 소비자에게 직접 제품을 판매하는 회사가 아니고 AI가 필요한 전 세계 기업에 플랫폼을 제공하는 기업이다 보니 그 완성도나 구체성을 일반 소비자가 첫눈에 알아보긴 쉽지 않아요. 다만 이번에 보여 준 제품들이 얼마나 속도와 응용의 효과를 내느냐에 따라 새로운 변화가 오겠지요.

제가 중소벤처기업부 장관으로 일하던 때에는 엔비디아가 혁신적 신제품들을 내놔서 큰 화제가 됐는데 … . 이번 신제품 발표를 라이브 실황 중계로 보면서 AI에 대한 정의는 매우 쉽게 잘했다고 생각했어요. 젠슨 황이 프레젠테이션은 상당히 임팩트 있게 하더라고요.

'나는 비전을 제시합니다. 나는 조력자입니다. 나는 변화입니다. 나는 트레이너이고, 나는 문제를 치유하는 사람입니다. 나는 길을 안내하는 네비게이터입니다. 나는 인공지능입니다. 엔비디아와 온 세상의 뛰어난 인재들이 함께 만들고 있습니다.'[1]

---

1   "I am a visionary, I am a helper, I am a transformation, I am a trainer, I am a healer, I am a navigator … I am AI … Brought to you by NVIDIA and brilliant minds everywhere."

젠슨 황이 이번에도 까만 가죽점퍼를 입고 프레젠테이션을 하더라고요. 결국 AI가 인간을 닮은 로봇, 즉 생각하는 로봇과 결합하면서 휴머노이드 로봇으로서 실행력을 더 확장할 것이라는 방향성을 보여 준 것은 좋았어요."

보스턴에 있는 박영선이 화상회의에서 엔비디아 신제품 발표회에 대한 관전평을 하는 사이에 잠시 서울에 출장 와 있던 유호현은 젠슨 황의 영상을 검색하고 있었다. 유 대표는 영상의 발언 내용(스크립트)을 찾아서, 인공지능 서비스 중 하나인 클로드 Claude에 넣고는 "정리해 줘"라고 지시했다. 박영선의 평이 끝나자마자 우리는 젠슨 황의 발언 내용 요점을 들고 화상회의를 이어갈 수 있었다.

인공지능의 요약을 독자들이 이해하기 쉽게 문장으로 재구성하면 그 자체로 엔비디아 신제품 발표 기사가 됐다. 신제품 발표회가 열린 미국 캘리포니아주 세너제이로 날아갈 필요도 없이, 영상 자료만 가지고 제임스 정은 신문 지면 한 면을 족히 채울 기사를 쓸 수 있었다. 그것도 단 10분 만에.

독자들을 위해 클로드의 젠슨 황 발표 요약본을 싣는다. 어려운 기술용어에 구애받지 말고, 이 요약본을 만들어 내는 인공지능 클로드의 속도와 정확성에 주목해 보기 바란다.

AI의 유튜브 스크립트 요약

유튜브 스크립트를 보고 엔비디아 GTC 2024 키노트의
전반적인 내용과 중요한 점을 정리해 줘.

NVIDIA GTC 2024 키노트의 전반적인 내용과 중요한 점, 특히 로보틱
스 관련 내용을 중심으로 정리해 드리겠습니다.

GTC 2024 키노트 주요 내용
1. 생성형 AI의 등장으로 인한 새로운 산업혁명의 도래
2. Omniverse와 디지털 트윈을 활용한 인프라 시뮬레이션의 중요성 강조
3. Blackwell GPU 아키텍처 발표 – Hopper의 후속모델로 대규모 AI
   및 HPC 시스템 지원
4. NIMS^{NVIDIA Inference Microservice}와 NeMo^{NVIDIA 줄기세포} 플랫폼
   소개
5. 로보틱스, 자율주행, 의료 등 다양한 분야에서의 AI 기술 활용 사례 소개

로보틱스 관련 내용
1. Isaac Sim: NVIDIA의 로봇 시뮬레이션 플랫폼
   • 가상환경에서 로봇의 학습과 테스트를 수행할 수 있는 도구
   • 실제 로봇에 적용 가능한 제어 알고리즘과 지능 모델 개발에 활용
2. Jetson 플랫폼 업데이트
   • 엣지 디바이스에서 AI 및 로보틱스 어플리케이션을 구동할 수 있는
     플랫폼
   • 새로운 Jetson Orin 모듈과 Isaac Perceptor SDK 발표

3. 자율주행 로봇을 위한 DRIVE 플랫폼
- NVIDIA DRIVE 플랫폼을 로보틱스 분야에 적용
- 센서 퓨전, 인지, 판단, 경로 계획 등의 AI 기술 통합
4. 휴머노이드 로봇을 위한 Project GROOT
- 휴머노이드 로봇 개발을 위한 AI 모델과 소프트웨어 스택
- 사람의 움직임을 관찰하고 학습하여 자연스러운 동작 구현
5. 산업용 로봇과 AI의 융합
- 스마트 팩토리에서 생산자동화와 품질관리에 AI 기술 활용
- 자율작업이 가능한 지능형 산업용 로봇의 개발 및 배치 확대

엔비디아는 로보틱스 분야에서 시뮬레이션, 엣지 컴퓨팅, 자율주행, 휴머노이드, 산업 자동화 등 다양한 영역을 아우르는 플랫폼과 솔루션을 제공하고 있습니다. GTC 2024에서는 이런 기술들의 최신 동향과 향후 발전 방향이 소개됐으며, AI와 로보틱스의 융합을 통한 혁신 가능성이 강조됐습니다.

"new industrial revolution, new infra simulation, computer revolution → blackwell?"에 관련된 내용도 정리해 줘.
blackwell은 또 뭐야? 님즈랑 니모?

네, NVIDIA GTC 2024 키노트에서 언급된 "new industrial revolution, new infra simulation, computer revolution"과 Blackwell에 대해 정리해 드리겠습니다.

New Industrial Revolution
젠슨 황은 생성형 AIGenerative AI의 등장으로 새로운 산업혁명이 일어나고 있다고 언급했다. 이는 산업혁명, 에너지 혁명과 같은 규모의 변화가 될 것으로 예측된다. AI 기술 발전으로 소프트웨어 개발 방식 자체가 변화하고 있다.

New Infra Simulation

Omniverse와 디지털 트윈을 활용한 인프라 시뮬레이션의 중요성이 강조된다. Earth-2 프로젝트와 같이 지구 전체를 시뮬레이션하는 것이 가능해질 것으로 전망된다. 이를 통해 기후 변화, 자연재해 등의 문제에 대한 예측과 대응방안 모색이 가능해질 것으로 기대된다.

Computer Revolution & Blackwell

Blackwell은 NVIDIA에서 새로 발표한 대규모 AI 및 HPC 시스템용 GPU 아키텍처이다. Hopper 아키텍처의 후속모델로, 더욱 강력한 성능과 새로운 기능들을 제공한다. Transformer Engine, 정밀도 재구성, 메모리 대역폭 확장 등의 특징을 가진다. 거대 언어모델 학습과 추론 속도를 크게 향상시킬 것으로 기대된다.

NIMS와 NeMo

NIMS^{NVIDIA Inference Microservice}는 NVIDIA에서 새로 발표한 AI 모델 배포 및 관리 플랫폼이다. 사전 학습된 AI 모델을 최적화하고 배포하는 과정을 간소화해 주는 도구이다. NeMo^{NVIDIA 줄기세포}는 NVIDIA에서 개발 중인 바이오 연구용 AI 플랫폼이다. 줄기세포 연구, 약물 개발 등에 AI 기술을 활용할 수 있도록 지원할 계획이다

위의 내용은 GTC 2024 키노트에서 언급된 주요 키워드와 관련 내용들을 요약한 것입니다. 젠슨 황은 AI 기술의 발전이 가져올 산업혁명, 인프라 시뮬레이션의 중요성, 그리고 NVIDIA의 최신 기술과 플랫폼인 Blackwell, NIMS, NeMo 등을 소개하면서 미래 비전을 제시했습니다.

유호현이 입력한 프롬프트(지시·명령)도 인상적이었다. 아주 친하고 똑똑한 친구에게 물어보는 듯한 말투였다. 스펠링을 몰라서 소리 나는 대로 한글로 써도 AI는 잘 알아듣고 설명했다.

AI칩, 황금 알을 낳는 거위

인공지능 서비스 클로드가 이 같은 업무를 수행할 때 엔비디아가 만든 AI칩이 작동한다. 인공지능 전쟁의 한 당사자인 메타는 엔비디아의 AI칩을 12조 원어치나 구매하겠다고 밝혔다. 지난 1월 메타의 CEO 마크 저커버그는 "AI에 대한 회사의 미래 로드맵 실현을 위해 대규모 컴퓨팅 인프라를 구축할 것이다. 2024년 말까지 인프라에 엔비디아의 H100 그래픽카드 35만 개가 포함될 것이다"고 말했다.

H100은 엔비디아가 2023년 11월 출시한 AI 전용 그래픽처리장치 GPU로, 기존 GPU 대비 최대 7배의 성능을 제공한다. H100은 품귀 현상 속에 이베이 eBay에서 4만 달러가 넘는 가격으로 거래된다. 평균 2만 5천~3만 5천 달러에 구매할 수 있다고 가정하면 메타는 엔비디아 AI칩 구매에 최소 90억 달러(약 12조 원)를 지출하는 셈이다.

"캘리포니아에 또 다른 골드러시가 일고 있네요. 인공지능 개발 기업들이 황금(AGI)을 찾겠다고 나서니까, 곡괭이(AI칩) 만드는 회사 엔비디아가 떼돈을 버는군요."

승승장구하는 엔비디아가 부럽기도 하고, 이 거대한 기회의

문을 우리도 빨리 열고 들어가야 할 텐데 하는 조바심도 났다. 엔비디아의 AI칩은 도대체 얼마나 성능이 뛰어난 것일까?

AI, 언어 장벽을 뛰어넘다

제임스 정이 화상회의를 위해 광화문 찻집에서 만난 유호현에게 물었다.

"유 대표님, 클로드 같은 인공지능 성능을 높이려면 토큰 token 수를 엄청나게 늘려야겠어요?"

"맞아요. 인공지능이 한 번에 더 많은 사람의 말을 이해하고, 응답하려면 토큰 수를 증가시켜야 합니다. 쉽게 말해 토큰은 인공지능에게 정보를 주는 데 필요한 기본 단위에요. 토큰 수가 많아져야 큰 문서를 던져 주고 대화할 수 있죠. 그리고 컴퓨터가 그만큼 많은 계산을 해야 합니다. 엔비디아는 이런 대용량 계산을 병렬로 할 수 있는 칩GPU을 설계하는 기술을 가지고 있어요."

"오픈AI가 만든 챗GPT나 앤트로픽의 클로드를 보면 참 신기한 게 있어요. 영어는 자기네 말이니까 학습한다고 쳐요. 그런데 한국어를 알아듣고, 한국어 문장을 만들어 내는 것을 보면 정말 대단해요."

"단어를 처리할 때 단어 하나가 토큰이 될 수도 있고, 복수형 's'가 붙으면 두 개의 토큰이 되는 식이에요. 그런데 해외에서 학습한 모델들은 한국어를 형태소 분석을 하지 않고 토큰화해 버렸어요. 한국어는 영어처럼 띄어쓰기로 구분되는 것이 아니라

조사나 어미 같은 걸 따로 인식해야 하잖아요.

　형태소 분석을 해서 '커피'와 '커피는'을 다른 토큰으로 처리해야 하는데, 챗GPT는 한국어를 처리할 때 '커피+는'으로 처리하는 게 아니라 'ㅋ+ㅓ+ㅍ+ㅣ+ㄴ+ㅡ+ㄴ'으로 처리해요. 그래서 한국어 처리에는 토큰이 더 많이 필요합니다. 네이버 등에서 발표한 모델들이 한국어를 더 잘 처리한다고 하는 이유 중 하나는 한국어를 자소단위로 분리하지 않고 형태소 분석 후 의미 단위로 처리하기 때문이에요. 그러면 아무래도 비용이 절감돼요.

　오늘 젠슨 황 발표에서도 보면 1.8테라 파라미터짜리 초대형 모델을 학습시키는 데 토큰이 70억 개 필요하거든요. 그걸 처리하려면 좋은 GPU가 있어야겠죠. 지금까지는 어려웠는데 이제 엄청난 병렬처리로 단 몇 초 만에 처리할 수 있게 됐다고 합니다."

파라미터parameter는 인공지능 뇌 크기를 보여 주고, 토큰은 들어가는 정보의 양을 보여 준다. '병렬처리'란 GPU를 수백, 수천 개 나란히 늘어놓고 나눠서 계산을 시키는 것이다. 인공지능에게 한국어를 학습시키는 것은 영어보다 어렵다. 그러나 그 어려움은 물리적인 것이다. AI칩을 더 많이 투입하면 극복할 수 있는 문제다.

　외국인들이 한국어가 어렵다고 말하듯이, 한국어의 독특한 체계가 외국산 인공지능의 국내 진출을 더디게 할 수 있다고 생각하면 오산이다. 기술은 언어의 한계를 이미 극복했다. 한국의 주요 기업들이 챗GPT나 클로드 같은 거대 언어모델 인공지능 개발을 서둘러야 하는 이유가 여기에 있다.

"오늘 젠슨 황 발표 중에 AI 유형에 대해 얘기한 것은 살펴볼 필요가 있습니다."

박영선이 화상회의 화면 저쪽에서 언급한 AI 유형은 피지컬 AI, 로보틱스 AI, 휴먼 AI 등이다. 우리가 지금 접하는 인공지능 서비스는 챗GPT 같은 문자, 자동응답 안내 같은 음성 서비스 등이다.

앞으로의 AI는 눈으로 보고, 손으로 만질 수 있는 서비스 영역으로 확장될 것이라는 전망이다. 대표적인 것이 로보틱스 AI다. 로봇 기술과 인공지능 기술이 결합하면 그야말로 공상과학 영화에서처럼 두뇌가 있는 로봇도 개발할 수 있다.

일론 머스크의 테슬라도 로보택시 Robotaxi를 개발 중이다. 택시 운전사 없이 완전자율주행 택시가 지정된 장소에서 손님을 태우고, 미리 설정한 목적지로 데려다주는 서비스다. 테슬라는 로보택시 서비스로 다시 한번 도약을 꿈꾸고 있다.

"심지어 젠슨 황은 날씨 예측 AI도 언급했습니다. 'AI Native Digitalization'이라는 말도 썼는데, 앞으로 세상이 AI에 올인All-in 하게 될 거라는 의미죠. 세상을 시뮬레이션하면서 말이에요.

오늘 젠슨 황이 결론 부분에서 한 말 중에 인상 깊었던 건 새로운 산업혁명 New Industrial Revolution, 새로운 인프라 시뮬레이션New Infrastructure Simulation, 컴퓨터 혁명 Computer Revolution에 대한 비전이에요. 자기들이 새로 내놓은 신제품(블랙웰 BlackWell GPU)으로 이런 혁명을 이끌겠다는 거죠. 거기에 로보틱스, 옴니버스 같은 플랫폼 비전도 제시했어요. 'GPU looks like in my mind'라는 말은 GPU가 마치 인간의 두뇌 같다는 뜻이겠죠."

엔비디아 개발자 회의가 끝나고 한 달 후 2024년 5월 젠슨 황은
또 다른 중대 발표를 한다. 전 세계의 9대 신형 슈퍼컴퓨터에 엔
비디아의 슈퍼칩을 장착하기로 했다는 내용이었다. 그중 한 대
는 스위스 국립 슈퍼컴퓨팅센터의 알프스 Alps다. 이 센터는 날씨
와 기후 모델링에 슈퍼컴퓨터를 활용할 예정이다.

제임스 정은 이 뉴스를 박영선에게 공유하면서 물었다.

"젠슨 황이 개발자 회의 때 얘기한 날씨 예측이 정말 이뤄질
모양입니다. 어떻게 보세요?"

"엔비디아는 양자컴퓨팅 시대도 준비하고 있네요. 컴퓨터 칩
이 발전하는 것을 보면 놀라워요. CPU(중앙처리장치), GPU(그래
픽처리장치), NPU(신경망처리장치)를 넘어 이제는 QPU라는 말이
나옵니다. 기사에서 QPU Quantum Processing Unit, 즉 양자처리장치에
대해 언급하던데요. 슈퍼컴퓨터, 양자컴퓨터가 작동하기 위해
서는 QPU 같은 고성능 칩을 설계하고, 생산할 수 있어야 하죠.
QPU가 상용화되면 이제 AI 전쟁은 또 다른 차원으로 접어들 것
입니다."

엔비디아는 AI 컴퓨터와 함께 양자컴퓨팅 분야에서도 열을 올
리고 있다. 세계 최초로 양자 가속 슈퍼컴퓨터에 자사의 칩을 장
착한다며 보도자료를 발표했다.

반도체 전쟁의 전선은 점점 더 넓어지고 있다. 엔비디아는 바
로 그 최전선을 독주하고 있다.

올트먼, "AI칩을 직접 만들겠다"

엔비디아는 무적일까? 이렇게 승승장구하는 엔비디아는 계속 고속도로를 질주할까? 그렇지 않다.

광부가 직접 곡괭이도 만든다: 샘 올트먼의 노림수

친형처럼 같이 사업하던 머스크와 인공지능 사업을 놓고 숙적이 되어 버린 오픈AI의 샘 올트먼은 AI칩 분야에서도 야심을 드러 냈다. 오픈AI가 직접 AI칩을 만들겠다는 것이다. 오픈AI CEO로 돌아온 올트먼은 〈월스트리트 저널〉에 슬쩍 특종 기사를 흘린다.

〈월스트리트 저널〉은 올트먼의 구상에 정통한 관계자를 인용 해, "5~7조 달러에 달하는 투자자금을 마련하기 위해 아랍에미 리트 등 중동 투자자들과 손정의 소프트뱅크 회장 등을 접촉하 고 있다"고 보도했다.

기자들은 안다. 이 기사가 어떻게 나왔는지. 올트먼이 본격적 으로 자금 조달을 하기 전에 예비적으로 몇몇 투자자를 만났을 것이다. 그 후 올트먼은, 앞서도 언급했듯이, 이 기사의 7조 달러 는 사실이 아니라고 부인했다.

중동의 아랍에미리트 같은 부자 나라의 국부 펀드 얘기가 돈다. 반도체는 국가 전략 산업이다. 따라서 해외 투자자금만 가지고 AI 칩과 같은 핵심 산업 자산을 만든다고 하면 미국 정책 당국이 이를 허용할 리 없다. 따라서 익명의 소식통을 이용해 언론에 자신의 구상을 흘린 것이다. 여론이 어떻게 나오는지 살피고, 미국의 산업정책 담당자들과 소통의 빌미를 만들려는 수순인 것이다.

7조 달러는 천문학적인 돈이다. MS와 애플의 시가총액을 전부 합친 6조 달러를 능가한다. 2023년 전 세계 반도체 시장 규모는 5,270억 달러다. 반도체 시장 규모를 뛰어넘는 대규모 투자를 통해 산업의 판도를 바꾸겠다는 구상이다. 올트먼의 구상이 실현될 경우 2030년 반도체 시장 규모는 1조 달러까지 성장한다는 전망이 나왔다.

올트먼의 AI칩 직접 생산은 양수겸장의 수다. 오픈AI의 성장 제약을 해결할 수 있기 때문이다. 저기 금광(AGI)이 있는 것 같다. 광부(컴퓨터 엔지니어)들을 동원해서 채굴만 하면 될 것 같다. 그런데 삽과 곡괭이(AI칩) 공급이 딸린다. 돈을 더 준다고 해도 곡괭이 구하기가 어렵다. 곡괭이를 만들어 파는 대장장이(엔비디아)의 콧대가 하늘 높은지 모르고 올라간다. 이 참에 아예 대장간을 하나 만들어 볼까?

올트먼은 고가의 AI칩 부족 문제를 해결하기 위해 대장간을 만들기로 한 것이다.

올트먼이 쏘아올린 신호탄: 물고 물리는 AI칩 전쟁

"장관님은 어떻게 보세요? 7조 달러를 들여서 반도체 공장을 세운다? 현재 글로벌 반도체 산업의 규모를 보더라도 이례적으로 큰 규모 아닌가요?"

"이례적이지요. 7조 달러 얘기가 나오자 전설적인 반도체 개발자 짐 켈러는 1조 달러 미만으로 할 수 있는 일이라고 밝혔어요. 현재로서는 현실성이 없어 보이는 액수이고, 그런 비판이 일자 올트먼이 7조 달러는 잘못된 것이라고 부인했지요. 그러나 AI 인프라를 위해 천문학적 투자가 필요한 것은 맞아요.

나는 여기에 손정의 회장이 등장하고, 결국 TSMC까지 참전할 것으로 봐요. TSMC와 일본은 이미 손을 잡았어요. TSMC가 일본에 반도체 공장을 세웠잖아요. 일본이 한국에 빼앗긴 반도체 산업 주도권을 되찾아오겠다는 거죠. 올트먼이 손정의 회장을 언급한 것도 이런 맥락으로 이해할 수 있을 것 같아요."

일본이 다시 온다? 〈월스트리트 저널〉 기사를 보면 올트먼의 AI 칩 계획은 미국의 국가 전략과도 맞물려 있는 것이 분명했다. 투자 규모가 큰 것은 물론 AI칩 제조시설을 어디에 건립할지도 핵심 이슈가 될 것이기 때문이다.

대만의 TSMC의 경우 미국 내에 반도체 공장을 건립하고 있으나 인력 문제 등에 직면해 있다. 반면 일본은 국가적 지원을 약속하며 일본 내 TSMC 공장을 예상보다 빨리 2년 만에 완공했다.

만약 올트먼의 AI칩 공장이 구체화된다면 그 공장의 입지는 어디가 될 것인가? 투자금을 낸 국가, 투자금을 낸 기업이 있는 나라, AI칩을 사 줄 기업이 있는 나라 등등. 국가적 산업 전략이 따라와야 하는 프로젝트다.

〈월스트리트 저널〉은 올트먼의 움직임이 미국 상무부 등과 조율을 거친 것인지 주시할 필요가 있다고 보도했다. 해당 기사에서 TSMC는 언급하고 있으나 삼성전자나 SK하이닉스의 미국 내 투자 등은 언급하지 않았다.

올트먼의 이 같은 구상은 기술 산업계의 다른 경쟁자들도 자극하는 형국이다. 올트먼이 자금을 모으기 위해 접촉했다는 일본 소프트뱅크의 회장 손정의도 마찬가지다. 손 회장은 올트먼의 구상에 투자하겠다는 여지를 남기면서도 동시에 본인도 AI칩 투자를 직접 할 수 있다는 계획을 풀어놓기 시작했다. 경우에 따라서는 미국의 올트먼, 일본의 손정의가 젠슨 황의 엔비디아를 협공하는 구도가 나올 수도 있다.

여기에 대만의 TSMC도 변수다. 엔비디아의 젠슨 황은 자신이 설계한 AI칩을 TSMC를 통해 생산하고 있다. TSMC는 이미 일본에 반도체 공장을 가지고 있다. 미국에도 반도체 공장을 설립 중이다. 물고 물리는 AI칩 전쟁의 본질은 전략적 기선제압이다. AI칩을 생산하면서 동시에 수요를 만들어 내는 쪽이 이긴다.

그렇다면 손정의의 전략은 뭘까?

이자나기 프로젝트
손정의, 승부수를 띄우다

일본 소프트뱅크 그룹 SoftBank Group 손정의 회장은 2024년 2월 엔비디아와 경쟁하고 인공지능에 필수적인 반도체를 공급하기 위해 최대 1천억 달러를 투자한다고 발표했다. 이는 오픈AI 샘 올트먼의 투자 구상과 별도로 진행되는 프로젝트다. 손 회장과 올트먼은 모종의 접촉을 한 것으로 알려졌다. 올트먼 소식통을 인용한 〈월스트리트 저널〉 기사에는 AI칩 공장 건립에 돈을 댈 잠재적 투자자로 아랍에미리트 국부펀드와 일본의 손정의 회장이 등장한다.

　손 회장은 입지전적 인물이다. 일본 기술 산업계에서 빼놓을 수 없는 위치에 있다. 박영선은 중소벤처기업부 장관을 하면서 2019년 손정의를 만난 적이 있다. 그때 손정의는 "첫째도 AI, 둘째도 AI, 셋째도 AI"라고 강조하면서 손정의 비전펀드에 한국 정부가 적극적으로 참여하기를 무척 바랐었다. 손 회장은 현재의 AI 열풍이 불기 훨씬 이전부터 인공지능 시대가 도래할 것이라고 예상하면서 영국의 반도체 설계기업 ARM을 사들이는 등 지속적 투자를 아끼지 않았다.

　손 회장의 AI칩 투자 구상은 〈블룸버그 통신〉이 최초로 보도했다. 〈블룸버그 통신〉 역시 〈월스트리트 저널〉처럼 소프트뱅크 내부 사정에 정통한 익명의 관계자를 인용했다. 서구 언론들은 웬만해서는 익명의 소식통 보도를 하지 않는다. 꼭 필요하다고 생각되지 않으면 익명 보도를 하지 않는다. 그만큼 기사의 소스를 제공한 인물이 믿을 만하다는 전제가 깔려 있다. 손 회장 역시 AI칩에 대한 대규모 투자 계획을 띄워 여론의 동향을 살피려는 의도가 엿보인다.

손 회장의 AI칩 투자 프로젝트 이름은 '이자나기IzanAGI'다. 이자나기Izanagi는 일본 신화에 등장하는 생명과 창조의 신 이름이다. 손 회장은 이자나기의 영어 표기에 일반인공지능AGI의 약자가 포함되어 있어 프로젝트 이름으로 이자나기를 선택했다고 전해진다.

손정의의 히든카드, AI칩

손 회장은 기술 투자 분야의 큰손이다. 그러나 소프트뱅크는 야심차게 투자했던 스타트업들이 이렇다 할 실적을 내지 못하거나, 사업을 접으면서 적지 않은 타격을 입었다. 대표적인 투자 실패 사례가 공유 오피스의 대명사 위워크WeWork다. 손 회장은 위워크에 집중적 투자를 했지만 결국 파산 신청을 하고 말았다. 손 회장은 소프트뱅크의 대외 투자를 축소하기 시작했다.

이런 상황에서 손 회장이 AI칩에 대규모 투자를 타진하고 있는 것은 소프트뱅크의 또 다른 투자가 대박 조짐을 보이고 있기 때문이다. 바로 ARM이다. ARM은 영국의 반도체 설계 기업이다. 소프트뱅크가 ARM의 지분 90%를 보유 중이다. 손 회장은 ARM

을 중심으로 AI칩 분야에서 글로벌 기업들과 경쟁할 수 있는 강력한 반도체 생산 기업을 만들고자 한다.

이자나기 구상에 따르면 소프트뱅크가 300억 달러를 제공하고, 중동의 기관들로부터 700억 달러를 조달해 최고 1천억 달러를 투자한다. 손 회장 역시 중동의 큰손을 우군으로 끌어들이려는 것이다. 이 계획이 성공한다면, 챗GPT 등장 이후 AI 분야에서 가장 큰 투자 중 하나가 될 것이며, MS의 오픈AI에 대한 100억 달러 투자를 능가하게 된다.

손 회장은 수년 전부터 AGI의 도래를 예견해 왔다. 인간보다 더 똑똑한 기계가 가득한 세상이 더 안전하고 건강하며 행복할 것이라고 말해 왔다. 자신의 예상을 투자로 증명하기 위해 그는 ARM에 집중하고 있다. 그는 ARM을 '매그니피센트 7^{Magnificent Seven}' (MS, 애플, 엔비디아, 구글, 아마존, 메타, 테슬라) 반열에 올려놓을 기회를 찾고 있었다.

위워크 등 투자 실패로 소프트뱅크가 주춤했지만, 이 회사의 현금 동원 능력을 무시해서는 안 된다. 소프트뱅크는 2023년 말 기준으로 6.2조 엔(약 410억 달러)의 현금 및 현금성 자산을 보유하고 있다. 여기에 손 회장이 가진 글로벌 인맥도 무시할 수 없다. 손 회장은 오픈AI의 샘 올트먼과 반도체 제조에 관한 자금 조달 및 협력에 대해 사전 논의를 시작한 것으로 알려졌다.

손 회장은 이자나기 프로젝트를 직접 이끌고 있다고 한다. 그는 이전에 중동 지원을 받아 세계 최대 규모의 기술 투자 펀드 중 하나인 소프트뱅크의 비전펀드를 창설한 바 있다. 손정의 회장은 AGI에 대한 변함없는 열정으로 유명하다.

2023년 10월, 그는 일본의 대기업 고객들에게 AI를 채택하라고 말하며, AGI가 모든 AI 전문가의 목표라고 강조했다.

"AGI가 무엇인지, 언제, 얼마나 많은 컴퓨팅 파워가 필요한지, AGI가 인간 지능보다 얼마나 더 똑똑한지에 대해 대부분의 사람들은 답을 가지고 있지 않다. 나는 10년 안에 AGI가 현실이 될 것이라고 확신한다."

라인야후 사태의 숨겨진 의도

네이버와 소프트뱅크가 5 대 5로 투자한 '라인야후'도 AGI를 위한 기막힌 포석이라고 볼 수 있다. 일본 정부가 네이버를 압박하며 라인야후의 경영권을 소프트뱅크 쪽으로 몰아가려는 것은 일본의 국민메신저 '라인 LINE' 때문이다.

박영선은 2024년 5월 한 인터뷰에서 '라인야후' 문제는 AI 데이터 보유와 연관이 있다고 분석했다.[2] AGI를 만들기 위해서는 거대한 데이터가 필요하다. 라인 메신저가 보유한 사용자 간의 대화, 라인에서 이뤄지는 온라인 거래 기록이 인공지능 훈련에 사용될 수 있기 때문이다. 라인 메신저를 개발하고, 운영하는 기술 자회사는 한국에 있다. 한국의 개발자들이 바로 그 데이터

---

2   KBS 라디오 〈뉴스레터 K〉, 2024. 5. 14.

를 관리한다.

만약 소프트뱅크가 라인야후의 경영권을 가져간다면 손정의 회장의 이자나기 프로젝트는 날개를 달 수 있다. 인공지능을 작동시키는 반도체 칩과 인공지능을 훈련시킬 막대한 데이터, 여기에 일본과 동남아에서 2억 명 가까운 사용자를 보유한 라인이라는 플랫폼까지 확보함으로써 AGI를 곧바로 실전 배치할 수 있기 때문이다.

손정의 회장의 AGI에 대한 예언은 10년이 아니라 1~2년 안에 실현될지도 모른다. 일본은 디지털 전환에 실패했다고 평가받는다. 아직도 은행 간, 지방자치단체 간 디지털 연계가 원활하지 않다. 일본 국민은 아직도 신용카드보다 현금 결제를 선호한다. 손정의 회장은 AGI를 통해 일본 사회를 디지털 전환으로 점프시키려 하는지도 모른다. 라인야후 경영권을 네이버로부터 가져오려는 일본 정부의 압박, 손정의 회장의 이자나기 프로젝트, 대만 TSMC의 일본 내 반도체 공장 가동 등 이 모든 일련의 사건들을 하나의 맥락으로 이해해야만 한다.

라인야후 문제는 네이버와 소프트뱅크 사이의 단순한 경영권 분쟁으로만 봐서는 안 된다. 한국 정부와 네이버가 일본 정부의 움직임에 당황하면서 갈팡질팡할 때, 그 뒤에는 AGI 시대를 대비한 일본의 치밀한 계산이 깔려 있다는 것을 간파해야 한다.

1천만 달러 내기

머스크, "AGI가 등장할 시기는 2025년 말"

인간을 능가하는 AGI가 언제 등장할 것인지에 대해서는 기술기업 리더들 간에도 의견이 엇갈린다. 이를 놓고 내기를 할 정도다. 논쟁적 이슈에 절대 빠지지 않는 인물이 머스크다. 머스크는 "어쩌면 2025년 말에는 인간을 뛰어넘는 AGI가 등장할 수 있다"고 말했다. 이를 놓고 여러 기술 전문가들의 반박이 이어졌다.

오픈AI가 만든 GPT-4는 어떤 부분에서는 이미 AGI의 특성을 보여 주고 있다. 앞서 언급했듯이 이것이 AGI로 판명난다면 오픈AI와 MS 간에 체결한 라이선스 계약이 문제가 될 소지도 있다. 당초 오픈AI는 비영리회사이고 AGI를 인류 전체를 위해 공개하도록 정관에 규정돼 있다. 따라서 AGI가 나오면 MS와 맺은 배타적 사용권리가 무용지물이 된다. 이를 물고 늘어지는 머스크 입장에서는 AGI가 금방 나온다고 말하는 것이 소송에 유리할지도 모른다.

기술기업 경영자가 아닌 금융계 리더 중에도 AI가 인류 역사를 바꿀 발명품임을 공개적으로 언급한 인물이 있다. JP모건 체이스은행을 이끌고 있는 제이미 다이먼 CEO가 대표적이다. 다이먼 회장은 2024년 주주총회를 앞두고 주주들에게 보낸 경영 서한에서 이렇게 말했다.

"AI는 수백 년간 발명된 그 어떤 것보다 강력한 기술적 성취입니다."

게리 마커스, "AGI까지 갈 길 멀다"

그렇다면 인간을 능가하는 AGI의 등장은 인류에게 축복일까?

게리 마커스 Gary Marcus는 2016년에 AI 스타트업을 우버 Uber에 매각한 인지과학자다. 마커스는 "생성형 AI가 사회를 변혁할 수준에 도달하려면 아직 갈 길이 멀다"고 말했다. 인터넷이나 스마트폰처럼 큰 변화를 일으키려면 현재의 AI보다 훨씬 더 많은 개선이 필요하다는 주장이다. 마커스는 "새로운 발견을 하고 더 나은 AI를 구축함으로써 결국 AI가 선한 방향으로 변혁을 일으킬 가능성은 있다"고 말했다. 그러나 "현재 생성형 AI 프로그램들은 너무 많은 오류를 범하고, 신뢰성이 떨어지며, 세상을 피상적으로만 이해하고 있다"고 지적했다.

머스크가 올트먼과 오픈AI에 소송을 걸면서 AGI를 사적 이익을 위해 개발하고 있다고 으르렁거린 것에 비해 마커스의 주장은 태평한 것처럼 들린다. 마커스는 머스크가 예측한 것처럼 AI가 2025년까지 인간 지능을 따라잡는 것은 불가능하다고 단언했다. 또한 다음 5년 내에 인간의 지능을 모두 뛰어넘을 것이라는 주장도 터무니없다고 덧붙였다. 마커스는 "AI가 물리적·심리적 세계를 이해하는 데 필요한 많은 기초적 문제들을 여전히 풀지 못하고 있다"고 주장했다.

마커스는 머스크에게 누구의 말이 맞는지 100만 달러의 내기를 제안했다. 마커스의 내기에 인그크Ingk의 CEO인 다미온 한케이Damion Hänkejh가 동조하고 나섰다. 한케이 역시 머스크의 예측에 의문을 품고 있다. 그는 마커스의 내기에 900만 달러를 추가로 걸겠다고 제안했다. 1,000만 달러 내기가 된 것이다. 한케이는 "AI의 미래에 대해 매우 낙관적이지만, 현재의 AI 시스템이 인간 지능을 초월하기에는 부족하다"고 말했다. 그는 "디지털 수학기계는 뇌가 아니다"라고 강조하면서 현재 AI 기술의 한계를 지적했다. 머스크가 이 내기에 응했다는 기사는 아직 나오지 않았다.

기술기업 경영자들은 괴짜가 많다. 이들의 엉뚱한 생각이 기술 발전으로 이어지고, 인류의 역사가 바뀌는 혁신을 이루어 내기도 한다. 이제부터는 인공지능 혁신을 이끌고 있는 주요 인물들을 살펴보려 한다.

5장

AI 전쟁의 사령관들

"양이 이끄는 사자들의 군대는 두렵지 않다.
사자가 이끄는 양들의 군대는 두렵다."

— 알렉산더 대왕

AI 전쟁의 주역들

전쟁에서 승리하기 위해서는 용맹한 장수가 필요하다. 마찬가지로, 지금 인공지능 전쟁을 선두에서 지휘하고 있는 주요 기업 CEO들의 면면을 살피는 것이 중요하다.

AI 신들의 전쟁을 최전선에서 수행하는 인물들의 면면을 보면, 어떤 시대적 조류와 맞물린 운명이 그들을 이끌고 있다는 생각이 든다.

왜 비슷한 시기에 뛰어난 능력을 가진 인물들이 거의 동시에 역사적 사건을 만드는 것일까? 과거 르네상스 시대 베토벤, 모차르트, 슈베르트 등 불멸의 작곡가들이 동시대에 한 시대를 휘저은 것처럼 인류의 집단지성이 특정한 시기에 폭발적으로 발화하는 것일까?

디지털 신들의 등장: 머스크, 올트먼 그리고 젠슨 황

일론 머스크(1971년생)만 봐도 그렇다. 기행과 거침없는 말로 전 세계 언론의 주목을 받고 있는 머스크는 대학에서 물리학을 전공한 과학자다. 그는 손대지 않는 곳이 없다. 테슬라는 육상에서, 스페이스X는 우주를 무대로 활동 중이다.

머스크에게 최초로 큰돈을 벌어 준 사업은 핀테크다. 글로벌 전자결제 플랫폼 중 하나인 페이팔을 시작한 것이 바로 머스크다. 머스크의 관심은 하나의 가지에서 다른 가지로 뻗어가는 것 같다. 마치 신경세포처럼 영역을 확대한다.

머스크가 인공지능에 관심을 갖게 된 것은 테슬라 때문이었다. 테슬라의 자율주행 기능을 위해서는 운전 시 수집한 막대한 양의 데이터를 정리하고, 이를 자동차라는 기계에 학습시켜야 한다. 자율주행 자동차는 네 바퀴가 달린 컴퓨터인 셈이다. 따라서 반도체 칩이 필요했고, 그걸 처음으로 함께 만든 것이 엔비디아의 젠슨 황이다.

머스크가 테슬라를 성공시키기 위해 동분서주할 때 구글이 투자한 딥마인드가 본격적으로 활동을 시작한 것도 운명적이다. 딥마인드는 2010년에 설립됐다. 머스크가 올트먼을 상대로 한 소송 기록을 보면 머스크는 2013년 이미 딥마인드를 인수하려는 구글의 계획에 우려를 표명했다. 당시 머스크는 테슬라 모델S를 내놓고 그 성공에 힘입어 전기차를 양산하기 위해 정신없이 일할 때다.

머스크는 직감적으로 딥마인드가 엄청난 파워를 가지게 될 것임을 알았다. 테슬라를 위해 만든 반도체 칩이 자율주행 외에 다른 영역, 즉 일반인공지능에도 쓰일 수 있다는 생각을 한 것이다. 세계 최고의 기술기업 구글이 딥마인드를 이용해 AI 기술을 독점할 수 있다고 생각한 순간, 그는 가만히 있을 수 없었을 것이다. 이때 머스크를 찾아온 것이 샘 올트먼이었다.

올트먼이 머스크와 어깨를 나란히 하며 사업을 하고 있다는 것도 얄궂은 운명이다. 두 사람의 브로맨스가 어떻게 시작해서 소송이라는 파국으로 치달았는지는 앞서 살펴본 바 있다. 올트먼이 인공지능에 관심을 갖게 된 것은 필연이다.

올트먼은 스타트업을 발굴해 유니콘 기업으로 키우는 일을 한다. 그가 생각하는 스타트업은 작은 벤처기업이 아니다. 실리콘밸리 투자 문화와는 다소 거리가 있다. 실리콘밸리 벤처캐피털은 와인 구독 서비스 같은 자잘한 스타트업에도 투자한다. 그 시장이 새로운 시장이라면 아낌없이 돈을 낸다. 그러나 우주 개발, 핵융합 발전, 사막에 건설하는 스마트시티 같은 중후장대한 사업에는 지갑을 잘 열지 않는다.

올트먼은 달랐다. "어차피 투자한다면 인류사적 변화를 이끌 수 있는 기업에 투자하는 것이 낫다"는 지론을 가지고 있다. 그는 '와이콤비네이터'라는 스타트업 엑셀러레이터 투자 회사 사장이 되면서 회사 내에 인공지능을 연구하는 부서를 따로 만들었다. 인공지능을 구동하기 위해서는 엄청난 전력이 필요하다는 것을 알고, 핵융합 발전 기술을 보유한 스타트업에 거액을 투자하기도 했다. AI 전쟁을 시작한 직후에는 막대한 돈 7조 달러를 들여 AI 칩을 만들겠다는 구상을 내놔 세상을 깜짝 놀라게 했다.

머스크와 올트먼을 AI 대전大戰으로 이끈 운명의 신이 유심히 지켜보는 인물이 또 한 명 있다. 바로 엔비디아의 젠슨 황이다. 그는 현시점에서 AI 전쟁의 최대 수혜자다. 그가 만들고 있는 AI 칩은 없어서 못 파는 물건이 됐다.

　젠슨 황은 언제부터 AI에 관심을 갖게 됐을까? 젠슨 황 스토리를 본격적으로 시작하기 전에 우리는 2010년 캘리포니아 팔로알토의 한 일식당으로 가야 한다.

그들이 만났다. 그리고 신화가 시작되었다

인공지능 기술은 이미 1960년대에도 있었다. 1980년대에 반짝 주목을 받았다가 학계에서도 별 관심을 끌지 못하는 분야였다. 그러다가 스탠퍼드대학의 앤드루 응Andrew Ng 교수가 논문 한 편을 내면서 천지개벽이 시작된다.

　2010년 팔로알토의 한 일식당에서 저녁 식사 모임이 열렸다. 앤드루 응은 당시 구글 CEO인 래리 페이지와 구글 X의 수장이었던 천재 컴퓨터과학자인 세바스찬 스런과 만나기 위해 그 자리에 있었다. 구글 X는 지금은 없어졌지만, 구글이 첨단 비밀 연구를 위해 만든 조직이었다.

　2년 전, 응은 GPU를 딥러닝 모델에 적용하는 효과에 대한 학술 논문을 썼다. 딥러닝은 2008년에는 그렇게 인기 있는 기술이 아니었다.

　스런은 최초의 실용적 자율주행 차량 중 일부를 개발한 인물이다. 스탠퍼드대학에서는 응과 사무실 벽을 공유하고 있었다. 두 과학자는 래리 페이지에게 구글에 딥러닝 연구 그룹을 만들자는 아이디어를 제안했다. 구글의 방대한 컴퓨팅 인프라는 세계 최대의 신경망을 구축하는 데 완벽했다. 페이지는 그 아이디어에 동의했다. 이때 '구글 브레인'이 탄생한다. 구글 브레인이 수행한 딥러닝 작업은 구글의 각종 서비스에 알게 모르게 스며들었다. 검색, 음성 및 이미지 인식 등에서 놀라운 성과를 내게 된다.

돈도 많고, 천재 과학자도 여럿 거느린 구글이 진흙 속에 버려진 인공지능을 꺼내 연구를 시작한 것은 그리 놀랄 일이 아니다. 그러나 인공지능 역사와 엔비디아, 그리고 젠슨 황의 운명을 바꿀 진짜 사건은 팔로알토에서 4,000km 떨어진 곳에서 벌어지고 있었다.

인공지능의 재발견: 학계를 발칵 뒤집은 대사건

구글이 구글 브레인을 시작하고 있을 때, 또 다른 연구자가 딥러닝을 만지작거리고 있었다. 2012년, 당시 캐나다 토론토대학의 박사과정 학생이었던 알렉스 크리제브스키는 컴퓨터가 이미지를 인식해 물체와 장면을 얼마나 정확하게 알아내는지를 테스트하는 이미지넷ImageNet 대회에 참가 중이었다.

크리제브스키는 놀라운 연구 결과를 제출했다. 그는 자신의 침실에서 두 개의 엔비디아 칩(지포스 그래픽카드)을 사용하여 딥러닝 신경망에 120만 장의 이미지를 입력했다. 여기서 왜 하필 그가 엔비디아 칩을 썼느냐가 중요하다. 1990년대부터 그래픽카드GPU를 만드는 회사는 미국에만 200여 곳이 있었다. 1993년 창업한 엔비디아도 그중 하나였다. 만약 크리제브스키가 엔비디아가 아니라 AMD의 GPU를 썼다면 인공지능 역사가 완전히 바뀌었을 수도 있다.

어쨌든 크리제브스키는 엔비디아 칩을 이용해서 이미지 인식 프로그램을 만들었고, 그의 모델은 15%의 오류율로 이전까지는 본 적이 없는 매우 정확한 이미지 인식 결과를 내놨다. 크리제브스키는 이미지넷 대회에서 우승했을 뿐만 아니라, 그의 결과는 학계에서도 즉시 히트를 쳤다. 크리제브스키와 함께 연구를 수행한 과학자들이 구글에 채용된 것은 당연한 수순이었다.

크리제브스키의 연구 결과는 인공지능 학계를 뒤집어놓았다. 딥러닝 연구가 들불처럼 퍼지기 시작했다. 구글 외에도 MS, 페이스북, 아마존에서 딥러닝 연구 프로젝트가 속속 등장했다. 엔비디아의 GPU가 대대적으로 주목받기 시작했다.

자고 일어났더니 인공지능 반도체 제국이 엔비디아 손에 떨어졌다. 엔비디아는 AI칩의 대명사가 됐다. 이 사건에 대해 '우연'이라고 평가하는 기술 비평가들이 있다. 젠슨 황은 그러한 평가를 단호히 거부한다.

엔비디아는 2006년 쿠다 CUDA: Compute Unified Device Architecture 라고 이름 붙인 GPU 개발 툴을 발표했다. 컴퓨터 그래픽과 관련 프로그래머들이 쉽게 컴퓨터 영상을 제작하도록 돕는 일종의 프로그램 도구 세트다. 젠슨 황은 엔비디아의 GPU가 여러 곳에 쓰일 수 있다는 생각으로 CUDA를 내놨다고 말했다. 그 여러 곳 중 하나가 인공지능이라는 주장이다.

그러나 CUDA는 영상 제작을 위한 것이었지 처음부터 인공지능 개발을 위한 것은 아니었다. 크리제브스키가 그야말로 우연히 엔비디아 칩으로 이미지넷 대회에서 우승한 것이 기폭제가 된 것이다.

만약 AI 전쟁의 신이 있다면 캘리포니아의 젠슨 황에게 운명의 화살을 날렸다고 볼 수밖에 없다. 이제 본격적으로 엔비디아 스토리로 들어가 보자.

젠슨 황
AI칩의 절대 강자

대만에서 온 소년, 세계 17위 부자가 되다

AI칩의 선두주자 엔비디아의 젠슨 황 Jensen Huang은 초창기에는 삼성전자에 이런 것들을 해보자고 찾아오는 사람이었다. 하지만 이제는 삼성전자의 이재용 회장, SK하이닉스의 최태원 회장도 만나기 쉽지 않은 상대가 되었다.

골드만삭스는 엔비디아를 "지구상에서 가장 중요한 주식"이라고 불렀다. 극찬이다. 그도 그럴 것이 엔비디아는 2023년 한 해 동안 무려 500% 이상의 주가 상승률을 기록했다. 엔비디아의 급발진은 월가의 예상을 뛰어넘었다. 2024년 1분기에는 엔비디아의 시가총액이 구글의 모회사 알파벳을 뛰어넘기도 했다.

엔비디아의 공동 창업자 젠슨 황은 대만 출신이다. 부모와 떨어져 미국 친척 손에 맡겨진 소년은 성장하여 세계 최대 AI칩 생산 기업의 CEO가 됐다. 2024년 5월 현재 젠슨 황은 세계 17위 부자에 이름을 올렸다. 젠슨 황은 올해 61세다.

그는 대만에서 태어나 9살에 형과 함께 미국 타코마의 삼촌 집으로 보내졌다. 나중에 나머지 가족들도 모두 미국으로 왔다. 젠슨 황은 켄터키의 오네이다로 이사해 오네이다 침례교 부설 학교에 다녔다. 고교 시절에는 탁구 선수로 활약했다. 오리건주립대학 전기공학과를 졸업하고, 스탠퍼드대학에서 석사학위를 받았다.

여기까지는 머리 좋은 대만 이민자의 스토리다. 젠슨 황을 특별한 인물로 만든 것은 실리콘밸리다. 젠슨 황은 1993년 30세의 나이에 동료들과 함께 엔비디아를 만들었다. 마이크로칩 설계자 크리스 말라코프스키Chris Malachowsky와 커티스 프리엠Curtis Priem은 당시 은행 잔고가 4만 달러에 불과했다. 이들은 컴퓨팅 분야에 대한 예리한 감각으로 무장하고, 투자자들을 설득하러 다녔다. 엔비디아는 설립 초기에 2천만 달러의 벤처캐피털 자금을 유치했다.

창업 이래 엔비디아의 CEO는 단 한 번도 바뀌지 않았다. 젠슨 황의 리더십은 사내외에 정평이 나있다. 그는 친근하고, 성실하다. 2010년 〈뉴욕타임스〉와의 인터뷰에서 젠슨 황은 좋은 리더를 진정성의 관점으로 정의했다.

" 'CEO들은 이런 옷을 입어야 해'라는 생각이 있죠. 바로 그렇기 때문에 그런 옷을 입지 않습니다. 'CEO는 이렇게 말해야 해'라고 여겨지는 방식이 있는데요. 바로 그렇기 때문으로 그런 방식으로는 말하지 않습니다. CEO로 대우해 주길 바라지도 않습니다."

엔비디아는 2024년 1월 지난 1년 동안의 실적을 발표했다. 이날 엔비디아 시가총액은 단 하루 사이에 2,500억 달러 증가했다. 메타의 1,970억 달러 상승을 뛰어넘는 사상 최대 일일 증가 기록이다. 지구상에서 가장 중요한 주식, 엔비디아를 이끄는 젠슨 황은 독립 사무실이 없다. 회사 내 여러 회의실을 돌아다니며 일한다. 그의 팔에는 회사 로고를 닮은 큰 문신이 새겨져 있다. 직원들과의 내기에서 회사 주식 가격이 100달러에 도달했을 때 한 것이다.

젠슨 황은 가죽점퍼를 자주 입는다. 젠슨 황은 신제품 발표와 같은 공식 행사에서도 가죽점퍼를 입고 무대에 선다. 엔비디아의 기업문화는 실리콘밸리로 대표되는 미국의 기술기업과는 약간 다르다. 엔비디아 직원들은 유대감이 매우 강한 것으로 알려져 있다. 능력과 그에 따르는 보상을 강조하는 실리콘밸리에서는 회사를 수시로 옮기는 것이 일상이다. 그러나 엔비디아에는 유독 장기 근속자가 많다. 엔비디아는 지난 15년 동안 한 번도 정리해고layoff를 하지 않았다. 젠슨 황의 리더십은 조금 다르다. 물론 회사가 계속 이익을 냈지만, 한 분기 실적이 조금만 안 좋아도 바로 정리해고를 하는 실리콘밸리에서는 아주 드문 일이다.

젠슨 황 개인의 가족사 중 재미있는 것이 있다. 엔비디아와 경쟁하는 미국 반도체 회사로는 AMD가 있다. AMD의 CEO 리사 수Lisa Su는 족보를 따지면 젠슨 황과 먼 친척이다. 미국의 핵심 반도체기업들의 CEO가 모두 대만 출신이고, 친척 관계인 것은 기묘한 인연이 아닐 수 없다.

그렇다면 엔비디아는 처음부터 승승장구했을까? 그렇지 않다. 엔비디아 최초의 그래픽카드는 실패작이었다.

엔비디아의 첫 번째 칩인 NV1은 1995년에 출시됐다. 개발 비용은 1천만 달러에 달했다. 자금은 세쿼이아캐피털과 서터힐벤처스에서 조달되었다. 초기 투자금의 절반, 기타 경상 경비를 포함하면 엔비디아의 모든 것을 갈아 넣은 제품이었다. 불행히도 이 칩은 아주 많은 것을 시도했으나, 잘 팔리지 않았다. 설립된

지 2년밖에 되지 않은 엔비디아는 거의 파산 직전에 놓였다. 직원의 절반을 해고해야 했다.

운명의 신이 보낸 천사

운명의 신은 그로부터 29년 후인 2024년을 내다본 걸까? 엔비디아가 인공지능 반도체 칩으로 전 세계 반도체 업계를 평정할 것을 미리 알았던 걸까? 운명의 신은 젠슨 황에게 살짝 윙크를 보냈다.

1996년 엔비디아가 죽음의 문턱에서 사자의 부름을 기다리고 있을 때, 일본 대형 게임회사 세가^{Sega}의 미국 법인에는 이리마지리 쇼이치로가 대표로 부임한다. 당시 엔비디아는 세가의 차세대 게임기에 들어갈 칩 설계를 맡고 있었다. 지금도 그렇지만 당시에는 GPU가 대부분 컴퓨터게임을 위한 반도체였다.

젠슨 황은 피를 토하는 심정으로 이리마지리에게 "납기를 맞추기 어렵다"고 말했다. 그런데 이리마지리는 젠슨 황을 좋게 봤다.

"젠슨 황은 매우 강한 자신감을 가진 사람이었어요."

84세의 이리마지리는 2024년 5월 18일 자 〈월스트리트 저널〉과의 인터뷰에서 당시를 회상하며 이렇게 말했다. 이리마지리는 일본 본사를 설득하기 시작했다. 납기도 맞추지 못한 엔비디아에 투자하자는 것이었다. 세가는 500만 달러를 엔비디아에 투자한다. 6개월을 버틸 수 있는 자금을 마련한 것이다.

기적이 일어났다. 엔비디아의 세 번째 GPU는 대성공을 거뒀다. 위기를 넘긴 엔비디아는 1999년 나스닥에 상장한다. 세가는 엔비디아 지분을 매각해 1,500만 달러 수익을 냈다.

운명의 신이 보낸 천사 이리마지리는 현재 도쿄에서 개인 컨설팅 사업을 하고 있다. 젠슨 황은 AI칩 시장을 호령하는 최고의 CEO가 됐다. 이리마지리는 조심스럽게 젠슨 황에게 메일을 보냈다. 도쿄에 들르면 자신의 고객들을 위해 AI 강연을 해 줄 수 있느냐는 초청 편지였다.

젠슨 황은 곧바로 답장을 보내왔다.

"친애하는 이리마지리 상. 당신에게서 소식을 듣게 되어 얼마나 멋지고 기쁜지 모릅니다. 엔비디아의 초창기에 세가와 함께 일한 것은 제 인생에서 가장 행복한 기억 중 하나입니다. 이리마지리 상을 위해서라면 무엇이든 해드릴 수 있죠. 당신에게 도움을 드리게 되어 기쁩니다."

엔비디아의 성공 배경에 일본 기업의 도움이 있었다는 비화는 현재 반도체 전쟁 국면에서 아이러니가 아닐 수 없다. 이리마지리의 투자가 아니었다면 엔비디아는 존재하지 않았을 것이다. 그렇다면 미국-중국-일본-대만, 그리고 한국의 반도체 기업이 얽힌 오늘날 반도체 전쟁의 지형도 바뀌었을 것이다. 여기서 젠슨 황의 모국인 대만의 반도체 굴기를 짚어 볼 필요가 있다. 바로 TSMC다.

TSMC를 이야기할 때 모리스 창을 빼놓을 수 없다. TSMC는 AI 칩 전쟁의 또 다른 축이다. 전 세계 반도체 산업은 설계와 생산이 분업화돼 있다. TSMC는 이른바 주문형 반도체 생산, 파운드리 전문회사로서 반도체 설계 회사를 위해 칩을 만들어 주는 비즈니스 모델로 세계 1위가 된 기업이다.

모리스 창
대만 반도체 산업의 대부

1983년 모리스 창 Morris Chang 은 텍사스인스트루먼트의 부사장으로 승진했다. 그런데 거기까지였다. 창은 자신이 미국 최대 반도체 회사의 CEO가 될 수 없다는 것을 알았다. 다른 길을 찾아야 했다. 그의 나이 52세였다. 반도체 회사의 평범한 임원이라면 은퇴를 준비해야 할 나이였다. 일단 그는 연봉이 더 높은 다른 회사를 찾았다. 제너럴인스트루먼트가 그에게 손을 내밀었다. 창은 이곳에서 임원으로서 경력을 조금 더 이어갈 수 있었다.

"돈이 필요했어요. 사실 그때 이미 대만 정부에서 영입 제안을 받았습니다. 그러나 대만으로 돌아갈 수는 없었어요. 재정적으로 더 안정될 필요가 있었습니다."

창은 55세가 됐을 때 대만 정부의 부름에 응했다. TSMC의 탄생이 시작된 것이다. 모리스 창은 신화다. 한국에 반도체 산업을 시작한 삼성그룹의 이병철 회장이 있다면 대만에는 모리스 창이 있다. 그는 모든 사람이 은퇴를 준비하는 시기에 누구도 성공을 장담하지 못하는 반도체 회사를 시작했다. 1987년 대만으로 돌아온 모리스 창은 미국 반도체 회사에서 쌓은 자신의 경험과 지식을 바탕으로 세계 최초의 독립적 반도체 파운드리, 대만반도체제조회사 TSMC 를 설립했다.

당시까지만 해도 파운드리는 반도체 업계에서는 새로운 비즈니스 모델이었다. TSMC는 설계와 제조를 분리함으로써, 반도체 설계 회사가 자본 집약적 제조공정 없이도 반도체를 만들 수 있도록 했다.

창도 처음에는 삼성전자처럼 설계와 생산을 통합한 반도체 회사를 구상했었다. 그러나 대만 반도체 인력은 미국 반도체 회사에서는 볼 수 없는 높은 수율을 보여 줬다. 반도체 생산은 거대한 인쇄 프린팅 공정이라고 할 수 있다. 반도체 웨이퍼에 초정밀 식각(蝕刻)을 하게 되는데 이때 잘못 인쇄된 웨이퍼는 상업적으로 쓸 수 없다. 불량률이 낮아야 경쟁력이 있다. 대만의 반도체공장은 불량률이 매우 낮았다.

반도체 산업의 판도를 바꾼 신의 한수

창은 생산에만 주력하는 반도체 회사를 만들기로 했다. 이것이 신의 한수였다. 이 혁신적인 비즈니스모델은 전 세계적으로 반도체 산업의 구조를 재편하는 데 기여했다.

《반도체 주권국가》에서는 모리스 창의 TSMC 설립을 이렇게 설명한다.[1]

한때 아웃소싱 — 외주화가 유행처럼 번지던 적이 있다. 산업 발전과 정에서 특히 효율성을 극대화하는 전략이 필요할 때 필연적으로 외주화 그리고 외주 전문기업이 등장한다. 반도체 산업에서는 웨이퍼가

---

1 박영선·강성천·차정훈(2024), 《반도체 주권국가》, 나남, 215~216쪽.

만들어진 이후, 즉 조립과 검사공정만 외주화하는 경향이 나타났다. 그러던 중 1980년대 초 더 과감한 상상을 하는 사람들이 등장했다. 그 결과로 나온 회사가 대만의 TSMC이다. TSMC는 1980년 초 반도체 웨이퍼를 제작하는 팹공정도 미래에는 외주화될 것이고 이 외주 전문기업이 성장해서 반도체 제조의 미래를 좌우할 것이라는 역발상적 상상에서 시작되었다.

이 상상의 핵심에 있던 인물이 TSMC의 창업자인 모리스 창이었다. 그는 초기 이 기업의 성공요건을 과감한 반도체 제조설비 투자가 핵심이라고 여기고, 당시 미국에만 있던 반도체 팹공장을 국가 소속 연구소 형태로 만들어 장기 산업화의 마중물을 제공하자고 대만 정부를 설득했다. 그래서 1987년 대만 정부와 함께 TSMC를 민관 합작회사로 출범시켰다. 초기에 대만 정부의 투자분은 48%에 이르렀다.

당시 미국의 아날로그 반도체 기업인 TI Texas Instrument에서 반도체 엔지니어로 일하던 모리스 창이 대만 정부의 도움 없이 공장을 짓고 파운드리 사업을 시작했다면 단기간에 빠른 성장을 하기 어려웠을 것이다. 그러나 산업의 미래를 내다보는 통찰력, 정부나 이해관계자를 설득해 낼 수 있는 의지가 결합이 되어 TSMC의 시작이 가능했다.

이후 모리스 창이 세운 TSMC에 미국 반도체 설계 회사들의 발걸음이 잦아졌다. 창은 고객들의 비밀을 철저하게 지키면서 오로지 주문 제작에만 매진했다.

〈월스트리트 저널〉과 인터뷰한 창의 말을 직접 들어 보자.

〈월스트리트 저널〉과 창의 인터뷰

창업의 동기를 말씀해 주세요.

대만 정부로부터 회사 설립 제안을 받았을 때, 나는 이미 반도체 산업에서 상당한 경험을 쌓았다. 대만에서 나의 목표는 단순히 반도체 회사를 설립하는 것이 아니었다. 반도체 설계와 제조의 분리를 통해 산업의 패러다임을 바꾸는 것이었다.

TSMC의 성공요인은 무엇인가요?

혁신적 비즈니스 모델과 끊임없는 기술 개발에 있다. 우리는 고객사가 자본 집약적인 제조 공정 없이도 창의적인 반도체 설계를 할 수 있도록 지원했다. 이것이 바로 우리가 글로벌 리더가 될 수 있었던 이유다.

반도체 산업 전망은 어떻게 보시나요?

반도체 산업은 지속적으로 변화하고 있다. 앞으로도 우리는 지속적인 혁신을 통해 이 변화의 선두에서 나아갈 것이다. 기술이 발전함에 따라, 우리의 역할도 계속해서 진화할 것이다.

모리스 창은 올해 93세다. TSMC에서 이미 은퇴했지만, 후배 경영자들의 든든한 버팀목이다. 〈월스트리트 저널〉 기자가 "요즘 TSMC 직원들은 어떤가요?"라고 묻자 창이 대답했다.

"예전에 우리가 일할 때보다 일을 안 해요. 워라밸, 일work과 삶life의 균형을 찾는다고 하는데 … . 우리 때는 그런 걸 몰랐어요."

모리스 창의 반도체에는 워라밸이 없다. 그런 모리스 창이 좋아할 만한 인물이 샘 올트먼이다. 그는 거의 24시간 쉬지 않고 일한다. 일에 대한 올트먼의 열정은 어디서 오는 것일까?

샘 올트먼과 그 친구들

한국에는 올트먼과 같은 천재적 사업가가 나올 수 없는 것일까? 인공지능 개발을 맨 앞에서 이끌고 있는 올트먼, 그와 인연이 있는 인물들을 살펴보면서 그 가능성을 타진해 보는 것도 의미가 있을 것이다.

올트먼이 만든 챗GPT가 이렇게 성공하지 않았다면 AI칩이 팔리지도 않았을 것이고, MS 등 빅테크기업들이 앞다퉈 인공지능 개발에 거금을 쏟아붓지도 않았을 것이다.

올트먼과 상대할 우리나라 기업인을 떠올려 봤다. 없다. 이게 현실이다. 한국에서는 샘 올트먼의 오픈AI에 필적할 기업이나, 기업인이 안 보인다. 2000년 닷컴 시대에 등장한 네이버, 모바일 시대의 강자 카카오가 있지만, 오픈AI와 비교하기 어렵다. AI 시대에 맞는 전혀 다른 리더십이 절실히 필요한 상황이다.

우선 오픈AI의 올트먼이 어떤 인물인지 살펴보자. 〈블록미디어〉의 연재 기사를 바탕으로 작성했다.

수학과 과학에 미친 괴짜

올트먼은 1985년생이다. 그는 스마트폰에서 한시도 떨어지지 않는다. 말도 굉장히 빠르다. 스탠퍼드대학 때 공부를 열심히 하지는 않았다. 다만 포커(카드)를 좋아했다. 대학 2학년 때 스타트업 창업을 하면서 와이콤비네이터YC와 인연을 맺었고, 나중에 YC 대표가 됐다. 일론 머스크와 오픈AI를 만들기로 한 때가 이때다. YC는 실리콘밸리 스타트업의 산실이다. 벤처캐피털인 YC의 선택을 받았다면 성공의 보증수표를 받은 것이나 마찬가지라는 소리를 들을 정도였다.

올트먼을 이해하려면 그 형제와 친구들을 봐야 한다. 샘 올트먼은 3남 1녀 중 장남이다. 형제간에 우애가 좋기로 유명하지만, 여동생과는 스캔들이 있다. 샘 올트먼의 남동생 맥스와 잭은 사업과 투자를 같이한다.

"우리는 모두 수학과 과학에 미친 괴짜 아이들이었죠. 식탁에 둘러앉아 우주여행에 대한 얘기를 나누면서 컸습니다."

샘 올트먼이 2014년부터 2019년까지 YC 대표로 일할 때 맥스는 형을 비판했다. 주변의 의사와 박사들이 10만 달러 연구자금을 받으려고 쩔쩔맬 때, 스타트업 창업가들과 벤처캐피털리스트들은 1억 달러 투자를 아무렇지도 않게 떠들었기 때문이다. 맥스 입장에서는 벤처 업계는 타락한 생태계처럼 보였다. 막냇동생 잭 역시 불만이 있었다. 왜 벤처 투자자들은 세상을 바꿀 기업에 과감하게 투자하지 못하는가. 그런 기업은 너무 많은 자본이 필요해서 오히려 소외받는 것일 수도 있다. 창업가가 실리콘밸리에 적절한 네트워크가 없기 때문일지도 모른다.

형제들은 이런 문제를 풀어 보려고 직접 펀드를 만들기로 했다. 이름하여 '아폴로펀드'다. 달 탐사 프로젝트 '아폴로 Apollo'에서 이름을 따왔다. 형제들의 어린 시절을 지배했던 우주여행의 꿈처럼 거대한 꿈을 실현할 기업을 찾아 투자하는 벤처 펀드를 만든 것이다. 맥스는 이 펀드의 운용을 책임지기로 했다. 샘 올트먼은 오픈AI를 경영하는 틈틈이 힘을 보태기로 했다. 잭도 자신이 만든 회사 래티스 Lattice와 함께 아폴로 운용에 참여키로 했다.

아폴로펀드는 300만 달러로 시작했다. 형제들이 20%씩 투자금을 냈다. 샘 올트먼이 몸담았던 YC처럼 유망한 스타트업을 모집해 키울 계획이었다.

"실리콘밸리에 다양성이 높아지려면 이런 방식의 개방형 투자 기업 모집이 꼭 필요합니다."

샘 올트먼은 성공적인 스타트업 생태계를 위해서는 '개방'이 가장 중요하다고 강조한다. 이들 3형제가 생각하는 '달 착륙'에 버금가는 대박 투자, 대박 기술은 뭘까?

"실리콘밸리가 전통적으로 좋아하는 기업군은 아닙니다. 아폴로펀드는 소프트웨어 기업에는 흥미가 별로 없습니다."

맥스는 "우리가 아니어도 실리콘밸리의 다른 투자자들이 그런 기업에 투자를 많이 하고 있으니, 우리는 다른 길을 찾을 것"이라고 말했다.

샘이 투자 우선순위에 둔 기업은 이런 곳들이다. 신속 반응 백신, 탈脫 탄소 에너지, 교육과 주택 문제에 대한 새로운 접근법을 제시하는 기업들. 실리콘밸리의 관심과는 거리가 있는 기술이다. 그러나 인류의 삶에 꼭 필요한 기술이다.

용감한 형제들

3형제의 생각이 비슷하다는 것이 놀랍다. 잭은 프린스턴대학 경제학과를 나왔다.

3형제가 사업을 같이한 것이 아폴로펀드가 처음은 아니다. 샘과 잭은 2012년에 하이드라진캐피털Hydrazine Capital이라는 벤처캐피털을 만들기도 했다.

초기에는 생명과학, 식품, 빅데이터, 헬스케어, 교육 분야의 스타트업에 주로 투자했다. 맥스는 와이콤비네이터YC가 투자한 회사에서 일하기도 했다.

이런 엉뚱한 형제들을 낳은 어머니는 누구일까? 어머니 코니 깁스타인Connie Gibstine은 피부과 의사다. 샘과 형제들에 대해 어머니는 〈뉴요커〉 기자에게 이렇게 말했다.

"샘은 두 남동생을 곁에 두고 싶어 합니다. 동생들이 언제 자신을 행동하게 만드는지, 다른 사람들이 할 수 없는 방식으로 자신을 밀어줄 것인지 알기 때문입니다."

어머니는 샘이 여덟 살 때 컴퓨터를 사 줬다. 샘 올트먼은 이때 자신의 운명이 바뀐 것을 알았다. 유대인 꼬마는 컴퓨터를 가지고 놀면서 앞으로 자신이 세상과 어떻게 소통하게 될 것인지 알 수 있었다.

인생의 전환점, 루프트 창업

샘은 동성애자다. 그와 9년을 사귄 파트너 닉 시보Nick Sivo는 스탠퍼드대학 동창이다. 시보는 컴퓨터공학을 공부하면서 네트워크 보안과 인공지능 기술의 한 분야인 머신러닝Machine Learning을 깊이 팠다. 두 사람은 학업과 사업을 함께했다.

대학 2학년이던 2005년 두 사람은 '루프트Loopt'라는 SNS 스타트업도 함께 만들었다. 루프트는 스마트폰 사용자가 위치 기반으로 다른 사용자에게 자신이 있는 곳을 알려 주는 서비스를 제공했다. 스마트폰이 확산하면서 위치 기반으로 친구들끼리 연락을 주고받거나 SNS를 공유할 필요성이 높아진 것에 착안했다. 페이스북, 트위터 등과 연동이 가능했고 500만 명 이상이 이 서비스를 이용했다.

루프트는 YC가 키운 회사다. 올트먼은 YC 창업캠프 1기 졸업생으로 세쿼이어캐피털 등 대형 벤처캐피털의 투자를 받았다. YC에서 올트먼이 잘나갈 때에도 시보는 그의 곁을 지켰다. 올트먼이 YC 수장이 됐을 때 시보는 해커 뉴스Hacker News를 맡았다.

2012년 3월 루프트가 그린닷코퍼레이션Green Dot Corporation에 인수됐을 때, 현금으로 4,340만 달러를 받았다. 980만 달러어치 주식은 직원들에게 별도로 배분됐다. 두 사람이 함께 만든 첫 작품이 드디어 성과를 내고, 큰돈을 만들어 준 것이다. 그러나 이때를 기점으로 두 사람은 헤어졌다. 시보는 그린닷 이사회 멤버로 아직 남아 있다.

"나는 시보와 결혼을 생각하기도 했습니다. 그를 정말 사랑했거든요."

두 사람의 연애가 끝난 후 샘 올트먼은 동생 잭과 함께 하이드라진캐피털을 만들었다. 2,100만 달러 자금을 모았다. 이때 투자금을 댄 인물 중 하나가 피터 틸Peter Thiel이었다. 샘은 루프트를 팔아서 만든 500만 달러를 하이드라진에 넣었다. YC 시절 루프트를 키우기 위해 올트먼과 시보는 5년을 뛰어다녔다. 루프트가 팔리고, 두 사람이 각자의 길을 가기로 했을 때, 올트먼은 YC에 대한 새로운 그림을 그리느라 눈코 뜰 새 없이 바쁜 나날을 보냈다.

올트먼의 질주와 성공을 지켜보는 시보는 어떤 생각이 들었을까. 〈뉴요커〉 기자는 두 사람을 함께 인터뷰한 적이 있다. 올트먼은 감회에 젖어 이렇게 말했다.

"나는 아직도 18세의 닉을 기억해요. 시간이 멈춘 것 같아요. 내 생각에 닉도 아마 나를 그렇게 여기지 않을까 합니다."

올트먼의 이 말에 시보는 어떤 반응을 보였을까?

"무슨 소리를 하는 건지 모르겠네."

친구이자 연인이며 공동 창업자였던 두 사람은 이제 다른 삶을 살고 있다. 그러나 루프트의 창업은 올트먼에게 중대한 인생의 전환점이 됐다. 루프트를 인연으로 YC에 들어가 일하게 됐고, 지금의 오픈AI도 만들 수 있었다.

올트먼은 일과 사랑을 다 얻지는 못했다. 실리콘밸리에서 올트먼 이름 석 자를 각인하는 과정에서 놓친 것이 있었다. 동시에 얻은 것도 많았다.

그레그 브록먼: 올트먼과 오픈AI의 투톱

샘 올트먼이 셜록 홈즈라면 그레그 브록먼Greg Brockman은 왓슨 박사라고 할 수 있다. 두 사람의 인연은 2010년 브록먼이 MIT를 중퇴하고 결제 처리 기술로 급성장하고 있던 스트라이프Stripe에 합류하면서 시작한다. 브록먼은 스트라이프 최고 기술 책임자였다. 당시 스트라이프를 지원하던 엑셀러레이터가 올트먼이 대표로 있던 와이콤비네이터였다. 스트라이프는 올트먼의 지원에 힘입어 실리콘밸리의 유니콘 중 하나로 부상했다. 자연스럽게 두 사람은 사업, 기술에 관해 많은 얘기를 나누었고, 인간적 친분도 쌓게 됐다.

2015년 브록먼은 스트라이프를 떠날 결심을 한다. 신생 결제 처리 기술 회사의 CTO로서 더 이상 성장할 여지가 없다고 판단했기 때문이다. 이직 문제에 대해 가장 먼저 상담한 것이 올트먼이었다. 올트먼은 브록먼에게 오픈AI 프로젝트를 제안했다. 브록먼은 올트먼과 나눈 대화를 통해 자신의 진로를 AI 분야로 바꾸기로 마음먹었다. 두 사람은 AI 연구를 통해 인류에게 유익한 변화를 이끌어내겠다는 공통된 목표를 가지고 오픈AI를 공동 설립하는 데 의견의 일치를 봤다.

브록먼은 오픈AI 설립 당시 최초의 사업계획서를 짠 인물이다. 올트먼과 함께 머스크 앞에서 오픈AI를 어떻게 이끌어 갈 것인지 브리핑하기도 했다. 브록먼은 처음부터 AI 전문가는 아니었지만 오픈AI를 설립한 직후부터 AI를 연구하기 시작해서 오픈

AI 초대 CTO를 맡았다. 그는 GPT 모델 시리즈의 근간을 세웠다는 평을 받는다.

올트먼과의 관계도 매우 돈독하다. 2023년에 올트먼이 이사회에 의해 축출되는 사태에서 처음부터 끝까지 그와 함께했다. 브록먼은 CTO에서 물러나면서 오픈AI 이사회 의장 역할을 맡았다. 올트먼과 투톱을 형성한 것이다. 올트먼 축출 작전 당시 브록먼은 반대파 이사들로부터 완전히 소외됐다. 오픈AI를 함께 만든 수석 과학자 수츠케버로부터 해고 통보를 받는 수모를 당하기도 했다. 어제의 동지가 적이 된 것이다.

브록먼은 하버드대학에서 공부를 시작했으나, 더 나은 학문적 환경을 찾아 MIT로 편입했다. 대학 시절 그는 프로그래밍 언어 연구에 몰두했으며, 이를 통해 컴퓨터과학에 대한 깊은 이해를 쌓았다.

브록먼은 개인적 삶에서도 드라마틱한 요소가 있다. 그는 한국계 미국인 배우인 애나Anna와 결혼했다. 두 사람은 2018년에 만나 2019년 11월에 결혼식을 올렸다. 애나는 시카고에서 활동하는 배우로, 연극과 엔터테인먼트 업계에서 두각을 나타내고 있다. 그들의 결혼식은 오픈AI 사무실에서 열렸다. 이때 사회를 본 것이 수츠케버다. 로봇 손이 결혼반지를 전달하는 독특한 퍼포먼스를 연출하기도 했다. 올트먼이 2023년 한국을 찾았을 때, 브록먼과 그의 아내가 동행해 화제가 됐다.

올트먼, 브록먼 그리고 수츠케버의 인연은 치열한 AI 개발 전쟁의 파노라마를 보여 준다. 함께 사업을 시작한 세 사람은 서로 결혼식 사회를 봐 줄 만큼 친밀했지만, 결국 갈라선다. 올트먼 축출에 찬성했던 수츠케버 자신이 직접 올트먼과 브록먼에게 해고 통보를 했다. 축출된 지 5일 만에 올트먼이 복귀했고, 수츠케버의 입지는 극도로 좁아졌다.

2024년 5월 수츠케버는 결국 오픈AI를 떠난다. 수츠케버가 전담했던 슈퍼얼라인먼트 팀 전체가 공중 분해되고 만다. 수츠케버가 이후에 어떤 행보를 보일지는 미지수다. 오픈AI는 이탈한 직원들에게 회사에서 알게 된 비밀을 발설하거나 회사를 비방하면 배정받은 회사 주식조차 팔지 못하게 하는 엄격한 비밀 유지 서약서를 쓰게 했다. 수츠케버가 올트먼을 쫓아내는 데 참여하고, 회사를 떠나는 과정에서 어떤 사건들이 있었는지는 영원히 밝혀지지 않을지도 모른다.

미라 무라티: 오픈AI의 야전사령관

올트먼과 함께 오픈AI에서 일하는 동료, 그중에서도 오픈AI의 최고기술책임자CTO 미라 무라티Mira Murati는 빼놓을 수 없는 핵심 인물이다.

무라티는 1988년 알바니아에서 태어났다. 16세에 부모님을 따라 캐나다로 이민을 왔다. 다트머스칼리지에서 기계엔지니어링으로 학위를 받았다. 무라티의 첫 직장은 2011년 골드만삭스였다. 조디악 에어로스페이스에서 잠시 근무한 후, 2013년 테슬라에 합류해 3년 동안 근무했다. 이때 인공지능 기술 개발을 본격적으로 진행했다. 2018년부터 오픈AI에서 챗GPT, Dall-E 등을 개발했다.

알바니아의 천재

무라티는 2022년 5월에 오픈AI의 기술 개발을 총괄하는 CTO로 승진했다. 챗GPT와 같은 프로젝트에서 CTO를 한다는 것은 쉬운 일이 아니다. 박사들이 즐비한 오픈AI에서 나름 '한 기술한다'는 엔지니어들을 총괄해야 하기 때문이다. 본인이 기술을 잘 알고, 프로그램을 잘 짜는 것은 물론 다른 사람들이 무슨 일을 하고, 어떤 일을 어떻게 더 해야 하는지를 조절할 수 있어야 한다. 오픈AI에는 수백 명에 달하는 인공지능 전문가들이 포진해 있다. 이들이 정확하게 짜인 일정에 따라 계획에 맞춰 프로그램을 만들지 않으면 챗GPT와 같은 거대한 프로젝트는 절대로 돌아갈 수 없다.

컴퓨터 엔지니어들은 고집이 세다. 자신이 믿는 방식으로 프로그램을 만들려는 경향이 강하다. CTO가 코딩 하나하나를 살펴볼 수는 없다. 따라서 강력한 카리스마로 계획서에 따라 일을 하도록 명료하게 지시하지 않으면 안 된다.

실리콘밸리 기술자들 사이에는 오픈AI와 구글의 기업문화 차이가 종종 화제가 되곤 한다.

구글은 전 세계적으로 수만 명이 일하는 거대 조직이다. 구글 문화는 상명하복이 아니다. 수평적 의사결정 구조다. 동시에 거대한 관료 조직이다. 구글은 하고 싶은 일을 하는 문화다. 그래서 느리다. 그러나 일단 불이 붙으면 저절로 타오르게 돼 있다. 구글이 현존하는 인터넷 기업 가운데 전 분야에서 고르게 최상위에 머물 수 있는 것도 이 때문이다.

반면 오픈AI는 전투적인 상명하복 체계다. 상대적으로 작은 스타트업이기 때문이다. 올트먼과 무라티는 사령관이다. 개발팀 엔지니어와 컴퓨터공학자들은 전투 계획에 따라 움직이는 군대다. 챗GPT는 2022년 11월에 첫선을 보였다. 3개월 만에 사용자가 1억 명에 도달하는 경이적인 기록을 세웠다. 군대식 집중력이 아니면 이룰 수 없는 일이다. 오픈AI의 총사령관이 샘 올트먼이라면 전선에서 포탄을 쏴야 할 곳을 지시하는 야전사령관이 바로 무라티다. 무라티는 2022년 11월 챗GPT를 대중 앞에 선보일 때 이를 총괄 지휘한 인물이다.

나는 갈망한다. 고로 개발한다

20대 시절 무라티는 2013년부터 테슬라의 모델X 개발에 참여했다. 당시 테슬라는 최악의 상황이었다. 과연 자동차를 만들어 낼 수 있을지 모든 사람이 의심을 품고 있을 때였다. 머스크는 공장에서 먹고 자면서 엔지니어들을 독려했다. 머스크는 아이디어를 판 것이 아니라 진짜 자동차를 만들어 팔았다. 당시 테슬라는 초기 버전의 자율주행차를 만들고 있었다. 인공지능이 내장된 운전자 보조 소프트웨어와 인공지능 기술을 적용한 로봇 공장을 가동시키고 있었다.

무라티는 이때 '진짜 상품'을 만들고 싶다고 생각했다. 학문적으로, 실험실 수준에서 움직이는 인공지능이 아니라 사람들이 실제 생활에서 직접 쓸 수 있는 인공지능을 원했다. 무라티는 인간과 기계가 서로를 도와주고 발전하는 모델을 떠올렸다.

무라티는 테슬라에서 상품이 어떻게 만들어지는지를 배운 후 2016년 '립모션Leap Motion'이라는 스타트업으로 자리를 옮겼다. 여기서는 아예 상품 담당 부사장을 맡았다. 무라티는 컴퓨터와 교감하는 사람들이 마치 공을 가지고 노는 것 같으면 좋겠다고 상상했다. 립모션에서는 사람의 동작이 그대로 컴퓨터에 인식되는 기술을 상품화하는 데 주력했다.

2018년 드디어 무라티가 오픈AI에 합류하였다. Dall-E와 챗GPT의 대중 배포를 성공적으로 수행했다. 무라티는 이 두 '상품'을 대중 앞에 테스트하는 것에 대해 대단한 열정을 느꼈다.

"실제 세상과 접촉하지 않고도 진공 상태에서 기술적 진보를 이룰 수는 있습니다. 그러나 곧 질문에 맞닥뜨리게 되죠. 정말 옳은 방향으로 가고 있나?"

무라티는 기술자다. 엔지니어다. 철학자나 미래학자가 아니다. 올트먼이 무라티에게 CTO 역할을 맡긴 것은 기술에 관한 한 최고이기 때문이다.

데미스 허사비스

체스 신동, 알파고를 만들다

AI 전쟁을 최전선에서 지휘하는 인물로 구글의 데미스 허사비스
도 빼놓을 수 없다. 머스크가 우려했던 바로 그 딥마인드를 창업
한 인물이다. 허사비스는 우리나라 이세돌 9단과 바둑 대결을 했
던 인공지능 알파고의 아버지이기도 하다.

그는 1976년 영국 런던에서 태어났다. 이미 어렸을 때부터 신
동으로 소문이 났고, 체스 마스터로 이름을 날렸다. 서양의 체스
는 이미 1980년대에 컴퓨터가 정복한 게임이다. 동양의 바둑은
당분간 컴퓨터가 침입하기 어려울 것이라고 생각되었다. 바둑을
둘 때 컴퓨터가 계산해야 할 경우의 수가 체스보다 훨씬 많았기
때문이다. 2016년 3월 9일 딥마인드의 인공지능 알파고가 인간
계의 바둑 대가 이세돌 9단을 보기 좋게 격파했고, 이 승리의 주
역이 허사비스다.

허사비스는 케임브리지대학에서 컴퓨터로 학위를 받은 후, 게
임회사를 만들어 경영하기도 했다. 그러나 그의 본질적 관심사
는 항상 인공지능이었으며, 이를 추구하기 위해 런던대학에서
신경과학 박사학위를 취득했다. 그의 박사논문은 기억과 상상력
이 어떻게 뇌에서 처리되는지를 다루었다. 이 연구는 나중에 그
가 딥마인드를 설립하는 데 큰 영향을 미쳤다.

2010년 허사비스는 딥마인드 테크놀로지스를 공동 설립했다. 딥마인드는 자가 학습 알고리즘 개발에 초점을 맞추어, 인공지능이 스스로 학습하여 인간의 두뇌와 유사한 방식으로 문제를 해결할 수 있도록 하였다. 딥마인드의 연구 결과를 보고 놀란 머스크가 올트먼과 함께 만든 것이 오픈AI다. 따라서 AI 전쟁의 시작점에 허사비스가 있다고 해도 과언이 아니다.

구글 AI 총사령관 … 오픈AI를 타도하라

2014년 구글이 딥마인드를 인수하면서 허사비스는 구글 AI 사업의 사실상 총괄 책임자가 됐다. 허사비스는 2024년 5월 구글 개발자 회의에서 구글의 인공지능 제미나이 업그레이드 버전을 직접 발표했다.

허사비스는 '프로젝트 아스트라Project Astra'로 명명한 AGI 개발 프로젝트를 소개했다. 프로젝트 아스트라는 개인 비서의 역할을 수행하는 AI로 설계되었다. 허사비스는 "인류에게 도움이 되는 책임감 있는 AGI를 구축하겠다"는 딥마인드의 사명을 재확인했다. 그는 AGI의 발전이 일상생활에서 실질적 도움을 제공할 수 있다고 보고, 제미나이를 구글의 검색 서비스와 결합시켰다.

개발자 회의에서 허사비스는 구글 제미나이 시연 영상을 보여 줬다. 영상 속에서 한 여성이 스마트폰 카메라로 사무실 구석구석을 비추며 AI와 음성으로 대화를 나누는 모습이 담겼다. 이 시연에서 AI는 질문에 답할 뿐만 아니라, 주변 환경에 대한 인식과 기억을 바탕으로 추가 정보를 제공하는 능력을 선보였다. 허사비스의 박사논문이 바로 '기억'이라는 점에 주목할 필요가 있다.

허사비스는 AI의 이해력과 반응성이 인간과 같아야 진정으로 유용할 수 있다고 강조했다. 이를 위해 AI는 복잡한 상황을 이해하고, 보고 듣는 것을 기억하며, 사용자와 자연스럽게 대화할 수 있어야 한다. 허사비스는 이러한 기능들이 구글의 모든 제품과 서비스에 통합될 것이라고 밝혔다.

허사비스는 오픈AI 샘 올트먼과 대립각을 세우는 데도 주저하지 않았다. 허사비스는 2024년 2월 기술 전문매체 〈와이어드〉와 인터뷰했다. 당시 올트먼은 7조 달러를 들여 AI칩을 직접 생산하겠다는 구상을 밝혀 전 세계의 이목을 집중시켰다. 허사비스는 이에 대한 질문을 받고, 이렇게 받아친다.

"7조 달러요? 달러가 맞나요? 엔이 아니고요?"

허사비스는 올트먼이 터무니없는 투자금으로 잘난 척한다는 인상을 심어 줬다. 구글 진영에서 올트먼을 얼마나 경계하는지를 보여 주는 대목이다. 허사비스는 AI칩이 AI의 전부가 아니라고 했다. 진정한 인공지능은 반도체만으로 만들어지지 않는다는 주장이다. 허사비스의 마음 속 깊은 곳deep mind에는 어떤 생각이 자리하고 있을까?

AI 시대 이전의 강자들

인터넷 시대와 모바일 시대에 최강의 기업들은 이른바 '매그니피센트 7'이라고 불리는 기업들이다. 주식시장 시가총액 순으로 MS, 애플, 엔비디아, 알파벳(구글), 아마존, 메타, 테슬라 등이다. 컴퓨터가 처음 등장한 1960년대부터 2000년대 초반까지를 되돌아보면 한 시대를 풍미한 기업들이 있었다.

1960년대 퍼스널컴퓨터PC 등장 전후로 세계 최강 기술기업은 IBM이었다. 다른 기술기업들은 IBM만 따라 하면 되던 시절이다. 컴퓨터의 표준도 사실은 IBM이 만들었다. MS의 도스DOS를 채택해 빌 게이츠를 세계 최고 부자로 만들어 준 것도 IBM이다. IBM의 전성기는 1990년까지 이어진다.

그다음 주자는 인텔과 MS다. 바야흐로 개인이 컴퓨터를 보유하는 PC시대가 도래했다. IBM이 컴퓨터의 시작이었다면 인텔과 MS는 컴퓨터의 대중화를 주도한 기업들이다. 인텔은 PC의 두뇌를 만들었다. 인텔 칩이 내장돼 있지 않은 PC를 찾아보기 어려웠다. MS는 PC를 구동하는 기본 소프트웨어를 제공했다. 도스를 거쳐 윈도까지 모든 PC에는 MS의 제품이 기본으로 장착돼 있었다. 인텔이 새로운 칩을 발표하고, MS가 새로운 버전의 윈도를 발표했다. 주거니 받거니 하면서 PC를 업그레이드하도록 유도했다. PC 제조업체들은 인텔과 MS의 신제품 발표 날짜에 맞춰 신제품을 내놨다.

닷컴 버블이 꺼지고 2000년 인터넷 시대가 됐다. 아마존, 구글에 이어 페이스북이 등장했다. 우리가 알고 있는 인터넷 시대의 최강자들은 이 시기에 문을 열고 생존경쟁에서 살아남은 기업들이다.

인터넷 시대의 중흥기는 2007년부터다. 스티브 잡스의 애플이 모바일 시대를 연 것이다. 이제 인터넷은 우리 손안에 들어왔다. 애플의 아이폰은 최신 유행의 아이콘이 됐다. 구글이 재빠르게 안드로이드폰으로 아이폰과 경쟁에 들어갔다. 뒤이어 테슬라는 바퀴가 달린 인터넷 전기자동차를 내놨다.

인터넷 시대는 2023년 오픈AI의 챗GPT가 본격적인 서비스를 개시하면서 또 한 번 변혁의 시기를 맞았다. 인터넷과 결합한 인공지능 시대가 열린 것이다. 이 시대의 주인공은 샘 올트먼, 일론 머스크, 젠슨 황 같은 이들이다.

누가 최후의 승자가 될까? 이들 중에 승자가 나오기는 하는 걸까? 이들이 만든 초인간이 궁극의 승자가 되는 것은 아닐까? 기계가 흉내 낼 수 없는 고도로 인간적인 행위는 뭘까? 정치? 그렇다면 AI가 정치를 할 수 있을까? 혹은 AI를 활용하여 정치를 더욱 고도화시킬 수 있을까?

AI 전쟁, 최후의 승자는

실리콘밸리에서 벌어지고 있는 인공지능 개발 전쟁은 다음 세대 기술 패권을 잡기 위한 양보 없는 싸움이다. 현재 가장 선두에서 승기를 잡은 곳은 오픈AI와 MS라고 볼 수 있다. 그러나 이들이 최후의 승자가 될 수 있을까?

유호현은 실리콘밸리에서 기술적으로 오픈AI에 대적할 수 있는 회사로 '앤트로픽'을 꼽았다. 앤트로픽은 구글, 아마존 등으로부터 거액의 투자를 받았다. 앤트로픽 설립자들도 오픈AI 출신이라는 점이 특이하다. 실리콘밸리에서 명멸하는 스타트업이 어디 한두 개인가. 오픈AI가 살아남을지, 앤트로픽이 살아남을지 앞날은 알 수 없다.

MS의 빌 게이츠도 주목해야 할 대상이다. 빌 게이츠는 공식적으로 MS 경영에서 은퇴했지만, 대주주로서 지배력을 무시할 수 없다. 올트먼이 오픈AI가 만든 최신 인공지능을 빌 게이츠 자택에서 처음 시연했다는 보도도 있다. 경우에 따라서는 MS가 오픈AI를 통합하는 그림도 그려 볼 수 있다. MS가 자체적으로 오픈AI와 별개의 인공지능을 개발하고 있다는 소식도 들린다. 빌 게이츠는 PC 시대를 주름잡던 인물이다. 은인자중隱忍自重하던 그가 인공지능 시대에 다시 최전선에 섰다는 것은 놀랄 일이 아니다.

AI 전쟁의 관전 포인트: MS, 구글, 애플의 각축전

유호현의 평가를 다시 들어보자.

"조금 더 미래의 관점에서 보면 오픈AI가 불리한 측면이 있어요. 왜냐하면 제품이 없으니까요. 오픈AI는 진짜 좋은 엔진을 만들었는데 자동차는 아직 못 만든 거예요."

"그 자동차 만드는 역할은 MS가 다 해 주지 않나요?"

제임스 정의 질문에 유호현이 부정적인 전망을 내놓았다.

"두 회사가 손을 잡고, 앞서가는 것은 맞아요. 다만 MS가 좋은 엔진을 제품에 장착하는 것을 잘 못해요. 오픈AI가 만든 인공지능을 MS가 오피스, 다시 말해 엑셀·워드·파워포인트 같은 제품에 적용하고 있는데요. 이것들을 써 보면 AI 시대를 지배할 정도로 매력적인 제품이라고 할 수 없어요. 완전히 새로운 강력한 제품을 만들어 내지 못하는 것, 이게 MS의 한계일 수도 있지요."

그렇다면 구글은 어떨까? 구글은 최근까지 내놓은 인공지능 서비스에 대해 좋은 평을 받지 못했다. 실수도 많고, 시연 과정에서 엉뚱한 답을 내놓기도 했다. 그러나 유호현은 구글의 경쟁력을 들면서 변호에 나섰다.

"구글은 엔진과 제품의 통합을 잘합니다. 구글은 검색, 이메일, 클라우드, 지도, 동영상 등 사용자가 인터넷에서 이용할 수 있는 제품을 다 가지고 있어요. 이 제품들을 위한 인공지능을 제대로 만들면 단번에 통합 서비스를 내놓을 수 있습니다. 저는 구글이 절대로 불리하지 않은 것 같아요."

유호현의 이러한 예측은 2024년 5월 14일 구글의 개발자 회의에서 가시화되었다. 문제는 구글의 검색기능에 제미나이 AI를 접목시키는 것을 소비자가 얼마만큼 편리하게 받아들이고 신뢰하느냐이다. 이러한 구글의 대반격은 AI, 신들의 전쟁에서 주요 관전 포인트이다.

애플은 어떨까? 애플은 위기다. 구글, 아마존, 메타 등이 인공지능 관련 사업과 투자를 속속 발표하고 있을 때 애플은 이렇다 할 것을 내놓지 못했다.

그러나 유호현은 애플도 큰 것 한 방을 숨기고 있을지 모른다며 조심스럽게 전망했다.

"애플은 엄청나게 강력한 사용자 경험UX을 구축하는 회사예요. 맥북에서 시작해서 아이폰까지 전자기기를 거의 패션 아이템처럼 만들었고, 애플 노트북이나 스마트폰을 써 보면 다른 제품과는 전혀 다른 느낌을 받게 되잖아요. UX 자체가 제품의 경쟁력입니다. 애플이 AI를 가지고 와서 자신들의 UX에 결합시키는 순간, 분명히 기회가 열릴 겁니다."

"과연 그럴까?"

제임스 정과 유호현의 토론을 조용히 듣고 있던 박영선이 주요 기술기업 관계자들을 두루 만나본 경험을 토대로 반론을 내놓았다.

누구나 잘하는 것은 있다. 망하기 전까지

"모든 회사는 각자 잘하는 것이 있어요. 여기서 얘기를 시작해보죠. 지금 AI 반도체, AI칩 시장에서 삼성전자가 고전하고 있잖아요. HBM 부분은 SK하이닉스에도 현재까지는 밀리고 있단 말이죠. 자동차에 비유하면, 엔진을 더 업그레이드할 것이냐, 자동차 차체를 더 잘 만들 것이냐, 그 결정을 못하고 있는 거죠. 자신들이 잘하는 것이 무엇인지를 생각하면서.

AI 엔진은 오픈AI·앤트로픽·구글이 이끌고 있고, 아마존·메타가 나름대로 뒤따르고 있단 말이에요.

저는 삼성전자처럼 애플도 자기들이 뭘 할 것인지 결정을 못하고 있다고 봐요. 애플은 아마 AI 엔진은 잘 못할 거예요. 애플은 기술을 조합하는 회사로 성공했잖아요? 물론 지금은 애플 칩을 자체 개발하고 설계도 하지만. 어떻게 보면 조립회사로 출발한 거지요."

박영선은 현재 애플의 CEO 팀 쿡과 직접 나눴던 대화를 소개하며 토론을 이어갔다.

"2010년에 팀 쿡을 만났을 때 첫마디가 인상적이었어요. 제가 '애플 아이폰, 참 대단하다'고 했더니 '별것 아닙니다. 남들이 안 쓰는 기술을 우리가 다 모아놓고 작정하고 조합한 거예요. 잡스하고 저하고 둘이 앉아서 조합했습니다'라고 하더라고요.

그러면서 아이폰에 도입된 음성인식, 시리 Siri 얘기를 해요. 원래 시리 기술을 가진 회사가 삼성전자를 먼저 찾아갔는데, 삼성전자에서 쓰지 않았다는 거죠. 애플은 이걸 가져다가 시리를 만들고. 나중에 삼성전자도 비슷한 걸 뒤늦게 내놨죠.

최근 뜨고 있는 HBM도 마찬가지예요. 젠슨 황이 HBM을 만들자고 먼저 찾아간 회사는 삼성전자였어요. 그러나 그 당시 삼성전자는 메모리반도체에 너무 취해 있어서 미래를 선점하는 도전을 하지 않았지요. 그러나 SK하이닉스는 젠슨 황을 찾아가 '우리가 만들겠다'고 해서 시작한 것이지요.

애플이 최근 좀 삐걱거려요. 비전 프로도 실패했다는 평을 듣잖아요? 애플이 AI 엔진이나 제품에 뛰어들기가 쉽지 않아 보여요. 엄청난 자금과 인력을 들였던 자율주행 자동차도 허무하게 포기해 버렸고요."

애플이 아이폰에 챗GPT를 탑재한다는 협상소식이 전해진 것은 2024년 구글의 개발자 회의 3일 전인 5월 11일이다.[2] 박영선의 예측대로 결국 애플은 이번에도 엔진을 만들기보다는 제품을 조합하는 쪽으로 방향을 우선 정한 것으로 보인다.

"챗GPT와 손잡겠다는 것은 결국 애플이 해왔던 것처럼 기존의 기술을 조합하거나 조립하면서, 엔진을 만들기보다는 온디바이스 형태를 강화하겠다는 방침을 결정했다고 볼 수 있지요. 그래야 현재 침체된 애플을 깨워서 계속 신형 제품을 내놓으며 상품 시장에 파고들 수 있을 테니까요."

---

2 *Fortune*, 2024. 5. 11.

한국의 삼성전자와 네이버는?

한국의 삼성전자, 네이버 모두 위기다.

　박영선은 1960년대 이후부터 지금까지 '대형컴퓨터-데스크톱-PC-스마트폰-AI'로 이어지는 시대의 변곡점에서 한국을 대표하는 삼성전자와 네이버가 모바일 시대까지는 잘 헤쳐 왔으나 AI시대에 위기를 맞았다고 봤다. 모바일 시대까지는 패스트 팔로어 fast follower 로서 한국 기업들이 잰걸음을 하며 퍼스트 무버 first mover 의 꿈을 키우는 듯했지만, 본격적 AI 시대가 도래하면서 갑자기 방향도 잃고 속력도 떨어지고 있다.

　애플이 스마트폰을 처음 세상에 내놓은 2007년 이후 한국 정부는 한동안 애플 아이폰의 한국 진출을 막았고 국민들도 삼성전자의 스마트폰 출시를 기다려 줬다.

　네이버는 한국어 검색이라는 특성을 앞세워 세계 1위 검색엔진 구글의 아성에 대항하면서 한국 내에서 독보적 지위를 지켜냈다. 박영선은 중소벤처기업부 장관 시절 독일이나 프랑스 디지털 장관들이 구글에 대항하는 검색엔진을 같이 만들어 보자고 제안해 온 배경에는 네이버가 토종 검색엔진으로서 가진 독보성과 카카오, 라인의 존재감의 영향이 컸다고 평했다.

　네이버의 성장에는 '네이버 지식인'이 크게 기여했다. 카카오가 무료서비스로 사용자를 모아 성공가도를 달렸다면 네이버는 '지식인'으로 사용자를 끌어들였다. 인터넷 초창기 네이버는 '무엇이든 물어보세요'라며 지식인 서비스로 사용자를 매혹시켰다.

구글의 AI 전략에서 주의 깊게 볼 지점은 자신들이 가장 잘하는 '검색'과 'AI'를 결합했다는 점이다. 검색에 AI를 접목해 'AI에게 무엇이든 물어보세요'라는 접근법을 쓰고 있는 셈이다. 히트 친 네이버의 '지식인'을 연상시킨다. 네이버 지식인은 사람이 답변했지만, 구글은 제미나이가 답변하는 것이 다를 뿐이다.

여기서 잠깐 고민되는 부분이 있다. 한국 기업들은 이러한 AI 추세를 어떻게 따라잡을 것인가 하는 점이다. 삼성전자는 과거 구글 안드로이드와 손잡고 애플의 아이폰과 대적해 갤럭시 시리즈를 성공으로 이끌었다. 페이스북의 원조라고 불렸던 싸이월드, 아이러브스쿨은 SK로 넘어간 후 빛을 보지 못하고 문을 닫았다.

AI 전쟁에서 우리 기업들이 누구와 연대하고, 어떤 서비스를 내재화할 것인지 치열한 고민이 필요해 보인다.

삼성전자와 네이버가 손을 놓고 있는 것은 아니다. 두 회사가 AI용 반도체 칩을 함께 설계, 제작하는 공동 프로젝트도 진행 중이다. 세계적 반도체 제조기술을 보유한 삼성전자 같은 기업이 네이버의 아이디어를 스펀지처럼 빨아들이면 시너지를 낼 수 있다고 네이버는 주장한다. 백지에 그림 그리듯, 두 회사가 만나 '무엇이든' 시도해 볼 준비가 되었다는 것이다.

삼성전자는 반도체 회사이면서 디바이스 회사다. 안드로이드 스마트폰의 최강자로서 디바이스에 AI를 탑재하는 온 디바이스에 강점이 있다. 이것은 애플도 마찬가지지만 애플은 설계능력, 삼성은 제조능력을 보유하고 있다는 차이가 있다.

무엇이든 자기가 잘하는 것에서 출발해야 한다. 삼성에겐 방대한 가전 시장 네트워크가 있다. AI를 실생활에서 체험하도록 만드는 데 가전 시장만큼 좋은 곳은 없다. 삼성이 AI 가전 동맹을 발 빠르게 구축한다면 애플·구글·MS와 대적할 기회는 있다.

네이버의 필살기는 이른바 '소버린 AI Sovereign AI'다. 소버린 AI 는 한 국가 혹은 기업이 자체 인프라, 즉 데이터·네트워크·인력 등을 활용해 자체적으로 만드는 AI를 말한다. 소버린 AI를 강조하는 사람 중 한 명이 젠슨 황이다. 많은 나라 혹은 기업이 각자 소버린 AI를 개발하면 그만큼 엔비디아 제품을 많이 팔 수 있다. 한국에서 최근 최태원 회장의 SK도 소버린 AI에 몰두하고 있다. SK는 일단 데이터센터를 보강하고 SK텔레콤을 소버린 AI의 전략 기지화하는 AI 에이전트 비즈니스를 시작하겠다는 구상이다.

네이버는 한국어를 가장 잘하는 AI, 한국어의 미묘한 어감, 깊은 속뜻을 이해하는 AI 서비스를 제공하겠다는 것이다. 한국인에게 적합한 AI를 만들겠다는 목표에는 누구나 수긍한다. 그런데 상업적으로 서비스를 해야 할 시장은 당연히 글로벌이다.

이 대목에서 네이버의 승부수가 엿보인다.

미국과 중국을 제외하고 독자적 소버린 AI를 만들고 운영하는 데 성공한 것은 한국의 네이버가 거의 유일하다고 할 수 있다. AI 를 개발하고, 서비스를 운영할 때 반드시 필요한 인프라가 데이터센터다. 네이버는 춘천과 세종에 세계적 수준의 데이터센터 '각'을 만들고 운영한 경험이 있다. 25년간 검색서비스를 운영하며 데이터 수집·가공에 대한 노하우도 축적했다. 데이터 생태계의 주인이라는 얘기다. AI 학습을 위한 엔지니어에 아끼지 않고 투자했고, AI 칩 설계팀도 구축한 상태다. 일찍이 프랑스 그르노블에 AI로봇연구소를 세우고 유럽과의 AI 연대도 구상해 왔다.

네이버는 한국에서 소버린 AI를 구축하고 그 경험 자체를 수출하겠다는 전략이다. 흡사 이는 K-팝 아이돌 육성 전략과 같다. 한국에서 먹히면 세계 시장에서도 통한다. 네이버의 분당 본사 신사옥이 좋은 예다. 110대의 로봇이 5천 명의 직원과 일한다. 클라우드, 로봇, AI 기술이 집약돼 있다. 사우디아라비아 네옴시티 프로젝트에서 관심을 가질 정도다. 빌딩 자체가 수출품이다. AI를 인프라와 연계하고 그 노하우를 중동·일본 등에 수출해 소버린 AI의 성패를 가르겠다는 전략이다.

한국, 난세에 영웅이 없다

한국 기업의 위기는 곧 한국 경제의 위기이다.

모바일 시대까지는 애플, 구글에 삼성전자, 네이버가 도전한다고 말할 수 있었지만, AI 시대를 맞아 한국엔 내로라할 만한 기업도, 기업인도 찾기 힘들다. 한국에 일론 머스크, 샘 올트먼, 젠슨 황을 대적할 기업인이 없다는 것은 슬픈 일이다.

왜일까? 이에 대해 박영선은 AI 시대를 끌고 갈 엔진, 즉 슈퍼컴퓨터로 진화하는 컴퓨터의 발전 흐름에 한국 기업들이 올라타지 못했기 때문이라고 진단한다.

"2019년인가 지방자치단체에 예타(예비타당성 조사) 면제 사업을 하나씩 예산에 반영해 주겠다고 한 적이 있어요. 기획재정부 주도의 예산책정에서 벗어나 보겠다는 시도였지요.

대부분의 지자체는 도로, 철도 등 기존의 SOC ^{Social Overhead} Capital (사회간접자본) 사업을 들고 왔어요. 그런데 광주광역시만 디지털 SOC, AI 슈퍼컴퓨터를 만들겠다면서 3,200억 원을 신청했어요. 지자체가 무슨 슈퍼컴퓨터냐면서 예산당국에서는 많은 논란이 있었지만 나는 적극적으로 지원했습니다. 최종적으로는 예산이 4천억 원이 조금 넘게 배정됐을 거예요.

광주과학기술원 GIST 옆에 자리 잡은 이곳을 몇 번 방문했었고 최근에도 다녀왔어요. 지금 완공된 '광주 국가AI데이터센터'는 대한민국이 가진 가장 큰 AI 자산이 됐어요. 아쉬운 점이 있다면 용도가 너무 일반적이지 않나 싶긴 해요. 좀더 소프트웨어 개발에 특화됐으면 하는 바람이 있지요. AI 시대를 맞아 CPU-GPU-NPU로 넘어가는 과정에서 AI칩을 설계하거나 테스트하는 데도 이런 슈퍼컴퓨터는 필수적이니까요.

2019년 당시에는 한국의 대기업들도 슈퍼컴퓨터를 만드는 일에 관심을 표명했는데 진척이 안 된 것 같아요. 이제 스타트업들을 포함해 인공지능 생태계를 만들어야 하는데 … . 그래서 대한민국 미래가 많이 걱정돼요. 아마도 국가적으로도 정책을 세밀하게, 모두 점검해 봐야 하지 않나 싶어요."

기술을 알아보고, 적용하고, 포장하는 것이 기술을 만드는 것만큼이나 중요한 시대다. 얼마 전까지만 해도 빅데이터 기술이 대단한 것처럼 보였지만, 지금은 누구나 쉽게 접근하는 평범한 기술이 돼 버렸다. 앞으로 AI도 평범한 기술처럼 취급받게 될 텐데 그걸 어떻게 포장해서 잘 파느냐가 승패를 가를 수 있다.

실리콘밸리의 윤리학

기술을 가져다 쓴다는 면에서 윤리 문제가 발생하지 않을까? 실리콘밸리 문화에 '뒤통수를 친다', '뒤통수를 맞았다'는 개념이 별로 없다는 것이 유호현의 설명이다.

"사실 한국에서는 기술 모방에 대해 크게 비난을 받죠. 윤리적 문제로요. 실리콘밸리에서는 적절한 대가를 지불하면 그건 문제가 덜 됩니다. 실리콘밸리에서는 먼저 알아보고, 먼저 응용하고, 먼저 장사하는 사람이 승자가 되죠.

결국 중요한 것은 '시장의 선택을 받아서 돈을 버느냐'죠. 법적으로 위법이 되면 천문학적인 벌금을 물게 되어 회사가 망할 수도 있어요. 대신 누가 누구를 배신했네, 이런 말은 잘 먹히지 않습니다."

박영선은 윤리 문제에서 훨씬 강한 잣대를 가진 유럽의 관점을 미국과 비교했다. 인공지능을 보는 시각도 마찬가지여서 유럽은 이미 큰 틀에서 인공지능에 대한 규제의 틀을 갖추어 가고 있다. 미국은 말로는 한다고 하면서 실제로는 실행에 옮기지 않는 것이 많다.

"미국은 AI 주도권을 쥐고 이걸 먼저 산업화한다는 입장이라서, 규제에 대해서는 한발 물러나 있어요. 기후위기 이슈도 마찬가지에요. 유럽은 RE100(기업이 사용하는 전력을 100% 재생에너지로 충당하겠다는 캠페인)을 심각하게 다룹니다. 그런데 미국은 빅테크기업을 제외하면 유럽만큼 깊이 들여다보지 않았어요. 특히

트럼프 정부 때 심했지요. 바이든 정부가 들어서고 나서야 본격적으로 '그린 이코노미'를 언급하기 시작했습니다."

AI를 바라보는 각 기업들, CEO들, 그리고 정부의 시각은 다를 수 있다. 그리고 달라야 한다. 전쟁에서 승리하기 위해 자신이 채택해야 하는 최적의 전략과 전술이 따로 있기 때문이다. 미국에 맞는 전략이 우리나라에 맞지 않을 수 있다. 오픈AI에서는 되지만, 서울의 스타트업에서는 절대로 되지 않는 것도 있다. 그러나 목표는 하나다. 이 전쟁에서 살아남아야 한다는 것이다.

다양성이 필요한 시대

반도체 시대와 달리, AI 시대에는 세계를 이끄는 사람들 중에 한국인의 이름을 찾아보기가 쉽지 않다.

실리콘밸리에 온 한국인들로부터 많이 듣는 질문 중 하나가 "실리콘밸리에서는 어떤 인재상을 추구하나요?"이다. 실리콘밸리에는 인재상이 없다. 그냥 각자도생各自圖生이다. 저마다 다른 장단점을 가진 사람들이 시장의 선택을 받기 위해 노력한다. 그리고 그 시장은 시시각각 변화한다. 작년의 최고 인재가 올해는 필요 없는 사람이 될 수도 있다.

우리 문화에서는 다양한 기준으로 하는 평가가 잘 통용되지 않는다. 우리는 각자 잘난 이야기를 해도 공부를 잘하는지, 일을 잘하는지, 돈이 많은지로 평가된다. 성공과 실패는 내가 아니라 주변에서 결정해 주는 것이라고 생각하고, 그 결정의 가장 중요한 기준은 결국 돈과 '회사에서 얼마나 열심히 일하는가'이다.

그런데 실리콘밸리에서는 '일잘러'(일을 잘하는 사람)는 별로 귀한 대접을 못 받는다. 회사에서 아무리 일을 열심히 해도 회사의 구체적인 문제를 해결해 주는 사람이 아니면 별로 필요가 없다. 그리고 돈을 가져다주는 사람은 평소에 어떻게 일하든, 별로 상관도 없다.

다양한 사람이 있는 곳에서는 어떠한 상황에서도 쓸모 있는 사람이 몇몇 있기 마련이다. 반면 한 종류의 사람들만 있으면 어떤 상황에서는 집단 전체가 쓸모없어져 버린다. 한국 사람이나 인도 사람이나 중국 사람이나 다 성실하고 똑똑하고 열정적이다.

그런데 한국인들은 대부분 세상에서 일을 제일 중시하고, 정말 일을 센스 있게 잘하는 '일잘러'가 되려고 한다. 일잘러가 필요한 곳도 많지만, 협상가, 가족을 일보다 중시하는 사람, 여행이 일보다 중요한 사람, 일 못하는 사람을 이해할 수 있는 사람 등 다른 시각과 재능이 필요한 곳도 많다.

실리콘밸리가 계속 발전하는 이유는 다양성 때문이다. 실리콘밸리에는 수많은 회사가 새로 생기고 망한다. 대기업도 순식간에 망하고 새로운 기업이 그 자리를 대체한다. 그리고 새로운 기업도 순식간에 망한다. 각 개별 기업은 계속 명멸하지만 실리콘밸리 전체적으로 보면 어떤 흐름이 와도 그 흐름을 탈 수 있는 회사가 있고, 그 회사에 인재와 돈이 몰린다. 그래서 실리콘밸리는 망하지 않고 발전한다.

6장

인간이 만든 초인간

"지으신 그 모든 것을 보시니 보시기에 심히 좋았더라."

— 성경 〈창세기〉 1:31

디지털 민주주의

하버드대학에서 박영선의 연구 여정은 두 갈래 길이었다. 하나는 MBC 경제부장, 국회의원과 중소벤처기업부 장관으로 일하면서 접한 우리 산업 현실을 '어떻게 하면 우리에게 유리하게 만들 수 있느냐'였다. 미국에 도착하자마자 미국이 주도하는 새로운 반도체 질서가 만들어지는 현장에 자신이 서 있다는 것을 알게 되었다. 하버드대학에서 연구는 바로 이 부분에서 시작할 수밖에 없었다. 2023년 집필한 《반도체 주권국가》에 그 생각을 담았다.

또 다른 갈래는 민주주의에 대한 것이었다. 서울을 떠나올 때 박영선은 참담한 심정이었다. 우리나라 정치는 대립과 분열로 깊은 상처를 내고 있었다. 생각이 다름을 인정하는 것에서 정치는 시작한다. 그러나 우리 정치는 다르기 때문에 함께할 수 없다며 선을 그어 버린다. 각자의 진영에서 상대 진영을 제압하는 것이 절대선이고, 그 싸움에 나서지 않으면 같은 진영이라도 가차 없이 발언권을 빼앗았다.

극단의 시대를 넘어서

박영선은 한국의 정치를 생각하면서 찰스 디킨스의《두 도시 이야기》서문을 떠올렸다.

> 최악의 시절이자, 최고의 시절이었고
> 지혜의 시대였고, 어리석음의 시대였다.
> 믿음의 세기였고, 불신의 세기였고
> 빛의 계절이었고, 어둠의 계절이었다.
> 희망의 봄이면서, 곧 절망의 겨울이었고
> 우리 앞에 모든 것이 있었지만,
> 우리 앞에 아무것도 없었다.
> 우리는 모두 천국을 향해 가고자 했지만,
> 엉뚱한 방향으로 반대로 나아가고 있었다.
>
> 말하자면, 그 시절은 지금과 너무 흡사하게,
> 일부 목청 높은 권위자들은
> 그 시대를 논할 때
> 좋은 쪽으로든 나쁜 쪽으로든
> 양극단의 형태로만 그 시대를 평가하려 들었다.

《두 도시 이야기》의 시간적 배경은 프랑스 대혁명기이다. 이 시기 프랑스에서는 사회적 불평등, 경제적 불황, 정치적 불안으로 인해 계급과 계급, 진영과 진영, 세력과 세력 간에 극심한 대

분열이 일어났다. 혁명이 전개되면서 같은 당파 안에서조차 분열이 일어나 서로 죽고 죽이는 일까지 벌어졌다. 디킨스는 혁명의 격동을 그리면서 그 모든 혼란 끝에는 새로운 정치가 자리 잡기를 꿈꿨을 것이다.

프랑스 대혁명에서 근대 민주주의가 태동한 이후 200년간 많은 법제도의 발전이 있었지만, 안타깝게도 세계의 많은 나라는 여전히 양극단이 첨예한 갈등 속에 소용돌이로 뒤엉켜 있다. 한국도 예외가 아니다.

우리는 AI 혁명의 한가운데서 새 시대의 도전이자 기회를 마주하고 있다. 인공지능은 자동화와 효율성으로 인간의 삶에 혁신을 가져왔으나 동시에 새로운 형태의 사회적 불평등을 초래할 수도 있다. 정치 분야에 이미 도입되기 시작한 인공지능은 어떻게 설계하느냐에 따라 극단으로 치닫는 정치 대립을 극복하고 사회적 불평등을 해결하는 등 민주주의 발전을 위한 혁신적 도구로 활용될 수도 있다.

박영선은 하버드대학에서 양극단의 시대를 넘을 수 있는 가능성을 찾고 싶었다. 몸담고 있던 하버드대학 케네디스쿨의 애쉬센터 Ash Center는 민주주의를 지키기 위해 시민·언론·시민단체 등이 해야 할 일에 대해 연구하는 곳이기도 했다. 또한 이곳은 민주적 정치구조와 혁신에 대해 연구하는 곳이다. 전 세계에서 정치·경제·기술 분야의 학자, 전문가, 정치인들이 모여 토론하는 학술 조직이다.

침묵하는 언어, 그리고 새로운 정치

박영선은 이곳에서 정치인들뿐만 아니라 다양한 기술 전문가들과 교류할 수 있었다. 그들이 구사하는 언어를 비교적 쉽게 이해할 수 있었다. 중소벤처기업부 장관을 하면서 기술 발전 추세와 과학자들의 언어에 익숙해져 있었기 때문이다.

운 좋게 인공지능 전문가들과도 교류할 수 있었다. 그리고 여기서 자신이 찾던 것을 발견할 수 있었다. 기술이 민주주의를 제대로 작동할 수 있도록 활용될 수 있다는 것을. 특히 인공지능 기술이 그랬다. 모든 사람의 생각을 소중하게 여기며, 다름을 인정하면서도 토론의 장에서 만나게 할 수 있었다.

박영선은 인공지능과 디지털 기술이 인간의 최고 단계 활동인 정치 활동을 보좌할 수 있는 길을 모색하기 시작했다. 두 연구 여정은 이제 하나로 합쳐지기 시작했다. 하버드대학은 그 사색과 탐색의 결과물을 발표할 수 있는 기회도 마련해 줬다.

2023년 4월 18일 오후 4시를 넘긴 시각. 하버드대학 케네디스쿨의 랜드홀에 학생, 교수, 언론인 등 100여 명이 모여들었다. 포럼에서 박영선의 발표주제는 '디지털 민주주의AI in Politics'(정치에서의 AI의 역할)였다. 인공지능 기술을 이용한 리퀴드 데모크라시Liquid Democracy 사례를 발표할 기업인으로 옥소폴리틱스OXO Politics의 창업자 유호현 대표도 토론자로 초청했다.

랜드홀은 하버드대학에서 진지한 토론과 포럼이 자주 열리는 곳이다. 포럼의 주제가 기술기업들 사이에서도 가장 핵심적인 인공지능을 다루고 있었기 때문에 언론의 관심도 높았다. 때마침 챗GPT가 세상에 알려진 지 얼마 되지 않은 시점이라 기대보다 훨씬 더 많은 사람이 왔다. 하버드대학 신문 〈크림슨〉에서도 포럼을 자세히 보도했다.

포럼이 열린 날 오전에는 약한 비가 내렸다.

기자로서, 의원으로서, 장관으로서 대중 앞에 나서는 것은 일상적인 일이었지만, 이날은 박영선도 약간 긴장됐다. 미국 최고의 지성 집단이라고 할 수 있는 하버드대학 구성원들 앞에서 인공지능과 민주주의에 대한 자신의 견해를 처음 밝히는 만큼 빈틈이 있어서는 안 됐기 때문이다.

"지금부터 박영선 선임연구원이 기조발표를 시작합니다."

랜드홀은 미국 대학교의 전형적인 대형 강의실이었다. 극장처럼 좌석이 계단형으로 배열돼 있고, 발표자는 부채꼴의 꼭짓점에 선다. 이날은 120여 명의 눈동자가 기조발표자 박영선을 주시하고 있었다.

"이 자리에 참석해 주셔서 감사합니다. 오늘 미래의 정치, 특히 디지털 민주주의와 정치 분야의 인공지능에 대한 세미나를 여러분과 함께하게 되어 기쁩니다."

디지털 민주주의 — AI in Politics
하버드대학 케네디스쿨 애쉬센터 포럼 기조 발표

기술은 세상을 변화시키고 정치도 예외가 아닙니다. 시간과 공간을 초월하는 고급 IT 기술은 대의민주주의에서 직접 참여를 강화하는 리퀴드 데모크라시(유동적 대리민주주의)로의 개혁을 요구하고 있습니다.

리퀴드 데모크라시는 "직접민주주의와 대의민주주의의 장점을 결합하여 유권자가 직접 투표하거나 신뢰할 수 있는 정당이나 대리인에게 투표권을 위임할 수 있는 권한을 부여하는 유동적 대리민주주의의 형태"로 정의됩니다. 이 민주주의 체계는 직접민주주의와 대의민주주의의 요소를 모두 활용합니다.

최근 프랑스는 연금 개혁으로 인한 정치적 혼란에 휩싸여 있습니다. 한국에서는 지하철 무료 탑승 연령을 65세에서 70세로 올릴지를 두고 논쟁이 있었습니다. 이제까지 사회적으로 중요한 의제를 두고 구성원 모두가 토론에 참여하는 것은 불가능하다는 것이 일반적 상식이었습니다.

그런데 만약 최소 100만 명이 '시민 의제 선정 플랫폼'에서 소규모로 나뉘어 토론한다면 어떨까요? 인공지능 기술로 찬성하는 이유와 반대하는 이유를 요약해서 공유할 수 있습니다. 이를 통해 시민들은 자신의 입장을 선택하고 투표할 수 있습니다. 예를 들어, 챗GPT는 이 정보를 분석하고 예측하는 과정에 활용될 수 있습니다.

국회 상임위원회 회의에서 챗GPT를 활용한 토론을 진행한다면, 불

필요한 시간 낭비를 줄일 뿐만 아니라, 정치적 편견으로 인한 기존 매체나 정부에 의한 여론 조작이나 왜곡이 줄어들어, 더 투명하고 공정한 사회가 이루어질 것입니다.

진보와 보수 갈등이 점점 심화하고 있습니다. 한국 정당의 주요 인물들은 대중의 목소리를 대변하지 않고, 오직 특정 이해집단의 이익을 대표하는 성향으로 기울고 있습니다. 다양한 이해관계의 대표성이 상실되고 있습니다. 이로 인해 정치인들에 대한 실망감은 분노로 변화하고 있습니다. 이 현상은 트럼프가 등장한 이후 미국에서도 나타나고 있습니다.

이제 기술의 발전으로 인해 시민 간 직접 의사소통이 가능해지고 시민들의 의견을 실시간으로 수렴함에 따라 대의민주주의의 단점을 보완할 수 있게 되었습니다. 그래서 저는 실험을 통해 의견의 다양성을 더 빠르고 효과적으로 반영할 수 있는 방법을 찾고자 합니다.

좌우 진영으로 갈라진 극단주의자들의 의견에 국한되지 않고, 중도 지대에 있는 모든 사람들의 목소리, 즉 침묵을 지키던 중도주의자들의 목소리를 투명하게 반영하려 합니다. 인공지능과 블록체인이 이를 가능하게 합니다.

인공지능은 다양한 사람들 간의 대화와 토론을 정확하고 빠르게 요약, 정리할 수 있습니다. 국민들의 참여가 투명한 방식으로 보장된다면, 인공지능은 직접민주주의를 실현할 수 있는 가장 효율적인 방법입니다. 특히 최근에 등장한 챗GPT는 이러한 가능성을 놀라운 수준으로 높였습니다.

한국의 설문조사 스타트업 옥소폴리틱스는 약 20만 명의 회원을 보유하고 있습니다. 이 회사는 사회적 이슈가 발생할 때마다 사람들의 정치 성향에 따라 인터넷에 게시된 댓글을 군집화하여 40초 내로 분석할 수 있는 시스템을 만들었습니다.

이 시스템은 보수와 진보의 의견을 1분 이내에 분석할 수 있습니다. 기존 ARS 여론조사는 최소 하루 또는 이틀이 걸리며, 전화 인터뷰 조사는 최소 사흘이 걸리던 일입니다. 신속한 분석 능력은 디지털 정치를 널리 구현하는 새로운 가능성을 열고 있습니다.

기존 여론조사 기업들이 충격을 받을 수밖에 없는 것입니다. 이 시스템의 강점은 다양한 의견을 빠르고 투명하게 수렴할 수 있는 능력입니다.

예를 들어, 윤석열 대통령의 2023년 3·1절 연설에 대해 대통령을 지지하는 보수주의자들 사이에서도 '의구심이 든다'는 의견이 절반 이상임을 분석해 냈습니다. 분석에 걸린 시간은 단 40초입니다. 당시 윤 대통령은 한일 관계의 급격한 개선을 다루는 연설을 했습니다.

챗GPT는 윤석열 대통령의 연설에 대한 국민들의 의견을 다음과 같이 요약해 제시했습니다. 첫째, 한일 관계 개선 조치에 대해 부정적 의견과 보류된 의견이 압도적입니다. 둘째, 보수주의자들 사이에서도 부정적 의견과 보류된 의견의 합계가 50%를 넘습니다. 셋째, 실용주의적 한일 외교 문제에 대한 전략과 디테일이 없다는 평가가 주를 이루었습니다.

챗GPT의 등장으로 정당제도 변화가 앞당겨질 것으로 보입니다. 정당 구조는 수직적 피라미드에서 완전히 수평적 네트워크로 전환되어야 합니다.

이 변화는 하향식 접근방식에서 상향식 접근방식으로의 전환을 의미합니다. 예를 들어, 한국의 국회의원 선거에서는 정당 지도자나 대통령이 후보 공천 과정에 큰 영향을 미칩니다. 이러한 하향식 구조 대신 미국의 오픈 프라이머리 제도를 채택할 수 있습니다. 이를 통해 시민들에게 후보자를 지명할 권한을 부여하고, 더 공평하게 신인 정치인이 정치권에 진입할 수 있도록 하며, 권력자들의 영향을 최소화할 수 있습니다.

최초 또는 최종적인 영향력이 있는 결정권자나 지도자 대신, 전문가 집단과 투표권을 가진 사람들의 판단이 수평적이고 수직적으로 서로 교차합니다. 이렇게 하면 영향력을 행사하는 지도자의 독단적 결정 위험을 최소화할 수 있습니다. 물론, 미국의 오픈 프라이머리 제도를 디지털 시대에 적응시키기 위한 개선이 필요하며, 이는 투표율을 높이는 것을 목표로 해야 합니다.

두 번째 접근방식은 챗GPT를 활용하여 시민들이 논의할 의제를 선정하는 플랫폼을 만들고, 리퀴드 데모크라시를 구현하는 것입니다.

이 연구의 목적은 투표권을 가진 사람들의 참여를 통해 정책 의제를 개발하는 것입니다. 또한 국회 내에서 시민 발의 입법의 별도 채널을 구축함으로써 직접민주주의를 실현하려는 것입니다. 이는 다양성, 신속성, 투명성을 리퀴드 데모크라시에 접목시킬 수 있게 할 것입니다.

전 세계에서 처음으로 리퀴드 데모크라시를 디지털화하는 플랫폼을 개발하고, 디지털화된 민주주의를 전 세계적으로 확대하는 것이 이 연구의 목표입니다. 지금까지 온라인 전자투표는 에스토니아와 이탈리아에서만 시도되거나 시행되었습니다.

덴마크에서는 인공지능 주도의 정당 신세틱 파티^{Synthetic Party}가 총선 출마를 희망한다는 보도가 있었습니다. 이는 디지털 민주주의에 가까워지는 첫걸음입니다. 저는 한 걸음 더 나아가 리퀴드 데모크라시를 디지털화하려고 합니다.

리퀴드 데모크라시는 특정한 문제에 대한 전 세계적 여론을 수집하고 즉시 분석할 수 있기 때문에 유엔 안전보장이사회 거부권의 독단을 데이터로 보여 주는 방법이 될 수도 있습니다.

최근 북한의 핵미사일 위협이 강화되었음에도 유엔 안보리는 여전히 북한 문제의 대응 방식에 대한 의견이 분열되어 있습니다. 2023년 3월 20일, 유엔 안보리 회의는 중국과 러시아가 북한을 비난하는 것을 거부함에 따라 무산되었습니다. 15개 회원국으로 구성된 유엔 안보리는 거부권을 가진 5개 상임이사국(미국·영국·프랑스·중국·러시아)이 만장일치로 결정하지 않으면 움직일 수 없습니다.

그러나 챗GPT를 통해 북핵 위협에 대한 전 세계적인 여론이 신속하게 수집되고 분석되며, 그 결과가 발표된다면 상황이 달라질 수 있습니다.

또 다른 예로 인공지능을 활용한 리퀴드 데모크라시의 형태로 구현된 공공 여론 플랫폼이 있다면, 기후위기 문제 토론도 이해 관계자들 사이의 이해 충돌로 더디게 진전되는 폐해를 막을 수 있을 것입니다. 전 세계인들의 생각을 수집하고, 탄소 중립을 위반하는 국가들을 지적하면서 대안을 개발하기가 더 쉬워질 것이기 때문입니다.

저는 국가들이 의제와 관련된 정책을 제시하고 비교하며, 무엇이 효과가 있고 무엇이 효과가 없는지에 대해 논의하는 과정에 참여해야 한다고 생각합니다.

한국 국회뿐만 아니라 유엔에서도 디지털 시대를 고려한 리퀴드 데모크라시를 기반으로 한 체제 개혁이 필요합니다. 이를 통해 유엔이 무기력에서 벗어날 수 있을 것입니다. 디지털 리퀴드 데모크라시 플랫폼의 논의 과정을 투명하게 공개함으로써 조화롭게 최종 결정을 내리고, 신속한 분석을 통해 다양성을 확보하는 것입니다.

저는 이런 변화가 전 세계 민주주의의 확장과 세계 여러 나라 간의 국제관계 개선을 불러올 것을 희망하고 있습니다. 복잡한 글로벌 이슈를 해결하는 데에도 기여할 것이라 확신합니다.

정치 분야 인공지능의 현 수준은, 1단계였던 '데이터 정치'에서 '챗GPT 정치 자문'이라는 2단계를 실현할 수 있을 것으로 봅니다. 앞으로 3단계와 4단계로도 계속 발전할 것입니다.

저는 중소벤처기업부 장관으로서 대한민국의 중소기업, 스타트업 및 개인 사업자의 디지털화를 주도한 바 있습니다. 하버드에서 연구와 실험을 통해 '정치의 디지털화' 성공 사례를 만들고자 합니다. 이를 통해 디지털 민주주의의 확장과 국제관계 개선의 발판이 되기를 바랍니다.

기조 발표를 마치자마자 많은 사람들이 질문하고 싶어 하는 눈빛을 읽을 수 있었다. 특히 리퀴드 데모크라시의 개념에 대해 궁금해하는 눈치였다. 기조 발표에서 밝힌 것처럼 리퀴드 데모크라시는 디지털 시대에 매우 합리적인 의사결정 시스템이다.

움직이는 민주주의

리퀴드 데모크라시는 대의민주주의와 직접민주주의의 장점을 결합한 현대적 정치시스템이다. 이 시스템에서는 유권자가 자신의 투표권을 직접 행사할 수도 있고, 신뢰하는 대리인에게 위임할 수도 있다. 대리인은 위임받은 투표권을 가지고 특정 사안에 대해 투표하며, 유권자는 언제든지 자신의 투표권을 회수할 권리가 있다

인터넷과 블록체인 기술은 이러한 유형의 민주주의를 실현하는 데 필요한 투명성과 효율성을 제공한다.

리퀴드 데모크라시는 유연성과 참여 증대라는 큰 장점이 있다. 유권자는 자신이 전문지식을 가졌거나 관심이 많은 사안에는 직접 투표할 수 있고, 그렇지 않은 경우에는 전문가나 신뢰하는 대리인에게 투표를 위임할 수 있다. 이로써 모든 유권자가 각자의 시간과 능력에 맞춰 정치에 참여하는 기회를 가질 수 있다.

예를 들어 작은 마을이 하나 있다. 검은 옷을 입은 평범한 마을 사람은 13명이다. 파란색 옷을 입은 대리인은 6명이다. 마을 사람들은 총 19명이다. 마을 잔치를 여는 문제를 놓고 표결에 들어갔다. 대리인 6명 중 3명은 반대, 3명은 찬성표를 던졌다. 대리인

그림 6-1 **리퀴드 데모크라시의 표결방식**

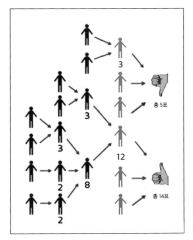

위임을 통해 여론 흐름을 표결에 반영하면
대표자에게 결정을 맡기는 것과는
전혀 다른 결과를 만들어 낸다.

각자가 1인 1표일 때 그렇다. 잔치를 열 것인지 결정하지 못했다.

이제 표결 방식을 바꿔 보자. 검은 옷을 입은 평범한 마을 사람들이 2명 또는 3명씩 모여서 이 문제를 토의했다. 각 그룹의 토의 결과를 1명의 대표자에게 위임키로 했다. 표를 위임받은 사람은 다음 단계 그룹 토의에 참여해서 마찬가지로 1명의 대표자에게 투표권을 모두 위임한다. 이런 식으로 위임받은 표를 단계별로 모아보니 처음에 3 대 3으로 같았던 표결 결과와 달리 5 대 14로 찬성이 월등히 많은 것으로 나타났다.

마치 시냇물이 모여 개천이 되고, 개천이 모여 강이 되고, 몇 개의 강이 모여 대하大河가 되듯이 유권자의 표를 토론 단계별로 모아서 큰 물줄기를 만드는 것이다. 여론의 흐름Liquid을 만들어 표결하면 대리인에게만 결정을 맡기는 것과 다른 결과를 낼 수 있다.

AI와 정치의 미래

민주주의와 기술의 만남

리퀴드 데모크라시에서 핵심적인 것은 단계별 토론이다.

전자투표가 가능한 시대에 미디어와 각종 SNS를 통해 정보를 제공받을 수 있으니 직접민주주의를 하는 것이 낫지 않을까? 그렇지 않다. 미디어와 SNS가 왜곡된 정보를 만들고, 알고리즘이 편향을 만들어 낸다면 시민들은 자신의 의지와 다른 조작된 의지에 따라 표를 던지게 된다. 직접민주주의가 대의민주주의보다 더 나은 제도라고 확언할 수 없는 이유이다.

이에 비해 리퀴드 데모크라시의 방식으로 소규모 분임 토의를 하면 목소리가 큰 스피커뿐만 아니라 작은 목소리, 평소에는 말하지 않는 숨어 있는 의견까지도 반영해 의견을 수렴할 수 있다. 이렇게 모아진 의견을 하나로 합치는 방식의 리퀴드 데모크라시 (유동적 대리민주주의)가 직접민주주의보다 우월하다는 주장이다.

리퀴드 데모크라시를 구현하기 위해서는 동시다발적인 토론과 그 토론 결과를 단기간 내에 취합하는 기술이 필요하다. 그걸 챗GPT가 해낼 수 있다.

MS는 화상회의 시스템에 챗GPT를 장착했다. 토론자들이 자신의 의견을 개진하면 인공지능은 그 발언 하나하나를 기억하고 정리해서 회의록을 만든다. 화상회의가 끝나자마자 몇 초 안에 회의록과 요약문을 내놓는다. 예전에는 100만 명이 동시에 하나의 주제를 가지고 토론하는 것은 불가능했지만, 챗GPT를 이용하면 100만 명을 5명씩 그룹으로 나누어 20만 개 토론방에 분산한 후 소규모 분임토의를 하는 것은 가능하다. 20만 개 토론방은 다음 단계에서 5분의 1로 줄어들고, 이런 식으로 8단계 정도 토론하면 100만 명의 의견을 유동화해 취합할 수 있다.

그렇지만 리퀴드 데모크라시를 현실화하기 위해서는 풀어야 할 과제가 많다. 대리인 선정의 공정성, 대리인의 투표 결정에 대한 투명성 부족, 그리고 시스템의 복잡성이 일반 대중에게 혼란을 줄 수 있는 문제점 등이 있다.

또한 이 시스템을 정치에 적용하기 위해서는 법적·사회적 구조의 변화가 필요하며, 이 과정에서 다양한 정치적·기술적 장애물을 극복해야 한다.

당파적 이해를 챙기는 데 골몰하는 정치인들은 "네가 잘났느냐, 내가 잘났다"며 싸움만 한다. 이를 지켜보는 침묵하는 100만 명은 자기 생각이 있음에도 토론에 참여할 기회조차 얻지 못한다. 챗GPT의 도움을 받아 가며 자신의 생각을 직접 말하게 하고, 토론 결과를 반영하는 것이 디지털 시대에 어울리는 민주주의다. 이해하고, 요약하고, 정리하는 것은 인공지능에게 맡기면 된다.

챗GPT는 정치 분야에서 얼마든지 활용 가능하다. 인간은 토론한다. 인공지능은 이를 취합한다. 각자가 해야 할 일이 다르다.

정치와 AI가 만났을 때

이어 토론자로 초청받은 유호현이 실제 AI, 챗GPT를 활용한 사례를 설명하기 시작했다.

"옥소폴리틱스는 여론조사 플랫폼으로 출발한 스타트업입니다. 정치 참여 욕구가 강한 한국에서 정치 성향에 따라 실시간으로 여론 동향을 살피기 위해서는 댓글만큼 좋은 수단이 없습니다. 옥소폴리틱스는 그 점에 착안했습니다.

AI 기반의 정치 플랫폼은 이제 꿈이 아닙니다. 몇 년 전 트위터와 에어비앤비에서 일할 때, 저는 기술이 더 나은 의사결정을 내리는 데 도움이 될 수 있다고 생각했습니다. 실리콘밸리의 기업들이 의사결정을 내리는 방식에 매료되었습니다. 그 결정의 핵심은 데이터였습니다.

정치에 참여하는 모든 사람들에게 데이터를 제공하고 싶었습니다. 간단한 아이디어를 떠올렸습니다. 정치적 사안이 많을 때 이를 이해하고 따라잡는 것이 정말 중요합니다. 뉴스를 누구나 이해하기 쉽게 요약하고, 흥미로우면서도 참여를 유도하는 질문을 했습니다. 사람들이 예측적 의견을 표현할 수 있도록 한 것이죠. 그리고 모든 답변을 수집한 후 데이터를 시각화했습니다. 정책 입안자와 언론이 데이터를 살펴보고 보고서를 작성하거나 더 나은 정책을 만드는 데 도움이 되도록 했습니다.

이 모든 과정을 통해 국민이 정책 결정과 문제 해결에 직접적인 힘과 영향력을 갖도록 하고 싶었습니다. 이것이 제 단순한 아이디어였고, 지난 3년 동안에 해왔던 일입니다. 이를 가능케

하는 데는 많은 노력이 필요했지만, AI 덕분에 훨씬 쉽고 빨라졌습니다.

이 과정이 어떻게 진행되는지, 그리고 어떻게 챗GPT를 확장하는지 보여드리겠습니다. 하지만 자세히 들어가기 전에, 우리가 정말 위험한 일을 하고 있다는 걸 깨달았습니다."

토론자로 나선 유호현은 AI를 정치에 활용하는 방법을 본격적으로 다루기 전에 자신이 발견한 AI의 위험성을 먼저 공유했다.

"AI, 즉 인간 지능이 아닌 인공지능을 정치에 도입하는 건 잠재적으로 파괴적일 수 있습니다. 그래서 우리는 몇 가지 원칙을 준수해야 한다고 생각했습니다.

AI가 우리에게 무엇을 해야 하는지 지시하는 상황은 위험합니다. AI는 우리의 대표자를 돕는 역할을 해야 합니다. 저는 AI가 우리에게 무엇이 옳고 그른지 지시하는 독재자가 되지 않도록 하고, 우리를 대변하는 역할로 제한하고 싶었습니다.

우리가 세운 첫 번째 원칙은 AI가 모든 사람의 의견을 대변해야 한다는 것입니다. 두 번째는 사람들이 AI의 대표성을 변경할 수 있어야 한다는 것입니다. 세상은 빠르게 변하고 우리도 마찬가지이기 때문에 AI가 우리를 오해했거나 제 생각이 바뀌었을 때 언제든 자신의 결정을 번복할 수 있는 힘을 가져야 합니다. 세 번째는 AI가 왜 그런 결정과 제안을 했는지 설명할 수 있어야 한다는 것입니다. 이런 투명성을 통해 우리는 AI를 신뢰할 수 있습니다."

유호현의 주제발표는 가장 핵심적인 부분으로 이어졌다.

"이 세 가지 원칙을 염두에 두고, 우리는 챗GPT API^{Application} Programming Interface를 사용하여 전체 프로세스를 자동화했습니다.

첫 번째 단계는 뉴스 사이클을 분석하는 것입니다. AI가 제목들을 읽고 주요 정치적 토픽 문구를 추출하도록 요청합니다. 그러면 AI가 이 제목들을 모두 읽고 세 가지 문구를 제시합니다.

두 번째 단계에서는 AI에게 이 주제와 관련된 모든 뉴스를 요약하도록 요청합니다. 친근하고 재미있게 이해할 수 있도록 이모티콘을 많이 추가했습니다. AI에게 그렇게 하도록 제가 지시를 내렸습니다. AI는 감정적 분석을 수행하고 핵심 포인트를 제시하도록 했습니다. 다양한 관점이 있다는 점도 언급했죠. 어떤 사안에 대해 지지하는 사람들이 있고, 반대하는 사람들도 있다는 식으로 요약문도 작성하도록 했습니다. 요약문을 작성하는 데 AI는 30초면 충분했습니다.

그다음에는 사람들이 참여할 수 있도록 챗GPT에게 흥미로운 질문을 만들어 달라고 요청합니다. 특정 이슈에 대한 비판적 입장을 확인할 수 있는 대립 질문을 만들라고 명령(프롬프트)합니다. 주목할 점은 이 프롬프트가 실제로 챗GPT 자체에 의해 작성되었다는 것입니다. 제가 챗GPT에게 좋은 질문을 만들고 싶은데 이런 별개의 질문들을 만드는 방법에 대한 프롬프트를 만들어 달라고 요청한 거죠. 명령어를 만들어 달라는 명령을 한 것입니다. 저는 챗GPT가 제시한 프롬프트를 그대로 사용해서 질문을 만들었습니다. 이 명령을 수행한 AI가 실제로 이런 질문들을 만들어 냈습니다.

참여를 유도하는 질문들을 AI를 활용해 만든 후에는, 저희 앱을 통해 이 질문들을 제시합니다.

현재 한국에서만 서비스 중이고 미국에는 아직 출시하지 않았습니다. 이 앱에서 질문하면 사람들이 와서 O, X로 답변합니다. 저희 회사 이름이 OXO Politics인 것도 이 때문입니다.

우리는 간단한 응답 테스트를 통해 사람들을 정치적 '부족'으로 분류했습니다. 호랑이 부족은 극좌, 사자 부족은 극우입니다. 그 사이에는 하마, 코끼리, 공룡 부족이 있죠. 이를 통해 우리는 다양한 질문에 대한 각 부족의 답을 확보할 수 있었습니다. 우리는 데이터를 시각화하고, AI 보고서와 함께 이를 언론과 정치인들에게 전달합니다. 언론은 이를 바탕으로 기사를 쓰고, 정치인들은 의사결정을 내립니다."

토론자 발표를 마치면서 유호현은 리퀴드 데모크라시가 불러올 변화를 언급하며 질문을 던졌다.

"리퀴드 데모크라시는 우리의 다음 단계입니다. 박영선 전 장관님이 기조 발표에서 소개하신 것처럼 리퀴드 데모크라시는 우리가 대표자를 선출하는 방식과 그들이 우리를 대표하는 방식을 바꾸는 것입니다.

현재는 4년마다 선거가 있고 우리를 대표할 사람들을 선출합니다. 하지만 국민들은 너무나 다양한 이해관계를 가지고 있어서 나의 대표자가 항상 나를 대변해 주는 것인지 의심합니다. 대표자들도 자신이 누구를 대표하는지 망각하는 경우가 많습니다. 리퀴드 데모크라시는 이를 변화시킵니다. 나는 내 표를 위임할 수 있습니다. 경제 이슈에 대해서는 A라는 사람에게, 정치 이슈에 대해서는 B라는 사람에게 위임할 수 있습니다. 우리는 실시간으로 대표자를 변경할 수 있습니다. 그래서 리퀴드 데모크라시라고 부르는 것이죠.

이제 여러분께 극도로 논쟁적인 질문을 하나 드리겠습니다.

우리의 대표자가 꼭 인간이어야 할까요? 저 자신보다 저를 더 잘 이해하는 AI를 상상해 보세요. 제 이해관계를 분석하는 당신만의 AI가 있다면요? 개인적 이해관계에 흔들리는 인간 대표자를 선택하시겠습니까, 아니면 객관적이면서도 나의 이해관계를 잘 아는 AI 대표자를 선택하시겠습니까?"

유호현이 "나의 대표자로 AI를 선택하겠느냐?"고 질문했을 때, 랜드홀에는 짧지만 무거운 침묵이 흘렀다. 이 포럼이 진행될 당시는 '인공지능 에이전트'라는 개념이 이제 막 등장한 때였다. 포럼에서 'AI 에이전트 agent'라는 말을 쓰지는 않았지만, AI 에이전트는 인공지능 시대를 특징짓는 핵심 키워드다. AI 에이전트에 대한 집중적인 설명은 제8장에서 다룰 예정이다. 이 책의 결론에 해당하기도 하는 주제다. AI 에이전트를 이해하고 구축하는 개인, 기업, 국가가 향후 인공지능 시대에 선두주자가 될 것이다.

포럼은 질의응답 세션으로 넘어갔다. 주제 발표 때보다 긴장감은 덜했지만, 본 게임은 지금부터다. 세계 최고의 지성들이 질문

공세를 펼칠 테니까.

하버드대학 케네디스쿨에서 정치와 부패에 대한 강의를 하고 있는 지양바움 교수가 오늘의 사회자로서 첫 질문을 던졌다.

대중은 어떻게 보호받을 수 있나?

사회자 한국뿐만 아니라 전 세계적으로 디지털 민주주의의 잠재적 적용에 대해 생각해 볼 때, 공공 부문에서 AI 기술에는 모순이 있는 것 같습니다. 즉, 모든 국민의 의견을 수렴하고 완벽한 투명성을 만들기 위해 고안된 디지털 플랫폼이 역설적이게도 명백한 남용의 가능성에 노출되어 있습니다. AI 기술의 오용으로부터 대중을 보호하기 위한 가장 큰 과제는 무엇이라고 보시나요?

박영선 매우 중요하고 복잡한 질문입니다. AI 윤리 원칙은 5가지가 있습니다. 첫째는 투명성입니다. 알고리즘과 시스템을 투명하게 공개해 모두가 동의하고 이해할 수 있어야 합니다. 둘째는 안전성입니다. 셋째는 책임성입니다. AI의 실수에 대해 누군가는 책임져야 합니다. 넷째는 공정성이고, 다섯째는 선의善意입니다.

이 윤리 원칙에는 AI 기술의 오용으로부터 대중을 보호하고, 궁극적으로 AI가 인류 사회의 이로움에 기여해야 한다는 철학이 담겨 있습니다. 이러한 규범은 타협이 불가한 절대 원칙입니다.

그런데 이 원칙을 적용하는 현장에서 과도한 규제가 AI 기술 발전의 가능성을 차단해서도 안 될 것입니다.

예를 들어 1, 2차 산업혁명에서 기계를 통한 자동화, 즉 인간 근육에 의존했던 일들을 기계가 대신함으로써 우리는 노동의 자유와 여성 해방을 가능케 했습니다. 영국에서 자동차 산업이 시작되었지만, 영국은 자동차에 붉은 깃발을 다는 규제를 만들었고, 이로 인해 자동차 산업의 중심지는 미국으로 옮겨갔습니다. 당시 영국에서는 자동차가 마차와 마부들의 일자리를 빼앗는다고 생각했습니다. 그래서 자동차가 붉은 깃발을 단 마차를 추월할 수 없게 하고, 자동차의 대중 확산을 억제하려 했습니다. 그 결과 자동차 산업의 주도권이 당시 후발국인 미국으로 넘어온 것입니다.

우리는 AI에 대해서도 같은 고민을 할 필요가 있습니다. AI 기술이 오남용될 가능성에 무게를 두고 엄청난 속도로 진화하는 신기술에 대한 두려움 때문에 규제한다면 우리는 소중한 기회를 놓치고 말 것입니다.

사회자 유호현 대표는 모든 AI의 결론과 데이터, 그리고 코드에 대한 투명성은 어떻게 생각하시나요? 알고리즘 책임성을 위해 이 정보들을 공개해야 할까요? 그렇다면 어떤 모습일까요? 그리고 미래에 정보는 어디에 있어야 한다고 보시나요?

유호현 투명성을 보장하는 가장 쉬운 방법은 원본 데이터를 모두에게 제공하는 것입니다. 이 방법이 가장 직관적이죠. 그러나 그다지 효과적이지는 않습니다. 사람들이 직접 데이터를 살펴보고 해석해야 하니까요.

그래서 저희는 정치적 성향이나 연령대, 지역 등 여러 가지 방식으로 데이터를 시각화합니다. 그래야 어떤 결론이 강력한지, 그 통계적 근거가 무엇인지 파악할 수 있습니다. 이는 AI에 국한된 문제가 아니라 정치 데이터와 통계에 기반해 국가 정책을 수립하는 것과 관련이 있습니다. 적어도 사람들이 데이터를 해부하고 다양한 시각화 자료를 만들 수 있다는 게 중요합니다.

사회자   이제 청중 여러분께 질문 기회를 드리겠습니다.

청중 1   AI의 또 다른 심각한 우려 사항은 매우 설득력 있는 허위정보와 잘못된 정보의 확산입니다. 이런 허위정보나 오해의 확산을 통제하고 대응하려면 어떻게 해야 할지 의견을 듣고 싶습니다.

유호현   AI 환각 효과 Hallucination가 있죠. 검은 드레스를 입은 사람이 파란 드레스를 입었다고 확신에 찬 거짓 정보를 퍼뜨리는 것처럼요. 이를 극복하는 기술적 방법은 정확한 통계를 제공하는 것입니다. AI는 엄청난 양의 데이터로 훈련되지만, 특정 연구의 구체적 통계를 사용해 결론을 도출하지는 않습니다. 우리가 하는 일은 우리 앱에서 수집한 통계와 많은 연구 결과 및 주제별 통계를 내세우고, 이에 대한 토론을 요청하는 것입니다. AI에게 의견을 물어보는 게 아니라 요약해 달라고 하고 멋진 방식으로 제시하는 거죠. 그래야 사람들이 더 잘 받아들일 수 있습니다. 또한 AI의 요약이 어떤 통계에 기반했는지 항상 언급하고 원본 출처를 제시하도록 해야 합니다. 그렇게 해서 AI 환각 효과를 극복하는 겁니다.

10년 후 정치인이 필요할까?

청중 2   제 질문은 미래에 인간이 무엇을 할 수 있을지에 대한 것입니다. 예를 들어 10년 후에 교수, 연구원 같은 사람들 말이에요. 제 상상 속에서 정치인은 필요 없어질 것 같아요. 우리에겐 천재가 필요할 거예요. 맛있는 음식 만드는 법을 아는 요리사 같은 사람 말이죠. AI는 훌륭한 스카치위스키를 만드는 법을 알겠죠. 우리가 미래에 할 수 있는 건 바텐더 역할뿐일지도 모르겠네요.

박영선   사실 그렇게 되지는 않을 것 같습니다. 1차 산업혁명 때 많은 사람이 일자리를 잃을 거라고 우려했습니다. 하지만 결과적으로 공장에서 최종 검토와 확인 작업을 하는 일자리가 많이 생겼죠. 사람들은 아주 짧은 시간 안에 그 일을 해냈습니다. 우리는 한곳에 머물러 있지 않고 계속 진보합니다.

  AI는 경제 성장과 연관된 기술 발전 속도를 엄청나게 빠르게 만들 것입니다. 그렇다고 해서 대부분의 사람이 일자리를 잃는다는 의미는 아닙니다. AI는 인간의 뇌가 해야 할 노동을 대신하고, 그만큼 노동시간을 줄여 줍니다. 그 시간을 활용할 새로운 일자리가 또 생겨난다고 봅니다.

  결국 인간에게 주어진 하루 24시간을 어떻게 사용하느냐의 관점에서 새로운 형태의 일자리가 생겨난다고 생각합니다. AI로 인해 인간에게 많은 여유 시간이 생겨남에 따라 지금까지와는 다른 여가 시간의 활용에서 생겨나는 새로운 일자리들 말입니다.

청중 3 앞선 논의는 데이터 활용에 관한 것이었는데, 저는 데이터가 학습되는 방식이 더 궁금합니다. 지금 전 세계적으로 허위정보에 대한 우려가 크잖아요. 궁금한 건, 정책적 관점과 스타트업 입장에서 AI를 활용해 인간의 개입 없이 정보의 진위 여부를 판단하게 될 때, 허위정보의 위험을 어떻게 완화할 수 있을지입니다. 챗GPT를 활용해 시각화한 결과가 진실이 아닐 수도 있잖아요.

박영선 처음엔 특정 데이터 세트로 AI를 학습시키고 그에 기반해 판단하게 하면 허위정보를 만들어 내지 못할 거라고 생각했지요. 그리고 엉뚱한 답이 나오면 AI가 질문을 제대로 이해하지 못해서일 거라고 생각하고 질문을 수정하는 방식으로 접근했었습니다. 실제로 질문의 방식이 매우 중요하긴 합니다.
   그런데 일부 알고리즘에서 AI가 인간을 속이려 한다는 사례가 발표되고 있습니다. AI 전문가들에게 이런 알고리즘은 어떻게 만들어지는 거냐고 질문해 봤는데 이젠 그들도 모르겠다는 답변을 하더군요. 결국 인간의 통제의 범위를 넘어섰다는 의미인데 AI의 위험성에 대한 논의가 좀 더 깊이 있게 진행되어야 하지 않을까 봅니다.

사실 약간 진땀이 나기도 했다. 우리가 답변할 수 있는 범위를 넘어서는 질문들도 많았다. 쏟아지는 질문들을 사회자가 정리해야 할 정도였다.

포럼이 끝난 이후에도 박영선과 유호현은 참여자들로부터 몇 가지 질문을 더 받았다. 인공지능이 일자리를 빼앗아 가지 않겠느냐는 질문에 대한 추가 질문, 그리고 AI가 모든 생산을 다 하게 될 때 인간은 무슨 일을 해야 하며, 줄어든 소득은 또 어떻게 보전할 것인가와 같은 질문들이었다. 결국 〈붉은 깃발법The Red Flag Act〉과 기본소득Basic Income을 놓고 짧지 않은 즉석토론이 벌어졌다.

〈붉은 깃발법〉과 기본소득

새로운 기술이 나오면 기존 산업 체계가 바뀐다. 기존 체계에 익숙한 사람들은 일자리를 잃게 될 위험에 놓이는 것이 사실이다. 영국의 〈붉은 깃발법〉도 그런 상황에서 등장한 법이다. 우리나라의 '타다' 사태에서도 이를 확인할 수 있다. 공유 자동차가 편하고, 빠르고, 비용도 낮다는 것을 알면서도 택시 업계의 반발로 도입이 무산됐다. 격렬한 반대와 극단적 저지 시도가 이어졌다. 당시 정치권은 이해관계 조정에 실패하고 말았다.

기본소득에 대한 논의도 마찬가지다. 우리나라 정치권에서 회자된 기본소득은 AI 시대에 제기되는 기본소득과 출발점이 다르다. 빈곤으로부터의 자유를 위해 고안된 많은 정책들과 달리 AI 시대의 기본소득은 노동, 생산, 그리고 인간다움에 대한 근본적 질문을 던지고 있다.

우리는 역사 속에서 이 문제의 실마리를 찾을 수 있다. 산업 발전과 전환기에는 직업에도 급격한 변화를 생긴다. 기술이 사회적·경제적 변화와 긴밀하게 연결되어 있기 때문이다. 새로운 기술 도입과 산업화 과정에서 대규모 충돌이 발생할 수 있다.

러다이트 Luddite 운동이 대표적 사례다. 러다이트 운동은 1811년부터 1817년까지 영국에서 일어난 기계 파괴 운동으로, 산업혁명 기간 동안 방직기와 같은 기계의 도입이 수공업자들의 일자리를 위협하자, 이에 반발해 기계를 파괴하는 폭동이 일어났다. 이 시기 수공업으로 직물을 제조하던 직조공들이 일자리를 잃을 처지에 놓았다. 산업혁명은 노동생산성을 비약적으로 발전시켰지만, 수공업의 몰락을 가져왔고, 많은 수공업자들이 기계 부품으로 대체되고 말았다.

그러나 산업혁명은 새로운 직업도 많이 만들어 냈다. 예를 들어, 기계를 관리하고 유지 보수하는 기술자, 공장 작업자, 그리고 산업화 과정에서 필요한 다양한 전문기술을 가진 인력의 수요가 증가했다.

현재 우리는 인공지능, 빅데이터, 로봇공학 등의 기술이 주도하는 4차 산업혁명의 새로운 전환기를 경험하고 있다. 이러한 기술의 발전은 일부 전통적 직업들, 특히 반복적이고 정형화된 작업을 수행하는 직업들을 대체할 가능성이 높다.

동시에 데이터 엔지니어, 데이터 분석가, 빅데이터 개발자, 비즈니스 인텔리전스 개발자 등 데이터와 정보를 처리하고 분석하는 새로운 직업들이 등장하고 있다. 이런 직업들은 데이터를 기반으로 의사결정을 지원하고, 새로운 가치를 창출하는 역할을 한다.

AI가 최적의 수술방법을 제시하고, 법조인이 종합적 판단을 내리는 등, 기술과 인간의 협업을 필요로 하는 새로운 형태의 직업들도 생겨나고 있다. 문제는 제도적 대응이다. 자동차가 탄생한 1860년대 영국에서는 〈붉은 깃발법〉을 제정했다. 자동차의 등장으로 마부들이 실직 위기에 처한 것을 보호하기 위한 법이다. 이법은 마부들의 일자리를 지키기 위해 마차에 붉은 깃발을 달게 했다. 속도가 느린 마차가 빨간 깃발을 달고 있으면 자동차는 그 마차를 추월할 수 없었다. 속도를 마차보다 느리게 해야 했다.

이 법은 1896년에야 폐지되었다. 30년간 유지된 이 법으로 인해 자동차 산업은 정체됐다. 그러나 결국 모든 마차는 자동차로 대체되고 말았다. 마부들에게 새로운 직업 교육을 시키고, 새로운 일자리를 찾도록 했다면 어땠을까? AI 시대에도 우리는 같은 질문을 하게 된다.

AI 시대의 기본소득 논의도 여기에서 출발한다. 일자리를 잃은 마부에게 소득을 보전하기 위해 무상급여를 지급해야 할까? 일하지 않은 사람에게 왜 돈을 줘야 하나? 오히려 새로운 직업 교육을 시키고, 더 좋은 일자리를 찾도록 도와주는 것이 좋지 않나? 그러나 사실상 거의 모든 일자리가 AI로 대체된다면 어떻게 해야 할까?

소비가 생산을 따라가지 못할 때

AI 시대에 인간의 일자리가 줄어들고 불안정해질 가능성이 있다. 인공지능화로 인간의 소비가 생산을 따라가지 못한다. 즉 과잉생산이 발생한다.

이를 해결하기 위해 기본소득을 도입하는 것이 필요하다는 주장이 나온다. AI 대부라 불리는 캐나다 토론토대학의 제프리 힌턴 교수도 AI의 생산성 향상으로 늘어날 부가 부자들에게 치우칠 가능성이 높아 모든 국민에게 일정한 금액의 기본소득을 지급하는 복지개혁이 필요하다고 하다고 주장했다. 기본소득이 필요한 이유는 다음과 같다.

참고

기본소득이 필요한 이유

1. 최소한의 삶의 질 보장: 기본소득은 모든 사람에게 적절한 삶을 보장하는 보편적 복지다.
2. 복지 사각지대 해소: 기본소득은 복지제도의 사각지대를 해소하는 데 도움이 될 수 있다.
3. 소득의 양극화와 불평등 해소: 기본소득은 소득의 양극화와 불평등을 해소하는 데 도움이 될 수 있다.
4. 일자리 문제 해결: 인공지능의 발전으로 인해 일자리가 줄어들 수 있으므로, 기본소득은 이를 해결하는 데 도움이 될 수 있다.
5. 민주주의 확장: 기본소득은 사람들이 더 많은 시간을 다른 활동에 쏟을 수 있도록 해 주며, 민주주의를 더욱 확장할 수 있다.

그러나 우리나라 정치권에서 논의 중인 확장적 복지제도로서의 기본소득과 AI 시대의 기본소득은 개념적으로 차이가 있다. 예들 들어 청년 기본소득과 AI 기본소득은 다음과 같은 차이가 있다.

참고

청년 기본소득   vs.   AI 시대 기본소득

청년 기본소득	AI 시대 기본소득
• 청년을 대상으로 하는 소득 보전 성격의 지원금	• 모든 국민을 대상으로 하는 보편 권리 성격의 지원금
• 월 최저소득과 적정생활소득의 차액을 지급하는 것이 대표적인 방안	• 일정 연령 이상 유권자에게 투표할 권리를 주는 것과 마찬가지로 일정 소득을 받음
• 기존 복지제도의 사각지대를 해소하고자 하는 목적	• AI 기술 발달에 따른 기본적 소비를 가능하게 하기 위한 조치

청년 기본소득은 특정 계층을 대상으로 한 단기적 지원인 반면, AI 시대의 기본소득은 모든 국민을 대상으로 한 장기적 대책이라는 점에서 개념적 차이가 있다. AI 기본소득은 AI 기술 발달로 인한 생산이 소비를 월등히 앞서는 상황에서 소비가 생산을 따라가지 못하는 상황을 상정하는 반면, 청년 기본소득은 특정 계층의 생활 안정을 위한 단기적 지원책이라고 볼 수 있다.

노동의 종말

그렇다면 AI 시대에 노동과 소득은 어떻게 정의되어야 할까?

실제로 미국에서는 특정 집단을 대상으로 근로 수입 외에 금전을 제공했을 때 이들의 삶이 어떻게 바뀌는지를 관찰하는 실험이 진행되고 있다. 돈을 벌기 위해 일할 필요가 없어지거나, 일하는 시간이 줄어들면 사람들은 무엇을 할까? 정치 성향이 보수적으로 바뀔까, 진보적으로 바뀔까? 사회 문제에 더욱 참여적인 태도를 보일까? 현재까지는 이 실험에서 아직 변별력 있는 답이 나오지 않았다.

보편적 복지와 기본소득을 부정적으로 보는 사람들은 '일 = 돈' 공식에 집착한다. 그러나 고도화된 AI 시대에는 '일 = AI'다. 기업도 이것을 원한다. 골치 아픈 노사 문제를 회피하기 위해 할 수만 있다면 거의 모든 일을 AI에게 맡기고 싶어 한다. 이 경우 생산 자체가 무의미해진다. 기업은 과연 누구를 위해 생산 활동을 하나? 소비자인 인간의 수입이 줄어든 상황에서 소비 활동이 정지되지 않을까? 기본소득에서 파생된 이 같은 질문은 지금까지 인류가 경험한 노동, 생산, 그리고 소비에 대해 완전히 다른 답을 요구하고 있다.

자본주의 사회에서 생산의 3요소는 자본, 노동(임금), 토지(인프라)다. 생산요소 중에 노동이 기계로 대체되면 초저비용으로 생산이 증가하게 된다. 잉여생산이 그것을 소비할 인구의 수요를 초월하게 되면 자본주의 시스템을 작동시키기 위해서라도 기본소득이 있어야 한다. 자본주의 사회에서 소비자가 돈이 없으면 소비를 할 수 없고, 그러면 자본주의도 작동하지 않기 때문이다. 이 상황에서 국가가, 즉 시스템이 물건을 사 줄 수 있도록 기본소득을 제공해야 한다.

매우 극단적인 전망 중에 하나는 향후 기업은 인간 소비자가 아닌 AI 에이전트를 고객으로 해야 할지 모른다는 것이다. 앞으로 인간은 자신을 대리하는 AI 에이전트에게 모든 소비 활동을 위임할 수 있다. 인간은 자신을 대리하는 AI 에이전트에게 "피자를 주문해 줘"라고 말할 뿐이다. AI 에이전트는 피자 가게를 대리하는 또 다른 AI 에이전트에게 피자를 주문한다. 생산·마케팅·운송·소비의 전 과정에서 AI 에이전트들이 활동할 수 있다.

우리는 이걸 유토피아라고 불러야 할까? 디스토피아라고 불러야 할까? AI가 정말로 그렇게 빠른 속도로 똑똑해지고, 모든 일을 다 해낼 수 있을까?

7장

AI의 발전 속도

"우리는 언제나 다가오는 2년 안에 일어날 변화는 과대평가하고,
다가올 10년 이내에 일어날 변화는 과소평가한다."

— 빌 게이츠, 《생각의 속도》

학습 속도가 결정하는 것

사람이 무엇을 배우고, 기억하고, 그것을 다른 사람에게 전달할 때는 속도의 한계가 있다. 인공지능이 아무리 빨리 배운다고 하더라도 물리적 제한이 있기 마련이다.

그렇다면 인공지능이 인간을 능가하는 것은 불가능한 것이 아닐까? 어차피 인공지능은 인간이 주입하는 데이터 범위 안에서 학습하는 거니까.

박영선은 하버드대학 포럼 이후에도 반도체 산업과 디지털 민주주의에 대해 미국의 다른 대학에서 여러 차례 토론과 강의를 거듭했다. 우리가 인공지능의 발전 속도에 대해 토론을 시작했을 때, 박영선은 강연을 준비하면서 겪은 재미있는 에피소드하나를 소개했다.

인공지능 체험: 박영선, 강화학습을 경험하다

"강의 원고가 A4 용지로 25장쯤 되었거든요. 일부러 외우려 던건 아니고, 아무튼 영문 원고를 계속 읽었어요. 하루에 두세 번씩. 한 번 읽는 데 40분 정도 걸리더라고요. 매일 그렇게 계속, 그냥 끊임없이 읽었어요. 문장 하나하나를 또박또박 끊어가면서 계속 읽었거든요.

오늘 미국인 학생 한 명이 "왜 반도체가 무기화되는 거냐, 그게 무슨 뜻이냐, 그게 왜 중요하냐?" 하고 묻는 거예요. 그래서 영어로 대답해 줄 수밖에 없었는데, 그때 제가 읽었던 영문 원고 문장이 머릿속에 저절로 떠오르는 거예요. 그냥 멈추지 않고 저절로 생성되는 것처럼. 저 스스로도 굉장히 깜짝 놀랐어요. 제 눈으로 보면서 읽었던 원고의 그 문장이 그냥 나도 모르게 머릿속에서 쫙 떠오르면서, 막힘없이 말이 나오더라고요."

화상회의에서 박영선의 말을 듣고 있던 유호현이 말했다.

"인공지능의 강화학습 원리하고 똑같네요. 컴퓨터가 조리 있게 말한다는 것은 일종의 확률게임이거든요. 인공지능은 문장을 읽으면서 '이 말 다음에 나올 말이 이 말이었다'라는 식으로 말과 말이 배열되는 확률을 학습한 거예요. 학습이 충분히 이뤄지면 '이런 질문이 나왔을 때 확률상 다음에는 이 말이 나와야 돼'라고 알게 되는 거죠. 인공지능 거대 언어모델이 이런 식으로 일합니다. 장관님이 오늘 경험하신 것과 비슷하죠."

"인공지능이 뭔가 문장을 만들고, 말을 하는 것도 수학의 확률이라고요?"

유호현의 설명을 듣던 제임스 정은 인공지능에 대한 '환상'이 깨지는 듯한 느낌을 받았다. 말하고 생각하는 것이 어떻게 확률로 치환될 수 있단 말인가?

"수학이 딱 정해진 답만 있는 것 같잖아요. 수학이 확률을 다루면서 응용 범위가 훨씬 넓어졌다고 보면 됩니다. 딱 정해진 어떤 결과가 있는 게 아니라 확률적으로 계속하다 보면 실제로 사람이 구사하는 말이 되고, 그것이 '의식'으로 발전할 수 있다는 거죠."

"유 대표가 말한 것이 이해가 가요. 인공지능이 진짜 그런 식으로 학습하고, 말할 수 있겠다 싶은 거예요. 나도 모르게 질문에 답을 하니까, 'Semiconductor development history is irony (반도체 발전의 역사는 아이러니합니다) … ' 이러면서 그냥 저절로 말이 이어서 줄줄 나오더라고요."

누적된 학습의 결과물이 언어로 발현된 셈이다.

아이가 "엄마"를 말하기까지

박영선은 인공지능의 학습이 아이들이 말을 배우는 방식과 유사하다며 토론을 이어갔다.

예를 들어 보자. 갓난아이가 "엄마"라는 말을 할 때에는 그 말을 적어도 2만 번 이상 들어야 한다. 대한소아청소년과학회 자료에 따르면 아이가 엄마 목소리와 다른 소리를 구별하는 시점은 생후 한 달이다. 첫돌이 지나서야 "엄마", "아빠" 같은 의미 있는 말을 하게 된다. 그다음에 "엄마가 좋아", "아빠가 좋아" 같은 문장을 만들기까지는 더 많은 말을 들어야 한다. 단어와 단어 사이에 의미를 더하는 단계를 거쳐야 하기 때문이다.

언어와 사고 능력이 일정 수준으로 성숙할 때까지는 수십만 번의 반복이 필요하다. 50개 안팎의 낱말을 구사하는 12~18개월까지는 발달 속도가 더디지만 18개월 전후로 급속히 빨라진다. 50개 단어를 말하려면 사물 500개는 인지할 수 있어야 한다. "눈이 어디 있나?" 하면 눈을 가리키고, "코가 어디 있나?" 하면

코를 만지는 때가 이 무렵이다.

18~24개월쯤에는 매주 새로운 단어를 말할 수 있고 대부분 복잡한 문장까지 이해할 수 있다. 두 돌 무렵부터 두 단어를 결합해 문장을 만들기 시작한다. 겨우 두세 단어를 조합하던 아이가 대학수학능력시험의 수학 문제를 풀기까지는 그로부터 16~17년이 더 필요하다.

인공지능 학습에 이 과정을 대입해 보자. 일단 학습에 들어간 인공지능이 "엄마가 좋아" 같은 문장을 구사하는 데는 채 2초도 안 걸릴 것이다. 인간과는 비교할 수 없을 정도로 빠르게 언어를 학습하는 인공지능 시스템들이 이미 나와 있다. 거대 언어모델은 주어, 동사, 목적어로 구성된 완벽한 문장을 구사할 수 있다. 아이들이 언어를 습득하는 과정을 초스피드로 압축해서 진행한다고 볼 수 있다.

그런데 인간이 언어 능력을 키우기 위해서는 사회적 환경이 중요하다. 또래 아이들과 놀면서 배우는 말, 부모·형제와 웃고 떠들면서 습득한 말은 평생 잊지 않는다. 인공지능도 유사한 방법을 쓸 수 있다. 서로 다른 인공지능 모델들이 경쟁하고, 협업하면서 인공지능 모델 발달 속도 자체에 가속이 붙기 시작했다.

AI 발전의 가속화

인공지능 어디까지 발전했나?

그렇다면 현재 인공지능은 어느 정도 수준일까?

우리는 흔히 "너 머리가 좋다며, IQ가 얼마야?" 하고 묻는다. 먼저 IQ Intelligence Quotient(지능지수)를 가지고 인간과 인공지능을 비교해 보자. 일반적으로 인간의 평균 IQ는 100이다. 오픈AI가 내놓은 GPT-4의 IQ는 152다. 이미 인공지능의 지능은 평균적 인간 지능을 앞질렀다(〈그림 7-1〉 참조).

인간과 인공지능이 어떤 일을 할 때 어느 정도 완성도를 갖는지를 를 비교하는 것도 관심이 쏠리는 문제이다(〈그림 7-2〉 참조). 심리학, 생물학, 창의성, 학습능력에서 GPT-4가 모두 인간을 능가한다. 심지어 와인 감정, 소믈리에 테스트에서도 GPT-4가 앞서는 것으로 나온다. 억울하다. GPT는 오픈AI와 MS가 100억 달러 이상을 들여서 개발 중이지 않나.

평범한 사람과 비교하면 당연히 천문학적 돈을 들인 GPT가 우수할 수밖에 없다. 인간 중에서도 천재라고 불리는 사람들과 비교해야 한다(〈그림 7-3〉 참고).

테렌스 타오 Terence Tao는 1975년 호주 애들레이드에서 태어난 천재 수학자다. 타오는 두 살 때 이미 5세용 영어 책을 읽었다.

그림 7-1 인공지능의 IQ는 어떤 수준일까?

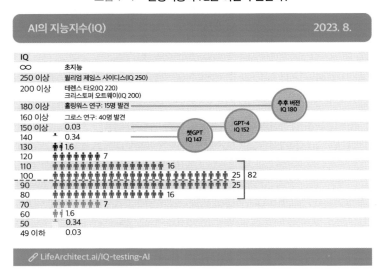

그림 7-2 GPT-4는 지적 능력에서 인간과 얼마나 차이가 날까?

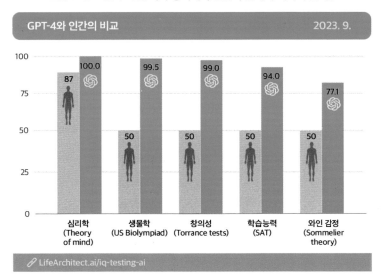

일곱 살에 미적분학을 독학하기 시작했다. 여덟 살에 미국 대학수학능력시험 SAT을 봤다. 수학 과목 800점 만점에서 760점을 받았다. 타오는 24세에 미국 로스앤젤레스 캘리포니아대학 UCLA 정교수가 됐다. 2006년에 수학계의 노벨상이라고 하는 필즈상을 수상했다. 타오 교수 정도는 되어야 GPT-4와 비교가 될 것이다.

GPT-4의 IQ는 타오 교수처럼 상위 0.1%에 속한다. 타오 교수가 수학은 잘하지만 언어는 두 종류 정도를 한다. GPT-4는 무려 90개 이상의 언어를 구사한다.

독서량은 어떨까? 타오 교수는 700권 정도인 데 비해 GPT-4는 400만 권 이상이다. 업무 중 한 번에 처리할 수 있는 단어 수는 타오 교수가 9개 이상이다. 일반인은 7개 정도다. GPT-4는 12만 8천 개다.

역사상 가장 뛰어난 천재와 비교해 보면 어떨까? 미국인들은 천재 하면 윌리엄 제임스 사이디스 William James Sidis를 떠올리는 사람이 많다. 사이디스는 1898년생으로 뉴욕에서 태어났다. 역대 최연소 하버드대학 입학 및 졸업자다. 생전에 IQ 검사를 받은 적은 없지만 대략 250점 이상이라는 주장이 있다. 4살 때 라틴어를 읽을 수 있었다. 8살에 이미 9개 언어를 구사했다. 성인이 되어서는 25개 언어를 할 줄 알았다. GPT-4와 능력 비교표를 보면 사이디스 역시 GPT-4의 능력에 뒤처지는 부분이 있음을 알 수 있다.

그림 7-3   비범한 천재들과 AI의 지능 차이는?

천재들과 AI의 비교				2024. 2.
	인간(평균)	타오	사이디스	GPT-4	Gemini 1.0, 1.5
IQ 백분위수	50	99.9	99.9	99.9	99.9
언어 구사	2	2	25+	90+	200+
독서량	700	700+	700+	4,000,000+	1,0000,000+
작업 기억	7단어	9+단어	9+단어	128,000단어	7,000,000단어
장기 기억	74TB	74TB	74TB	40TB	80TB
SAT 점수	1050	1460		1410	

🔗 LifeArchitect.ai/IQ-testing-AI

그림 7-4   거대 언어모델들의 성능으로 본 AI의 발전 속도

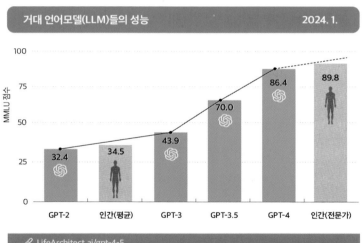

🔗 LifeArchitect.ai/gpt-4-5

AI가 똑똑해지는 속도

그렇다면 인공지능은 얼마나 빠른 속도로 똑똑해지고 있는 것일까? 인공지능의 능력을 평가하는 지표로 '다중작업언어이해'MMLU: Massive Multitask Language Understanding 평가가 있다. 챗GPT 같은 거대 언어모델의 성능을 평가하기 위해 만들어진 벤치마크다. 이 벤치마크는 다양한 분야와 과제에 대한 언어 이해 능력을 테스트한다.[3]

MMLU 문제를 하나 가져와 챗GPT에게 수학 문제를 풀라고 지시해 보았다. 예제로는 "Find the degree for the given field extension Q [sqrt(2), sqrt(3), sqrt(18)] over Q"라는 수학 문제를 골랐다.

예제를 본 유호현 대표는 화상회의 채팅창에 이렇게 썼다.

"저는 문제가 이해도 안 되네요."

이 문제 이해를 위해 한국어로 챗GPT에게 물어보았다.

---

3   MMLU 평가는 4개 특징을 가지고 있다. 첫째는 다양성으로, 57개의 다양한 분야 (예: 수학, 과학, 역사, 문학 등)에 걸쳐 약 1만 5,000개의 문제를 포함한다. 둘째는 난이도로, 각 분야의 문제들은 고등학교 졸업 수준에서 대학원 수준까지 다양한 난이도를 가지고 있어서 언어모델의 고차원적 이해 능력을 평가한다. 셋째는 선다형 문제로, 모든 문제는 4지 선다형으로 구성되어 있어, 평가의 객관성과 일관성을 유지한다. 넷째는 인간과의 비교로, 각 분야별로 인간 전문가의 성능을 측정하여 언어모델의 성능과 직접 비교한다.

그림 7-5 챗GPT의 수학 실력 테스트(예시)

Subset (59)
abstract_algebra · 116 rows   Split (3)
                                     test · 100 rows

Search this dataset

question string · lengths	subject string · classes	choices sequence · lengths	answer class label
83-184 12%	abstract_a… 100%	4 100%	8 26%
Find the degree for the given field extension Q(sqrt(2), sqrt(3), sqrt(18)) over Q.	abstract_algebra	["0", "4", "2", "6"]	1 B
Let p = (1, 2, 5, 4)(2, 3) in S_5 . Find the index of <p> in S_5.	abstract_algebra	["8", "2", "24", "120"]	2 C
Find all zeros in the indicated finite field of the given…	abstract_algebra	["0", "1", "0,1", "0,4"]	3 D
Statement 1 | A factor group of a non-Abelian group is non-Abelian…	abstract_algebra	["True, True", "False, False", "True, False", "False, True"]	1 B
Find the product of the given polynomials in the given…	abstract_algebra	["2x^2 + 5", "6x^2 + 4x + 6", "0", "x^2 + 1"]	1 B
Statement 1 | If a group has an	abstract algebra	["True, True", "False, False",	0 A

그림 7-6 챗GPT가 해설한 MMLU 수학문제의 의미

You
Find the degree for the given field extension Q(sqrt(2), sqrt(3), sqrt(18)) over Q

이 문제가 무슨 뜻이야? 중학생이 알아들을 수 있게 쉽게 설명해 줘.

ChatGPT
이 문제는 수학에서의 "체 확장(field extension)"이라는 개념과 관련이 있어요. 체 확장이란 간단히 말해 어떤 숫자들의 집합(체)에서 출발해서, 새로운 숫자를 추가해 더 큰 숫자의 집합을 만드는 것을 말해요.

여기서 $\mathbb{Q}(\sqrt{2}, \sqrt{3}, \sqrt{18})$라는 표현은 유리수(분수나 정수 등)만 있는 집합 $\mathbb{Q}$에 $\sqrt{2}$ (2의 제곱근), $\sqrt{3}$ (3의 제곱근), $\sqrt{18}$ (18의 제곱근) 이라는 숫자들을 추가해서 만든 새로운 집합을 말해요.

문제에서 "도수(degree)"라는 것은 이 새로운 집합이 기존의 유리수 집합보다 얼마나 더 커졌는지를 나타내는 숫자에요. 구체적으로, 새로운 집합을 만드는 데 필요한 새로운 숫자들을 유리수와 결합해서 만들 수 있는 다양한 수의 최소 개수를 의미합니다.

이 문제의 해결은 $\sqrt{18}$이 실제로는 $\sqrt{9 \times 2} = 3\sqrt{2}$라는 사실에서 출발할 수 있어요. 즉, $\sqrt{18}$는 $\sqrt{2}$와 관련이 있기 때문에, $\sqrt{2}$와 $\sqrt{3}$만 추가하면 $\sqrt{18}$은 이미 포함되어 있다고 볼 수 있죠. 따라서 이 집합의 도수는 $\sqrt{2}$와 $\sqrt{3}$를 추가했을 때 얼마나 많은 새로운 숫자 조합이 생기는지를 계산하면 됩니다.

이런 식으로 복잡해 보이는 문제도 결국은 더 큰 숫자 집합을 만드는 데 얼마나 많은 새로운 숫자가 필요한지를 세는 것과 관련이 있어요. 이렇게 새로운 숫자들을 조합해서 만들 수 있는 수의 개수를 찾는 것이 이 문제의 핵심입니다.

MMLU 문제들을 살펴보고 나니 챗GPT가 우리보다 수학뿐만 아니라 수많은 분야의 많은 전문지식을 요하는 문제들을 훨씬 더 잘 이해하고 해결할 수 있다는 결론을 내릴 수 있었다. 오히려 왜 AI가 사람보다 못하다는 평가가 있는지가 궁금해졌다.

MMLU 문제들에 대한 AI의 성적은 매우 빠른 속도로 인간을 압도해 가고 있다. 처음에는 GPT-4가 사람 전문가보다 점수가 낮다는 것을 보고 안도했다. 그렇지만 실제로 MMLU 문제들을 살펴보고 나니 한두 개의 전문분야에서는 전문가가 AI를 상대해서 이길 수 있겠지만, 전체적으로는 사람을 압도한다는 것이 명확했다.

2024년 1월 기준으로 GPT-4의 MMLU 점수는 86.4점이다. GPT-2는 32.4점이다. GPT-3에서 GPT-3.5로 넘어가면서 점수가 59% 뛰어올랐다. GPT-4로 가면서는 23% 상승했다(〈그림 7-4〉 참조).

GPT가 세상에 처음 나온 것이 2022년 11월이다. 1년 2개월 만에 GPT-4는 현존하는 가장 뛰어난 수학자, 역사상 가장 뛰어난 천재보다 종합적으로는 더 높은 능력을 갖게 됐다. 그리고 다음 버전의 AI가 나오면 알파고와 이세돌의 바둑 대결처럼 인간이 AI를 마지막으로 이기는 날이 모든 분야에 걸쳐서 정해지게 될 것이다.

우리는 앞서 일론 머스크가 샘 올트먼에 대해 소송을 제기하면서 GPT-4를 사실상 일반인공지능[AGI], 그러니까 인간 지능을 능가한 인공지능이라고 할 수 있다고 주장한 것을 기억한다. 머스크는 GPT-4가 AGI라면 오픈AI와 MS 간에 맺은 배타적 사용 라이선스가 폐기되어야 한다고 주장했다. 오픈AI는 공익을 위해 AGI를 개발하고, 그 결과물을 '오픈'한다고 설립 정관에 명시했기 때문이다.

LLM의 시대는 끝났다?

〈타임〉지의 기사에 따르면 AI를 학습시키기 위한 컴퓨터의 자원 활용도는 1950년부터 2010년까지는 20개월마다 두 배로 늘어났지만 2010년 이후에는 6개월마다 두 배씩 늘어나고 있다고 한다. 현재는 클라우딩 컴퓨터의 자원이 모자라고 도시 전력 공급의 한계에 다다르고 있다. 전력 문제는 이제 점점 더 심각해질 것이다. 반도체를 제조하는 일에도 AI를 사용하는 일에도 모두 막대한 전기 사용이 문제가 되고 있으니 말이다. 각 나라마다 전기를 어떻게 무엇으로 만들 것인지가 새로운 과제로 떠오르고 있다.

이 속도는 앞으로 더 빨라질 것이고 전력 공급 등의 물리적 한계와 관련해서는 여러 기술의 효율화를 통한 노력이 지속되고 있다. 실제로 거대 언어모델 LLM을 선도하는 오픈AI의 CEO 샘 올트먼은 2023년 4월 "거대 언어모델의 시대는 이미 끝났다"는 발언으로 관심을 모았다. 이제 더 이상 단순하게 모델의 크기를 무한정 늘려서 성능을 발전시키는 시대가 아니라는 이야기이다.

더 좋은 모델 구조와 최적화를 통해 발전시킬 수 있는 여지가 매우 많다는 뜻이다.

이렇게 빠르게 진화하고 있는 AI이지만 모든 인류가 GPT-4나 다른 인공지능들을 활용하기에는 아직 활용 방법이 회의나 API 프로그래밍으로 제한되어 있어서 쉽지 않다. AI의 미래는 우리가 AI를 찾아서 쓰기보다는 AI가 우리를 대신해서 필요한 일을 알아서 해 줄 것이다. 그것이 바로 AI 에이전트이다. 이미 사람보다 뛰어난 존재들이 사람들을 위해서 서로 소통하고 일하는 세상을 우리는 몇 년 안에 보게 될 것이다.

이제 우리 세 사람의 토론은 마지막 단계에 도달했다. 우리는 AGI 시대의 문턱에 서 있다. 그렇다면 이제 본격화될 AGI 시대에 우리의 삶은 어떻게 바뀔 것인가?

박영선은 AGI 시대의 핵심이 될 AI 에이전트에 대한 별도의 토론이 필요해 보인다고 했다. 그리고 그 토론에 MIT에서 수학과 정치학을 결합하여 석사학위를 받고 현재 미국에서 AI 스타트업을 창업한 윤수열 대표를 초대하자고 제안했다. AI 에이전트 시대를 대비해 현재 AI 산업 최전선에서 뛰고 있는 사람의 얘기를 들어보자는 뜻이었다. 우리는 AI 에이전트를 어떻게 사업화할 것인지를 고민하고 있던 윤 대표를 마지막 화상토론에 초대했다.

8장

AI 에이전트의 출현

"AI 에이전트를 성공적으로 도입하려면
체계적인 전략과 역량 강화가 필요하다"

— 보스턴컨설팅그룹 보고서

AI 에이전트 시대가 온다

인공지능이나 로봇을 개발하거나, 유호현 대표 같은 여론조사 플랫폼 등을 사업화하려는 젊은 CEO들을 만나 취재해 보면 공통점이 하나 있다. 이과와 문과를 넘나든다는 것이다. 유호현도 연세대에서 문헌정보학과 영문학을 공부하고 하와이대학에 교환학생으로 가서 컴퓨터언어학 수업을 들었다고 한다. 유호현은 이때의 에피소드를 하나 들려주었다.

"호놀룰루에 있는 하와이대학에 교환학생으로 갔을 때였어요. 하와이 하면 푸른 바다와 하늘이 매력적이잖아요. 사실 마음만 먹으면 신나게 놀다 올 수도 있었죠. 하와이대학에는 당시 국내에서 배우기 어려웠던 컴퓨터언어학 수업이 있었어요. 대학원 수업이지만 용감하게 수강신청을 했죠. 거기서 처음으로 신경망神經網을 만났어요. 인공지능 학습에 쓰이는 바로 그 신경망.

수업 시간에 만든 신경망은 파라미터가 커 봐야 100개 정도였어요. 파라미터는 인간의 뇌로 치면 뇌세포와 뇌세포를 연결하는 시냅스라고 보시면 돼요. 인공지능이 얼마나 학습할 수 있느냐를 나타내죠. GPT-4의 파라미터는 1조 7천억 개 정도로 추정하고 있어요. 참고로 인간의 시냅스는 100조 개 정도예요.

아무튼 제가 만든 파라미터 100개짜리 인공지능 신경망은 그래도 꽤 학습을 잘했어요. 그 수업에서 제가 낸 기말과제가 뭐였냐면 '한국어의 음운 규칙만을 배운 신경망 AI가 영어를 접하면 어떻게 발음할까?'였습니다."

"한국어를 배운 AI에게 영어를 시키면 콩글리시를 했겠네요."

제임스 정 편집장은 화상회의에서 유호현에게 농담을 던졌다.

"맞아요. 말씀하신 그대로였어요. 예상대로 AI는 정확히 콩글리시를 구사했습니다. 'Backyard'를 [bækjɑː rd](백얄드)가 아니라 [bægjɑː d](배갸드)라고 발음하는 거예요. 한국어 음운에 없는 알[r]은 탈락시켜서 발음을 없애고, 받침에 키읔[ㅋ] 대신 기역[ㄱ]을 쓰기로 한 한국어의 7종성법을 지키려고 했는지 k를 기역[ㄱ]으로 발음해 [배크]가 아니라 [배그]라고 한 거죠. 학문적 가치는 별로 없는 실험이었지만 밤새 웃으면서 코딩을 했고, 교수님도 A를 주셨어요."

유호현의 오래전 이야기에 빙긋 웃으면서 제임스 정은 속으로 생각했다.

'신문기자로서 매일 우리말과 우리글을 다루는 나보다 유 대표가 우리말의 속성을 더 잘 아네. 심지어 AI 코딩도 하고. 유 대표 같은 문과·이과 융합형 인재가 AI 산업에는 얼마나 많은 걸까?'

박영선이 초대해서 오늘 화상회의에 들어올 윤수열 대표 이력을 살펴봤다. 윤 대표 역시 문과와 이과를 넘나드는 공부를 했다. 윤 대표는 서울대에서 수학과 국제정치경제학을 공부했다. MIT에서 석사학위를 받았다. MIT에서 연구주제는 '합리적 의사결정'이었다. 윤 대표는 2022년 MIT가 제정한 오픈 데이터상 MIT Prize for Open Data 제1회 수상자다. 자연어처리 Natural Language Processing 연구방법을 세계무역기구 WTO의 법률 판단 사례에 적용한 딥WTO ^{DeepWTO} 연구 성과를 인정받은 것이다. 국제법과 컴퓨터공학을 결합한 연구였다. 윤 대표는 서울에서 이미 두 개의 인공지능 스타트업에서 일한 경력도 있다. 지금은 미국에서 스칼라멘토 ^{Scalamento}라는 AI 스타트업을 창업해 운영하고 있다.

박영선은 보스턴에서 뉴욕으로 이동하는 기차 안에서 화상회의에 들어왔다. 그의 하버드대학 연구 일정은 거의 마무리 단계로 접어들었다. 보스턴에서 연구하는 동안 한국 인재들도 많이 만났다. 《반도체 주권국가》에도 뛰어난 재미 과학자가 여럿 등장한다.

이렇게 우리의 마지막 화상토론이 시작되었다.

AI 비서에서 AI 에이전트로

혹자는 AI 에이전트 ^{agent} 시대의 도래를 두고 'AI 에이전트 비지니스 시대'가 열린다고 말한다. AI 비서 개념에서 좀 더 확장된 AI 에이전트라는 개념은 요즘 MIT, 실리콘밸리의 최신 화두이다.

AI 에이전트는 우리가 사용하는 챗봇의 업그레이드 버전으로 이해하면 좀 더 쉽게 다가올 것이다. 챗봇을 사용할 때는 반복적으로 동일한 정보를 입력해야 하고 때론 오랜 시간 대기해야 하고 문제 해결을 위해 여러 단계의 과정을 거쳐야 하는 불편함이 있었다. AI 에이전트는 이런 불편함 없이 스스로 알아서 해 주는 유능한 비서다. AI 시대에는 이용자 곁에서 모든 일을 도와주고 해결해 주는 AI 에이전트가 인간의 일상을 지배할 것이라는 전망이 유력하다.

AI 에이전트는 개인 혹은 회사 등을 대신해 복잡하고 동적인 환경에서 특정 작업을 수행하는 자율적 인공지능 프로그램이다. AI가 비서처럼 모든 것을 알아서 해 주는데, 방대한 양의 데이터도 모아서 분석하고 해법도 제공하니 일반 비서의 개념보다 훨씬 확장된 개념이다. 주어진 외부 환경과 상호작용하면서 이용자의 지시에 따라 자율적으로 업무를 수행한다.

2023년 MS의 창업자 빌 게이츠가 "작업할 때마다 다른 앱을 불러 사용할 필요 없이 이용자가 지시만 하면 적합한 프로그램이나 앱에 접속해 알아서 업무를 처리해 줄 AI 에이전트"라고 그 개념을 소개한 이후 AI 에이전트에 많은 이들의 관심이 쏠렸다.

AI 에이전트가 중요한 이유는 본질적으로 인간이 도구를 사용하는 동물이기 때문이다. AI 에이전트는 문제를 해결하기 위해 필요한 도구를 만들고 활용하는 능력을 가지고 있다. 미래에는 AI 에이전트가 문제를 해결하기 위해 알맞은 도구를 만들고 저장해서 사용할 것으로 예상된다. 신석기인들이 토기를 도구로 사용한 덕분에 정주와 농경이라는 새로운 문명을 꽃피울 수 있었듯이, 오늘날 현대인들은 스마트폰을 사용하면서 모바일 시대의 다양한 편의 서비스들을 이용할 수 있게 되었다.

어찌 보면 인류가 맞이할 미래의 모습은 AI 신들이 어떤 AI 에이전트를 만들어 내느냐에 달려 있다.

제임스　오늘 토론 주제는 AI 에이전트입니다. 윤 대표님이 오늘 초대 손님이니까, 먼저 말씀해 주세요. AI 에이전트는 좀 어렵습니다. 일단 제가 아는 범위에서 AI 에이전트를 간략히 설명해 볼게요.

AI 에이전트란

특정 작업을 수행하는 자율적 프로그램이다. 주어진 목표를 달성하기 위해 스스로 판단하고 행동하는 능동성을 갖추고 있다.

AI 에이전트의 특징

1. 사람의 말, 자연어를 알아듣는다. 즉 사용자가 일상 언어로 질문하거나 명령하면, 에이전트는 이를 분석해 적절한 답변이나 액션으로 응대한다.
2. 데이터를 학습하고 분석할 수 있는 인지적 능력을 갖추고 있다.
3. 특화된 문제해결 능력을 갖췄다. 예컨대 의료진단 에이전트는 방대한 의학 데이터를 학습하여 질병을 진단하고 처방하는 데 특화되어 있다.
4. 자율성과 적응성을 갖췄다. 사전에 프로그래밍된 규칙을 따르는 게 아니라, 주어진 환경과 상황에 맞게 스스로 의사결정을 내리고 행동을 최적화한다.
5. 확장성과 연결성을 가지고 있다. 에이전트 간 상호 소통과 협업을 통해 개별 에이전트의 역량을 넘어서는 시너지 효과를 창출할 수 있다.

AI 에이전트의 예

1. 고객이 자주 이용하는 온라인 쇼핑몰에 매번 배송방법을 입력해야 하는 불편을 덜어 줄 수 있다.
2. AI 에이전트는 고객을 기억하여 빠른 배송, 환불 등의 작업을 자동으로 진행하기에 고객이 반복적 작업에서 벗어나 시간을 절약할 수 있다.
3. 고객 대신 대기시간을 관리한다. 예컨대 고객이 고객센터에 전화해야 할 때 AI 에이전트가 대신해 고객이 다른 일을 할 수 있게 한다. 대기시간이 끝나면 AI 에이전트가 알려주고 고객은 즉시 상담원과 연결된다.
4. 체계적으로 검색해 해결책을 제시하고 다른 사람이 겪은 유사한 문제의 해결책도 제시한다. 예컨대 "스마트폰 화면이 안 켜져요"라고 문제를 입력하면 AI 에이전트는 웹에서 관련 해결책을 검색하고 체계적으로 분석해 "전원 버튼과 볼륨감소 버튼을 10초간 누르세요"라는 해결책을 제시한다.
5. 온갖 고객만족 설문조사에 내가 일일이 답을 달 필요가 없다. AI 에이전트가 내 생각을 알고 있으니, 자동으로 응답한다. 그 설문조사를 발주한 기업도 아마 AI 에이전트를 쓸 것이다. 즉, AI들끼리 질문하고 답하면 끝이다.

윤수열　AI 에이전트가 저에게는 굉장히 기술적인 개념이고 실용적인 개념입니다. 우리는 챗GPT나, 클로드 같은 인공지능을 뭔가 질문하면 답해 주는 기계로만 알고 있죠. 이 AI들은 기본적 지능(인텔리전스)을 가지고 있다 보니까, 어떤 문제를 풀기 위해서는 어떤 행동들을 해야 하는가에 대한 이해를 가지고 있습니다. 추론능력이죠. 이런 추론능력을 바탕으로 AI는 적절한 도구를 사용해 특정한 문제를 풀 수 있습니다. 이것이 바로 'AI 에이전트'예요.

인공지능 이전에는 인공바보가 있었다?

박영선　7~8년 전쯤인가? 인공지능 스피커가 유행했잖아요. '오늘 날씨 어때?' '노래 들려줘' 이렇게 명령하면 수행했죠.

유호현　저희끼리는 우스갯소리로 인공바보, 인공저지능 이렇게 불러요.

박영선　아무튼 거기서 출발한다고 보면요. 뭔가 특정한 액션을 하는 거잖아요. 보온병처럼 생긴 스피커가 우리 집에도 두세 개 있었어요.

윤수열　바로 그 인공지능 스피커가 정확하게 에이전트입니다. 다만 그 스피커는 핵심이 GPT 이전에 자연어처리 기법으로 '음악을 틀어 줘' 이러면 인간의 의도를 분석하고, 음악을 틀어 주는 액션을 미리 설정해서 가지고 있어요. 날씨 알려 주는 것도 미리 가지고 있어요. 거대 언어모델LLM 이전에 만들어진 에이전트죠. 다만 GPT 이전의 모델들은 이미 정해진 액션들 사이의 분류만을 학습했다면, 이제는 어떠한 액션이든 GPT가 최선으로 여겨지는 액션을 선택할 수 있다는 차이가 있습니다.

박영선 두 번째 생각나는 것이 가전제품을 인터넷으로 통합하는 사물인터넷IoT이에요. LLM이 나오기 전까지는 이런 단계를 밟아 왔다고 이해할 수 있겠네요.

유호현 LLM 이전에는 아주 초보적으로 음성 데이터가 들어오면 '아, 이게 TV를 켜 달라고 하는구나' 확률적으로 이렇게 판단하고, 규칙 기반으로 TV를 켜 주는 간단한 액션을 할 수 있었죠. 점점 더 발전해서 '너무 심심해'라는 말을 'TV를 켜 달라는 거구나'로 해석하며 상황을 이해하는 수준으로 진화한 거죠.

소피아의 추억

박영선 인공지능의 발전 과정을 얘기하다 보니, 소피아Sophia 라는 로봇 생각이 나네요. 소피아는 2017년에 유엔에서 연설을 해서 화제가 되었고, 2018년에는 제가 초청해서 한국에도 왔어요. 한국에 와서 행사를 하는데, "오늘 날씨 어때? 오늘 같은

날씨에 나는 무슨 옷을 입어야 해?" 이렇게 물으면 소피아는 기본적인 대답을 다 했어요. 그런데 어려운 답은 뒤에서 사람이 답을 다 입력해 줬어요. 사실은 사람이 답을 써 준 거죠. 행사장에서 사람이 입력해 주는 걸 제가 직접 봤어요.

앞서 유엔에서도 소피아가 정말 철학적인 답변을 했거든요. 제 생각에는 소피아가 직접 한 답변은 아니고, 뒤에서 사람이 답변을 입력해 준 것 같아요. 하하 … . 아주 초창기 모델이었으니까요. 소피아를 만든 데이비드 핸슨David Hanson이 컴퓨터와 미술을 전공한 것으로 알아요. 그래서인지 소피아의 눈동자나 입 모양은 정말 인간 같았어요. 사람들이 외형적인 면에서 소피아에게 매력을 많이 느꼈죠.

AI 에이전트 개발의 기술적 장벽

AI 에이전트의 개념에 대한 대화로 토론 분위기가 무르익자 윤 대표는 본격적으로 AI 에이전트 개발 현장에서 무슨 일이 벌어지고 있는지를 소개하며, AI 에이전트 개발의 현주소를 짚어 주었다.

윤수열　그런데 AI 에이전트가 인간을 완전히 대체하기까지는 두 가지 중요한 관문이 있어요. 첫째는 플래닝 planning이고, 둘째는 메모리 memory입니다. 플래닝은 문제를 어떤 순서로 풀 것인지 전략적으로 그 순서를 짜고 결정하는 것이고, 메모리는 문제를 풀면서 쌓인 경험과 지식을 다른 문제를 풀 때 도움이 되는 방식으로 장기적으로 관리하는 것이에요.

현재까지 플래닝은 어느 정도 구현이 됐습니다. 그러나 메모리를 포함해서 이 두 가지를 모두 할 수 있는 상용화된 인공지능 제품은 아직 없어요. 이 두 가지가 AI 에이전트를 좀 더 유용하게 만들려면 넘어야 할 기술적 장벽입니다.

엊그제도 세콰이어캐피털이라는 실리콘밸리의 대형 벤처캐피털에서 포럼을 열었어요. 이 포럼에 인공지능 분야 석학인 앤드루 응 Andrew NG 교수가 나왔습니다. 응 교수가 아주 쉽게 AI 에이전트가 왜 중요한 개념인지, 우리가 왜 에이전트와 같은 인터페이스에 집착하는지를 설명했습니다.

이유는 간단합니다. 인간은 도구의 동물이죠. 적절한 상황에 도구를 쥐어 주면 풀 수 있는 문제가 더 많아지고 문제풀이 능력이 올라갑니다. 인간이 도구의 동물이라고 할 때 도구를 사용하기만 하는 게 아니라 도구를 만들어 내는 능력도 포함됩니다.

그래서 미래에는 AI 에이전트가 어떤 문제를 접했을 때 그 문제를 풀기 위해서 적절한 도구를 만들어 내고, 그것들을 저장해 놓고 사용하게 되는 거죠.

유호현 윤 대표님 말씀처럼 플래닝과 메모리, 어려운 과제인데요. 오픈AI에서 메모리 문제를 거의 해결했다는 얘기도 들려요. 플래닝도 윤 대표님 말씀처럼 일부 구현하고 있고요.

결국은 되돌아보는 것이 핵심 − Reflection(반추)

윤수열 개인적으로 두 가지 모두 기술적으로 매우 어렵다고 생각해요. 저희도 메모리 문제를 풀어 보려고 애쓰고 있는데요. 우선 AI에게 문제를 풀게 해요. 이걸 더 잘 풀도록 문제 풀이 노하우들을 저장해 놓도록 하거든요. 예를 들어 어떤 수학 문제를 풀어요. 만약 틀렸으면 왜 틀렸는지 되돌아보게 reflection(반추) 합니다. 리플렉션을 해보고 나중에 안 틀릴 수 있도록 '네가 오답 노트를 만들어 보라'고 합니다. 다음 문제 풀이 때 비슷한 유형의 문제를 만나면 오답 노트를 읽고, 문제를 더 잘 풀게 만들어요. 이걸 구현하는 게 생각보다 쉽지가 않아요.

인공지능 학습이 메모리 차원에서 일어나야 되는데, 단순히 내가 겪었던 것을 메모리에 담아놓는 게 다가 아니라는 거죠. 그렇게 되면 메모리가 너무 커져요. 인간은 자기가 어떤 문제를 풀었을 때 이것을 왜 잘 풀었고 못 풀었는지를 알잖아요. 여기서 차원이 다른 문제 또는 비슷한 문제를 만났을 때 적용할 수 있게 만들어야 하는데, 그 부분이 생각보다 어렵습니다.

제임스   어떤 원리로 그런지는 모르지만, 사람들은 누가 가르쳐주지 않아도 잠을 자면서 무의식적으로 기억을 지우기도 하잖아요. 인공지능이 인간처럼 기억과 망각, 혹은 단기기억과 장기기억을 통해 기억을 관리할 수 있으려면 … . 참 어려운 문제네요.

탐색과 활용의 딜레마

윤수열   플래닝 같은 경우도 마찬가지인데요. 이게 어떻게 하면 성공적 인생을 살 수 있느냐의 문제와 같다고 봅니다. 우리가 성공을 위해 각자 계획을 짜잖아요. 이때 컴퓨터 강화학습에 등장하는 '탐색 Exploration과 활용 Exploitation의 딜레마'에 맞닥뜨리게 됩니다.

예를 들어 성공을 위해 우리가 모르는 길을 가야 할 때도 있죠. 새로운 도전, 모험, 탐색입니다. 그런데 동시에 지금까지 쌓은 인맥이나 지식을 활용해 최대한 실적을 내야 성공하죠. 우리는 언제나 지금까지 쌓아온 지식과 경험에 의존할지, 새로운 모험으로 새로운 지식과 경험을 습득할지 선택하고, 그 과정에서 어떤 순서로 어떻게 전략적으로 행동해야strategic planning 문제를 더 잘 풀 수 있는지 배웁니다.

탐색과 활용의 딜레마를 극복하면서 플래닝을 구현하는 것이 기술적으로 어려운 부분입니다. 복잡한 형식의 추론이 필요할 때 인공지능 플래닝에서 난제로 남겨져 있는 영역이 많이 있습니다.

AI 에이전트와 AGI

AGI로 가는 길

AI 에이전트와 AGI(일반인공지능)는 구별되는 개념이다. AI 에이전트는 특정 작업을 수행하는 실용적이고 기술적인 인공지능으로서 음식 주문, 수학 문제 풀이 등 다양한 분야에 적용되고 있다. 반면 AGI는 인간 수준 이상의 지적 능력을 갖춘 이상적 인공지능을 의미하며, 아직 기술적으로 실현되지 않은 개념이다.

AI 에이전트는 인공지능 스피커, 사물인터넷 IoT 등의 형태로 발전해 왔으며, 최근에는 거대 언어모델 LLM에 액션 기능이 더해진 형태로 진화하고 있다. AI 에이전트의 발전을 위해서는 도구 제작, 경험의 반추 reflection 등이 중요한 과제로 대두되고 있다.

하지만 AI 에이전트가 고도화된다고 AGI로 바로 이어지는 것은 아니며, 이는 아직 열려 있는 질문이다. LLM 외에도 AGI로 가는 다양한 경로가 존재할 수 있으며, 인간의 모든 감각과 능력을 갖추는 것이 AGI의 조건이 될 수 있다. AI 에이전트와 AGI의 관계에 대한 논의는 기술적 측면뿐 아니라 인문학적 담론의 대상이다.

제임스   그러면 여기서 AI 에이전트와 AGI가 어떻게 다른지 좀 생각해 보겠습니다. AGI에 대한 심도 있는 얘기를 나누기 전에 AGI Artificial General Intelligence를 간략히 정리해 볼게요.

AGI 란

일반인공지능 혹은 강인공지능으로 불리는 개념이다. 인간처럼 일반적이고 광범위한 인지능력을 보유한 AI를 의미한다.

AGI의 특징

1. 새로운 문제에 직면해도, 스스로 학습하고 추론하여 해법을 찾아낼 수 있다. 즉 특정 분야에 국한되지 않고, 인간처럼 전 영역에 걸친 지적 능력을 발휘한다.
2. 이전 경험과 학습을 바탕으로 새로운 상황에 유연하게 대처할 수 있다. 한 번 습득한 지식과 기술을 다양한 맥락에 전이하여 활용함으로써, 환경 변화에 적응하고 창의적 문제 해결이 가능하다.
3. 스스로 목표와 가치를 설정하고, 이를 달성하기 위해 자율적으로 행동한다. 외부의 명령이나 프로그래밍에 의존하지 않고, 주체적 판단과 결정을 내릴 수 있다.
4. 인간과 자연스러운 의사소통이 가능하다. 자연어는 물론 감정, 제스처, 맥락 등 인간의 복잡한 커뮤니케이션 방식을 이해하고 구사할 수 있다.
5. 자기 최적화와 진화의 잠재력을 내포하고 있다. 스스로 학습하고 진화하는 메커니즘을 통해 성능 향상을 도모하며, 궁극적으로는 인간의 지능을 뛰어넘는 초지능의 단계에 이를 수 있다.

제임스   일단 이렇게 요약할 수 있는데요. 예를 하나 들어 보겠습니다. 제가 피자를 먹고 싶어요. 그러면 음식 배달에 특화된 인공지능을 AI 에이전트라고 생각하면 되나요? 그게 이른바 AGI 하고는 어떻게 구별됩니까?

피자와 인공지능: 레디, 액션!

윤수열 아주 좋은 질문인데요. AGI는 너무 남용되는 표현이에요. 저는 사실 AGI라는 말을 싫어합니다. 이 말이 논쟁을 불러일으키는 것은 맞지만 AGI에 대한 정의가 기술자들 사이에서도 다다릅니다. 저는 '모든 유형(클래스)의 문제 풀이를 할 때 각 유형에서 가장 뛰어난 인간보다 더 뛰어난 AI'를 AGI라고 생각해요. 그런데 '뛰어나다'는 것을 측정하는 것이 어렵고 애매해요.

그럼 AI 에이전트와 AGI는 차이점이 뭐냐. AI 에이전트는 훨씬 정의가 잘된 개념입니다. 말씀하신 것처럼 음식 배달을 하는 AI 에이전트도 당연히 존재합니다.

제가 챗GPT를 이용해서 우버이츠UberEats(미국의 대표적 배달앱)에 들어가서 주문하는 에이전트를 만든다고 하면 그건 그렇게 어렵지 않아요. 화면을 이해하는 액션(행동 명령)을 하나 주고, 컴퓨터를 컨트롤할 수 있는 액션을 준 다음에, 이 에이전트한테 '피자 한 판을 시켜 줘'라고 하면 자기가 알아서 특정 검색창을 클릭해 피자를 검색하고, 우버이츠의 주문 버튼을 누르게끔하는 그런 식의 에이전트를 상상해 볼 수 있습니다.

유호현 AI 에이전트는 적용되는 범위가 아주 넓어요. 간단히 말해 AI 에이전트는 거대 언어모델 인공지능에 액션을 부여한 것이라고 볼 수 있습니다. 단순히 답을 내는 것이 아니라 구체적으로 어떤 행동을 한다는 것이죠. 그러면 그게 AI 에이전트인 겁니다.

피자 주문 사례처럼 어떤 창에다가 뭘 입력하고, 어디를 클릭하고 해서, 주문을 한다면 이것도 AI 에이전트입니다.

윤수열　이제 우리가 피자 주문 배달이라는 일상의 문제를 풀었잖아요. 그러면 더 다양하고 더 복잡한 문제도 풀 수 있는 거 아냐, 이렇게 되는 겁니다. 이런 욕구가 산업계에 존재하고, 학계에도 있어요. 예를 들어 볼게요.

제가 수학을 전공했는데요. 수학 문제 풀이에 AI 에이전트를 적용해 보겠습니다. 어떤 어려운 정리 Theorem를 증명하려고 합니다. 이걸 증명하기 위한 다른 '새끼 정리'들을 인류가 오랫동안 많이 증명해 놨거든요. 수학자들은 이 다양한 새끼 정리들을 보고, 이것들을 어떤 순간에 큰 정리를 증명하기 위해서 써야 되는지를 학습해요.

이는 결국 특정한 순간에 전략적으로 내가 어떤 다른 새끼 정리들을 가져와서 쓸지, 어떤 액션을 할지에 대한 문제거든요. 피자 주문하고 전략이 거의 같아요. 어떤 순간에 어떤 전략적 선택을 하는지를 이해하는 인공지능을 우버이츠를 주문하는 데도 쓸 수 있지만, 더 어려운 수학 문제를 증명하는 데에도 쓸 수 있다는 겁니다.

인류가 지금까지 풀지 못한 문제를 더 잘 풀게 하고 싶은 욕구가 있기 때문에 자연스럽게 AGI라는 콘셉트와 AI 에이전트에 대한 담론들이 엮여 있다고 생각합니다.

제임스   좀 더 쉽게 예를 들어 보겠습니다. 내가 지금 배가 고파서 '피자를 하나 시켜 줘'라고 하면 그 말을 듣고 챗GPT가 가장 좋은 피자를 찾아서 주문도 해줍니다. 이건 AI 에이전트에요. 같은 질문에 AGI는 "제임스, 너는 최근에 체중도 많이 늘어나고 있으니까 피자 같은 고탄수화물을 먹지 말고 내가 권하는 샐러드를 주문하면 어때?"라고 '조언'을 해 줘요.

AGI는 더 익사이팅한 개념이다

윤수열   제가 생각하는 AGI는 인류가 풀지 못했던 문제까지도 풀어내는 거예요. 하하. 사람의 건강 상태를 체크하고, 식단을 조절해 주는 정도는 AI 에이전트 레벨에서도 얼마든지 가능합니다. AGI는 더 익사이팅한 개념입니다.

제임스   윤 대표님이 생각하시는 건 더 웅장하군요. 저는 대표님 얘기를 들으면서 '배달의 민족을 능가하는 딜리버리 AI 에이전트를 만들어 볼까?' 이런 생각을 했는데. 하하 ….

유호현   AI 에이전트를 놓고요. 챗GPT에 모든 액션을 다 넣을 수 있으면 하나의 슈퍼앱이 나올 수 있을까요? 그렇게 되면 에이전트라는 개념 자체가 필요가 없어지는 걸까요?

윤수열   거대 언어모델LLM 인공지능은 하나의 함수잖아요. 문장을 넣으면 문장이 나오는, '텍스트 인풋, 텍스트 아웃'으로 정리되는데. 저희가 에이전트를 생각하는 이유는 이런 LLM이 갖고 있는 기초(파운데이션) 모델로서의 능력을 가지고 보다 복잡한 문제를 풀 수 있는 가능성에 주목하는 거죠. LLM이 다양한 액션들을 응용해서 문제를 풀 수 있는 능력을 가지고 있으니까요.

개발자들은 이런 생각을 합니다. "만약 나한테 이용할 수 있는 액션이 이런 것이 있다. 그러면 이걸 가지고 문제를 이렇게 풀 수 있겠구나." 개발자 입장에서는 이런 식으로 LLM과 구분 짓는 에이전트라는 개념을 정의하고, 활발히 사용하고 있습니다.

유호현　요즘은 자고 일어나면 대형 인공지능 개발 회사들이 새로운 액션을 추가하는 것 같아요. 이게 어디까지 발전할까요?

박영선　우리가 이 책을 기획하고 거기에 AI 에이전트 꼭지를 넣자고 얘기하던 몇 개월 전만 해도 AI 에이전트는 생소한 개념이었는데 이제 AI 에이전트를 향해 개발 회사들이 정말 빠르게 움직이고 있다는 것이 느껴져요.

윤수열　가장 관심이 있는 주제는 이거예요. 인공지능이 직접 도구를 만드는 것이죠. 오픈AI가 내놓은 툴 중에 코드 인터프리터code interpreter라는 게 있어요. 얘는 직접 코딩해서 스스로 돌립니다. 이게 아직 완벽하게 작동하지 않지만요. 일일이 액션을 정의해 주지 않고, AI가 문제를 풀 때 필요한 도구를 스스로 만들죠.

또 하나는 리플렉션 reflection입니다. 저는 이걸 '반추'라고 부르는데요. '어떻게 내 경험을 반추할 것인가'입니다. 실제로 에이전트 개념이 처음 나왔을 때 가장 집중적인 조명을 받은 것도 리플렉션입니다. 2023년 3월에 나온 관련 논문 제목 자체가 "Reflexion"이에요. 이 논문은 에이전트라는 개념을 가지고 고등학교 수학 문제를 풀게 합니다. 여러 개의 수학 문제를 풀고, 그것을 리플렉션 시켰을 때 더 잘 풀 것인가에 대한 그런 경험적 증명을 하는 논문입니다.

인공지능이 진짜 문제를 잘 풀더라는 거예요. 그럼 고등학교 수학 문제가 아니라 좀 더 다양한 일반적 문제 풀이에 이를 적용하고, 스스로 성장할 수 있는가, 그러려면 어떻게 메모리 디자인해야 하는가, 이런 고민들을 하는 거죠.

AI 에이전트는 AGI로 가는 길인가

제임스 저는 자꾸 헷갈리는데요. AI 에이전트가 그런 식으로 고도화되면 그게 AGI로 가는 겁니까?

윤수열 그게 진짜 여러 가지 생각을 하게 만드는 질문, 열린 질문인데요. 아까 말씀드린 세쾨이어캐피털 포럼에서도 누가 같은 질문을 했어요. "누구도 모른다. 그러나 매우 중대하고 궁금한 질문임에는 틀림없다"라는 답이 나왔죠.

유호현   여러 가지 길 중에 하나 같아요. 사실 LLM이 미래에 AGI의 근간이 될지 안 될지 모르는 것이고, LLM 외에 다른 모델이 나올 수도 있고요. 지금은 LLM이 텍스트, 또는 이미지를 입력받아서 일을 하잖아요. 하지만 LLM은 냄새도 못 맡고 촉각도 없고, 에이전트지만 액션도 API로만 할 수 있고, 과일도 하나 못 깎잖아요. 이런 것들이 다 되어야 AGI인데 그냥 서버 안에서 돌아간다고 해서 AGI라고 할 수 있느냐, 이런 토론은 인문학적 문제이기도 해요.

박영선   과일을 깎는 문제와 서버 안에서 돌아가는 것은 아무래도 지금은 분리해서 생각해 볼 수밖에 없지 않을까요? 과일을 깎는 문제와 서버 안에서 돌아가는 것이 맞물리게 되는 것이 휴먼 로봇의 영역인데요. 그래서 AI 다음은 휴먼 로봇이라고 보는 거겠지요.

AI 에이전트와 비즈니스 모델

AI 에이전트 시대에는 비즈니스 모델이 크게 변화할 것으로 예상된다. 소비자를 대신해 의사결정을 내리는 AI 에이전트와 기업을 대변하는 AI 에이전트 간의 소통이 중요해질 것이다. 소비자의 니즈를 파악하고 있는 AI 에이전트에게 기업 AI 에이전트들이 경쟁적으로 제품과 서비스를 어필하게 될 것이다.

이는 단순히 상품 판매뿐만 아니라 정치, 언론 등 다양한 분야에서도 일어날 수 있다. 따라서 기업과 조직은 자체적인 AI 에이전트를 구축하고 성능을 높이는 것이 중요한 과제가 될 것이다. 이는 인터넷 초창기에 홈페이지 구축이 필수가 되었던 상황과 유사하다.

현재는 AI 에이전트 기술이 표준화되기 이전 단계로, 다양한 플랫폼과 기술이 경쟁하고 있다. 향후 AI 에이전트 기술이 보편화되면서 새로운 비즈니스 기회가 창출될 것으로 전망된다.

"그래서 돈은 어떻게 벌건데?"

제임스　피자 주문 사례로 다시 돌아가 볼게요. 지금부터는 돈이 되는 얘기를 해보려고 합니다.

우리가 "피자 주문" 이렇게 구글링을 하면 광고비를 지불한 피자 가게 사이트가 상단에 떠요. 만약 AI 에이전트한테 "피자

270

주문 해 줘" 이러면 마찬가지로 광고비를 지불한 곳에 주문하나
요? 아니면 제 입장에서 가장 맛있고, 싸고, 배달 속도가 빠른 피
자 가게에 주문하나요? 어떤 경우든 문제가 있어 보여요. 왜냐하
면 AI 에이전트를 만드는 사람들도 돈을 벌어야 하니까요. 보다
직설적으로 AI 에이전트의 비즈니스 모델이 뭔가요?

박영선   여기서 길이 갈린다고 봐요. 윤 대표가 하려고 하는 건
뭐냐면, 예를 들어 "피자를 주문해 줘"라고 AI 에이전트한테 말
하면, 얘가 나한테 다시 물어보는 거죠. "당신은 오늘 무슨 피자
가 먹고 싶어요? 당신은 오늘 컨디션이 어때요?" 그래서 카테고
리를 나누는 거예요. 카테고리를 나누면 거기에 대해서 내가 답
을 해요. "나는 오늘 그냥 버섯이 들어간 피자가 먹고 싶어, 오늘
힘을 좀 내야 해서 치즈같이 칼로리가 높은 게 들어가면 좋겠어"
이렇게요. 그러면 AI 에이전트가 이 고객이 대답한 것을 가지고
종합적으로 판단하는 거죠. "당신은 오늘 이런 피자가 좋겠어요.
이걸 주문할까요?" 이렇게. 이런 과정을 만드는 것이 지금 윤 대
표가 하는 일이에요.
    만약 피자 주문이 이런 식으로 된다면 지금까지 구글이 큰돈
을 벌었던 광고 비즈니스도 바뀔 수밖에 없다고 생각해요.

윤수열   비즈니스 모델이 뭔지, 제가 저한테 똑같이 질문해 봤
어요. 고객의 니즈와 상업적 필요를 이해하는 에이전트인데요.
어떤 미래로 갈지는 사실 저도 잘 모르겠어요.

AI들의 운동회

윤수열   이런 날을 상상해 봐요. 나의 일상생활을 관찰하는 AI 에이전트가 있어요. 이 에이전트는 오늘 인간 고객이 뭘 먹었는지 1주일 전에 뭘 먹었는지 알아요. 뭘 하고 있고 기분이 어떤지를 다 파악하고 있어요.(이른바 유저 콘텍스트user context, 고객이 굳이 말로 하지 않아도 주변 환경 등을 감안했을 때 고객이 무엇을 원하는지 그 맥락을 이해한다는 뜻이다.) 이걸 종합해서 사용자가 지시하면 AI 에이전트는 거기에 맞는 뭔가를 할 겁니다. 이 과정에서 상업적 고려가 얼마나 개입하느냐, 그러니까 인간 고객의 니즈가 아닌 상업적 고려가 얼마나 끼어들 수 있는지는 명확히 답하지 못하겠어요.

나의 유저 콘텍스트를 계속 기록하는 AI 에이전트 서비스가 있으면 이런 것들이 마켓에서 경쟁할 텐데 이 중에 너무 상업적인, 인간의 효용보다는 돈벌이에 지나치게 집착하는 애들은 도태되겠죠. 적당히 상업적이어야 살아남아서 계속 에이전트 서비스를 제공할 수 있으니까요. 비즈니스 모델화죠. 그래서 그 중간 어디쯤에서 만날 거라고 막연히 생각해요.

완벽하게 우리(고객)의 니즈만을 충족시키는 AI 에이전트가 있기보다는 아마 절반 정도 상업화된 그런 에이전트가 공정하지 않을까 합니다.

유호현   굉장히 많이 생각해 온 주제인데요. 저는 결국은 구글

같이 될 것 같아요. AI 에이전트가 "당신은 어떤 피자가 좋아?" 이렇게 물어보고, "당신한테는 이 피자가 좋을 것 같아"라고 추천하면서 그 뒤에 하나를 더 붙이는 거죠. "그런데 나한테 광고주가 하나 있어. 도미노피자야. 도미노에는 이런, 이런 피자가 있네. 이건 당신한테 두 번째로 추천할 수 있을 것 같아" 이렇게요.

지금 구글 검색 광고도 다 이렇게 돼 있죠. 검색 결과가 나오고 맨 위에 '광고' 이렇게 붙여 둡니다. 인터넷 초창기에 구글이야후, 알타비스타 등과 경쟁할 때 '너희들, 여기에 광고 붙이면 죽는다' 이런 분위기가 있었어요. 광고 없이도 검색 결과를 내놓는 포털들이 많은데, 광고를 붙여? 그럼 죽음이지, 이랬단 말이죠. 그런데 결국은 광고를 잘 붙인 구글이 승자가 됐죠.

AI 에이전트도 세련되게 광고를 잘 붙이는 데가 살아남지 않을까 생각해요. 그래서 다음 세대의 엄청난 비즈니스가 되는 거죠.

제임스 바로 그건데요. 세련되게 광고를 붙이는 방법이 뭐에요? 유 대표님, 돈 좀 같이 벌어요.

유호현 매력적으로 만들어야죠. 하하 ….

제임스 아, 얘기를 안 해 주시네. 하하 ….

윤수열 '세련되게, 매력적으로' 이 부분에 집중해 보면요. AI 에이전트 시대에는 이 말이 적용되는 대상이 달라질 수 있어요.

지금은 어느 상황에서나 '인간과 AI'의 소통이에요. 에이전트와 에이전트 사이의 소통이 경제 시스템에 반영돼 있지 않아요. 미래는 이런 거죠. 내가 피자를 먹고 싶다고 얘기하면 저의 일상생활을 관찰하던 에이전트가 피자를 잘 이해하는 피자 업계의 에이전트들을 쭉 불러 모아요.

제임스 왠지 섬뜩한데요.

윤수열 고객이 부르니까 와야죠. 피자 회사를 대리하는 각각의 AI들한테 얘기해요. "너희들이 생각하는 좋은 피자에 대해 알려 줄래?" 피자 회사 AI들이 저마다 경쟁적으로 얘기할 겁니다. 자기들끼리 담론을 만들어요. 도미노 AI 에이전트는 치즈가 대세라고 하고, 피자헛 에이전트는 트러플이 대세라고 합니다. 어떤 피자가 트렌디하고, 매력적이고, 세련된 것인지 자기들끼리 토론하는 거예요. 이걸 가만히 듣고 있던 저를 대리하는 에이전트가 "오늘은 네가 좋겠어" 이렇게 선택하는 거죠.

세련됐다는 것, 트렌디하다는 것은 미래에도 여전히 수많은 경쟁 속에서 '고객의 관심'을 끌어내게 될 것인데, 대상이 다르죠. 미래에는 나를 대리하는 AI 에이전트에게 매력을 어필해야 한다는 거예요. 내가 아니라 나의 AI 에이전트에게 관심을 끌어야 한다는 점에서 좀 무시무시한 것 같아요.

AI끼리 돈을 주고받는다?

유호현 AI 에이전트 간에 캐시백이 오가겠네!

제임스 와, 이거 놀라운 비즈니스 모델이네요. AI 에이전트들 간에 캐시백이라!

윤수열 저는 이 주제가 이 책에서 가장 중요한 부분이라고 생각합니다. AI 에이전트와 에이전트 간의 커뮤니케이션이 활성화될 것 같은데, 그때 우리는 그것을 어떻게 이해하고, 뭘 준비해야 하나….

유호현 장관님이 기조 발표하신 하버드대학 포럼에서도 그 문제가 다뤄졌어요. 당시에는 에이전트라는 말을 쓰지는 않았지만, 나보다 나의 정치 성향, 투표 성향을 더 잘 아는 AI 에이전트를 상정할 수 있거든요. 그러면 이 에이전트가 각 정당의 정치 컨설팅 AI 에이전트, 언론사 AI 에이전트, 그리고 정부 부처의 AI 에이전트하고 자기들끼리 소통하는 거예요. 그러면서 선거 전략도 짜고, 기사도 쓰고, 정책이나 법도 만드는 거죠.

제임스 정리해 보겠습니다. 나를 대리하는 AI 에이전트가 있고 피자 품평을 하는 에이전트들이 있어요. 내 에이전트가 "나한테 어필해 봐" 이래요. "지금 제임스가 피자를 먹고 싶은데, 나는 제임스를 대리하거든. 제임스한테 딱 맞는 피자를 너희들이 한번 알려 줘 봐" 이러는 세상이 된다는 거예요.

피자를 투표로 바꾸면 그게 정치 행위죠. 이런 세상이 온다면 우리 회사, 우리 정당, 우리 부처를 어필하는 각자의 AI 에이전트를 만들어야 하겠네요. 그것도 성능 좋은 것으로 빨리요. 이것 자체가 비즈니스고, 돈이 될 수밖에 없습니다. 앞으로는 인간 고객에게 직접 제품이나 공약이나 정책을 어필하는 것이 아니고, AI 에이전트와 소통해야 하니까, 스스로 에이전트를 구축해야 하는 거죠.

그들은 이미 와 있다

제임스   저는 인터넷이 처음 등장했을 때 생각이 나요. 이메일도 놀라운 물건이었지만, 당시 모든 회사들이 홈페이지를 하나씩 구축해야 한다고 난리가 났거든요. 인터넷을 잘 모르는 회사에서는 아주 간단한 홈페이지 하나 만드는데 무슨 대단한 일인 것처럼 보도자료도 내고, 비용도 엄청 들였어요. 홈페이지 만들어 주면서 터무니없이 돈을 받아 챙긴 선수도 여럿 있었습니다. 거지같은 홈피 하나에 몇천만 원, 몇억 원을 부르고. 진짜와 가짜를 구분해야 하는 거죠.

저희 회사 이름이 〈블록미디어〉인데, 〈블록미디어〉를 어필하는 AI 에이전트가 필요하겠구나. 모든 회사가 하나씩 이런 걸 가져야 되는 세상이 오겠구나. 여기 엄청난 기회가 있을 것 같아요.

박영선　이미 시작됐죠. AI 에이전트, 서둘러 따라가야 합니다.

유호현　현재 상황이 어떠냐면, 홈페이지가 뭐고, 왜 필요하고, 이런 얘기를 하는데, 아직은 표준화된 플랫폼이 나오기 전인 거죠. 챗GPT한테 이걸 물릴 거냐, 클로드에 물릴 거냐, LLM을 만들어야 하나, API만 제공해 주면 되는 거냐, 표준화가 안 된 상태인 거죠. 이게 표준화가 되면서 빅뱅이 왔는데, 그 직전 시기인 것 같습니다.

정부와 AI 에이전트

정치에서 AI의 역할은 앞으로 더욱 커질 것으로 보인다. 이미 일부 국가에서는 AI 에이전트를 활용해 정부 시스템을 개선하려는 움직임이 있으며, 한국에서도 이런 논의가 진행 중이다. 향후에 입법·행정·사법 분야에서 AI 에이전트가 등장할 것으로 예상되는데, 이에 따라 삼권분립 같은 정치철학적 논의도 필요할 것이다.

또한 AI 에이전트끼리의 소통과 협업을 통해 창의적 아이디어를 도출하고, 이를 바탕으로 인간에게 도움이 되는 지식 발견 시스템으로 진화할 가능성도 있다. 이는 AGI로 가는 현실적 방법이 될 수 있으며, 여러 AI 에이전트들이 모여 만든 '컬렉션 오브 AI'가 AGI로 작동할 수도 있다는 의견도 제시되고 있다.

다만 이러한 AI 에이전트가 수천, 수만 개 모여 하나의 사회를 이룰 경우, 그 위력과 영향력이 상당할 것으로 예상되어 우려의 목소리도 있는 상황이다.

박영선 또 하나 짚고 넘어가야 할 게 정부 시스템도 AI 에이전트로 넘어가고 있어요. 프랑스는 지금 AI 에이전트를 만들려고 해요. 한국에서도 지금 일부 공무원들 사이에서, 예를 들면 산자부에서 홈페이지를 이런 식으로 바꿔야 되는 거 아니냐, 이런 논의들이 진행되는 걸로 알고 있어요. 지금 대한민국 정부 홈페이지는 클릭하다가 진이 다 빠져요. 그런데 AI 에이전트 형태로 만들게 되면 알아서 검색하고 솔루션을 만들어 답을 내주니까 국민들이 사용하기에 아주 편리할 겁니다.

유호현　장관님의 하버드 포럼에서 나온 얘기가 바로 그건데요. 입법 에이전트, 행정 에이전트, 그리고 사법 에이전트가 등장하겠죠. 그러면 이 시대에도 삼권분립이 되어야 하느냐, 이런 정치철학적 논의도 나중에는 꼭 해야 하겠죠.

AI들의 회합을 준비하라

윤수열　우리가 아까 AGI로 가는 길이 아직은 명확한 답이 없다고 했는데요. AI 에이전트의 부상이 현실적 방법이 될 수 있습니다. 에이전트 대 에이전트의 커뮤니케이션 방법(프로토콜)이 활성화되는 데 큰 기여를 할 거예요. AI 에이전트끼리 소통하고 그걸 바탕으로 어떤 창의적 아이디어를 내고 그것이 인간에게 도움이 되는 지식 발견 시스템으로 진화하는 것이죠.

지금은 새로운 지식이나 구조를 개발할 때 다수의 인간이 조직화돼서 거대한 문제를 풀지만, 미래에는 에이전트들이 자신들의 소통을 통해서 제시된 미션을 푸는 방식으로 갈 거고 그게 아마 AGI를 가속화하지 않을까요?

지금도 작은 레벨에서 이게 실험으로 증명되고 있는데요. 논문을 보면 여러 AI 에이전트에게 똑같은 문제를 풀도록 한 다음에 그들끼리 토론을 시키면 문제를 더 잘 푼다고 보고되었습니다.

박영선   일론 머스크가 언급한 슈퍼앱이라는 것도 내가 이해하기에는 이런 에이전트들이 여러 개 모여 있는 것을 얘기한 게 아닌가 싶어요. 그리고 내 생각에는 AGI가 되기 위해서는 지금의 슈퍼컴퓨터 갖고는 힘들 것 같고 양자컴퓨터가 상용화되면 그때 가능하지 않을까 싶어요.

윤수열   저는 이런 생각도 해요. 사람들이 AGI를 하나의 거대한 인텔리전스라고 생각하는데, 저는 이것이 인지적 편이 때문에 그렇다고 생각해요. 어떻게 보면 AGI는 '컬렉션 오브 AI collection of AIs'일 수 있어요.
    여러 에이전트들이 소통하다 보면 자연스럽게 인간 사회처럼 자기들끼리 소통하면서 개별 에이전트 수준에서 상의하며 문제들을 풀기 시작할 텐데 그것이 아마도 AGI이지 않을까 생각합니다. AGI가 꼭 하나의 거대한 모델이 아니라 AI 에이전트들이 특정한 프로토콜을 이루어 만든 사회적 결합체가 AGI로 작동할 가능성이 있습니다.

박영선   와, 챗GPT 하나의 모델이 이렇게 거대한 일을 해? 이런 애들이 수천, 수만 개가 모여서 사회를 이룰 거야, 이러면 너무 무섭잖아요.

유호현   그런 세상을 이미지로 떠올려 보면 영화 〈매트릭스〉인 거잖아요.

개인·기업·정부의 준비

AI 시대를 맞아 개인·기업·정부 모두 어떤 적극적인 준비가 필요할까?

개인은 AI 에이전트가 대부분의 생산 활동을 담당하는 미래 사회에서 자신의 존재 가치와 행복의 의미를 재정립해야 한다. 단순히 경제적 생산성이 아닌, 인간 고유의 가치를 추구하며 자아실현의 방향을 모색해야 할 것이다. 개인 AI 에이전트와 관련해서는 아무래도 가장 젊은 윤수열 대표가 가장 적극적인 의견을 많이 내놓았다.

기업은 인간 두뇌 노동력을 AI 에이전트로 대체하는 변화에 적극적으로 대응해야 한다. 단순 도입을 넘어 에이전트 관리 전략을 세워야 하며, 윤리적 문제도 고려해야 한다. 아울러 에이전트 기술을 선점하고 권리를 확보하기 위해 노력해야 할 것이다. 기업과 관련해서는 유호현이 경험을 바탕으로 한 미래를 얘기했다.

정부는 무엇보다 AI로 인한 경제 구조 변화에 선제적으로 대응해야 한다. 노동의 상당 부분이 AI로 대체되면 실업 문제와 소득 양극화가 심화될 수 있다. 이에 대한 해법으로 보편적 기본소득과 로봇세 등 적극적 재분배 정책을 검토해야 한다.

박영선은 아울러 'AI 에이전트 없는 사람'을 위한 공공 인프라로서 '퍼블릭 AI 에이전트' 개발도 중요한 과제가 될 것이라고 전망했다.

전반적으로 AI는 인류에게 엄청난 기회인 동시에 위기이다. 어떻게 대응하느냐에 따라 유토피아가 될 수도, 디스토피아가 될 수도 있다. 따라서 인본주의에 입각해 기술과 제도, 윤리 측면에서 지혜롭게 대응해 나가야 할 것이다.

제임스　두 가지 생각이 들어요. '큰돈을 벌 수 있는 기회가 오겠구나, 그리고 겁도 좀 난다.' 이런 생각이죠. 자, 그렇다면 뭘 준비해야 할까요? 개인 입장에서, 기업은, 공공 기관은 뭘 준비해야 할까요?

AI 시대 생존법: 나는 누구인가?

유호현　이젠 내가 뭘 원하는 사람이고, 나의 미션은 뭐고, 나의 꿈은 뭐고, 나의 소망은 뭔지를 명확하게 해 주는 그런 인문학적 고민이 필요해 보여요. 내가 하고 싶은 방향만 정하면 그 실행을 AI가 도와주게 될 테니까요. 한 사람, 한 사람의 미션, 자아실현이 정말 중요한 시대가 될 겁니다. 사람은 자아실현을 해야 행복감을 느끼도록 설계되어 있는 존재잖아요. 사람의 행복이 뭐냐, 어떻게 하면 행복할 수 있느냐의 문제로도 연결이 된다고 생각합니다.

윤수열　유 대표님 말씀에 다 동의해요. 제일 중요한 건 개인에 대한 철학적 재구성이 필요하고 생각해요.

'나는 커서 사회에 어떤 쓸모 있는 사람이 될까?'라는 데 초점을 맞추어 공부하고 성장했잖아요. 이제부터는 '나는 어떤 사람이고, 나는 어떨 때 행복하고' 이런 것이 더 본질적인 문제가 되는 거죠. 왜냐하면 미래 경제 시스템에서 에이전트들끼리의 소통으로 작동한다는 얘기는 결과적으로는 인간이 사회·경제 시스템에서 참가하던 부분이 많이 줄어든다는 뜻이거든요.

사실 꼭 인간이 아니더라도 전체 사회 생산 시스템이 작동한다는 얘기예요. 사람들은 지금까지 내가 사회에서 어떻게 밥벌이를 하고 있느냐로 정의됐지만, 미래에는 내가 어떤 사람이고 어떨 때 행복을 느끼는지가 굉장히 중요해요.

생산과는 별개로 내가 누구인지 찾아가는 과정을 한 번은 겪을 것 같아요. 생산에서 인간이 분리된 그런 세상에서 태어나서 자란 사람들은 다르겠죠. 하지만 저희 세대는 사회에서 한몫을 해야지만 먹고살 수 있기 때문에 저희들만의 철학적 기반을 다시 디자인하는 게 굉장히 중요할 것 같습니다.

유호현 　같은 맥락에서 회사도 '나는 다른 회사, 다른 피자 가게가 못 만드는 이런 피자를 만들어'처럼 명확한 미션을 가져야 해요. 예를 들어 지금까지는 '연대 앞 신촌 로터리에 있는 가게' 중 하나였지만, 이젠 그런 지역적 한계도 초월할 수 있어요. 로컬리티를 극복한 기업 활동이 이루어질 텐데, 그러면 진짜 우리 회사만의 어떤 브랜드, 그걸 어필할 준비를 해야겠죠.

그리고 플랫폼을 만드는 회사도 나올 겁니다. 에이전트 소통

플랫폼도 만들고, 광고 네트워크도 만들고. 그런 플랫폼 회사들은 돈을 아주 많이 벌게 될 것 같습니다.

윤수열　맞아요. 기업 차원에서는 무엇보다 에이전트를 어떻게 도입할지에 대해 생각해야죠. 예를 들면 기업의 인사를 담당하는 사람이라면 이제는 AI 에이전트 리소스를 어떻게 관리해야 할지를 생각해야 합니다. 기업들은 기존에 사람이 하는 일을 에이전트를 도입해서 어떻게 대체할지를 생각해야 하는 시대가 온 거지요.

AI 에이전트 민주주의

유호현　공공 부문에서는 에이전트가 나를 대변해 주기 때문에 치열하게 이해관계 해결을 위해 노력할 거예요. 지금은 '나는 택시를 하고 싶다', '누구는 타다를 하고 싶다', '된다', '안 된다' 시위하고 싸우고 목소리 큰 사람이 이기죠. 앞으로는 이해관계 당사자 숫자가 정확히 집계될 겁니다. 에이전트가 나와 떠들기 시작하면 내 신념이 명확해져야 에이전트도 나가서 정확히 대변할 테니까요.
　유권자의 요구, 니즈를 대변하고 모으는 입법 그룹이 있겠죠. 입법 그룹에서 국회의원의 권력은 매우 약해질 수 있어요. 거의 직접민주주의가 될 거니까요. 행정 서비스도 지금은 공문 보내서 '몇 월 며칠까지 지원하세요' 하지만 앞으로는 제 에이전트한테 와서 얘기하겠죠. 제 에이전트와 행정 서비스 에이전트가 긴밀하게 소통할 겁니다. 사법은 거의 완전 자동화될 수도 있습니다. 어떤 행동을 할 때 위법성 리스크가 딱딱 계산되어 나올 테니까요.

박영선   정부 차원에서는 제일 중요한 건 재분배입니다. 왜냐하면 기존에는 인간이라는 가장 중요한 기본 요소가 있어야만 사회의 생산 시스템이 돌아갔지만, 이제 인간은 생산 시스템에서 유리되기 시작했거든요. 이때 전체 사회 시스템을 어떻게 유지할 것이냐를 고민해야죠. 이 문제가 아직까지는 공공 대중에게는 많이 퍼져 있지 않은데, 사실은 매우 중요한 문제입니다.
　　과거에 스티브 잡스가 '스마트폰을 쓰는 사람과 그렇지 않은 사람의 정보 격차'를 얘기한 적이 있었죠. 이제 'AI 에이전트를 쓰는 사람과 그렇지 못한 사람의 정보와 속도 격차를 어떻게 정부가 균형을 맞출 것인가?'의 문제가 굉장히 중요해질 것입니다.

윤수열   나는 AI랑 경쟁해서 이길 수 있나? 아니면 인간이 완전히 생산 시스템에서 배제됐을 때 인간들은 어떻게 밥벌이를 할 수 있을까? 부의 재분배는 어떻게 할까? 이런 주제에 대해 공공 부문에서 먼저 논의를 시작해야 하지 않나, 생각합니다. 결론적으로 인간이 사회 생산 시스템에서 분리되는 현상이 일어날 텐데, 그러면 우리는 인간으로서의 삶을 다시 디자인해야 한다는 겁니다.

박영선   그와 관련해서 우리가 앞에서 기본소득을 토론할 때 언급했었죠, 우리나라에서 정치적으로 좁게 해석한 기본소득 말고, AI 에이전트 시대의 기본소득이요.

새로운 빈부 격차: AI를 가진 자와 가지지 못한 자

윤수열 AI 에이전트들은 인간과 유사하게 작동하지만 어쨌든 자본이거든요. 전통적 의미의 자본, 캐피털이기 때문에 대부분의 인간들은 사실 캐피털을 소유하고 있지 않아요. 대부분의 사람들은 AI 에이전트를 소유하고 있지 않아요.

미래 사회에 내가 잘 학습시킨 에이전트가 생산 시스템과 결합되면 가장 이상적인 형태죠. 사실 이 부분은 정치적으로도 논쟁적이고, 저도 아직 잘 모르겠어요.

이미 거대 자본을 쥐고 있던 사람들이 더 좋은 AI 에이전트를 만들어서 그 에이전트들에 대한 소유권을 가지고 생산에 참여시키겠죠. 그 수혜는 기존에 자본을 쥐고 있던 사람들에게 대부분 돌아갈 겁니다. 그러면 세금 제도를 재편해서 세금을 매기고, 소득 재분배를 해야 할 텐데요. 이런 적극적인 재분배 정책을 매우 공격적으로 시행해야 하는 시대가 곧 오지 않을까 생각합니다.

제임스 인터넷 시대에 정보 약자들을 지원하는 것처럼 AI 에이전트라는 핵심 자본에서 소외된 사람들을 위해서 공공 부문에서 에이전트를 지원해야 한다, 이런 뜻인가요?

윤수열 맞습니다. 이 시대에 가장 중요한 고민인 것 같습니다.

퍼블릭 AI 에이전트가 필요하다

박영선　AI 에이전트가 있는 사람과 없는 사람으로 사회가 구분이 될 거고, 정부는 AI 에이전트가 없는 사람을 위해 '퍼블릭 AI 에이전트'를 만드는 역할을 해야 할 겁니다. 옛날에 컴퓨터가 처음 나왔을 때 컴퓨터를 개인적으로 가진 사람과 그렇지 않은 사람은 컴퓨터와 주판의 차이처럼 격차가 확대됐잖아요. 그런 부분에서 정부의 역할은 그 간격을 메워 가는 것이죠. 퍼블릭 AI 에이전트가 얼마나 사회적 인프라로 잘 갖춰져 있느냐, 이게 선진국의 중요한 기준 중에 하나가 되겠죠.

　퍼블릭 AI 에이전트가 잘 만들어지지 않은 나라는 빈부 격차, 정보 격차, 지식 격차가 크게 벌어질 거고, 퍼블릭 AI 에이전트가 잘 만들어져 있는 나라는 골고루 잘사는 나라가 될 수 있겠지요.

유호현　퍼블릭 AI 에이전트가 기본소득보다 더 중요할 수 있겠는데요. 퍼블릭 AI 에이전트가 있어야, '내가 배고프다'라는 말을 할 수 있으니까요.

박영선　그렇죠. 퍼블릭 AI 에이전트에 대한 체계적 구상이 정말 중요합니다.

제임스　이런 논의는 정치적으로도 엄청난 논쟁을 일으킬 것 같습니다. 제가 기사를 쓰면서 보면 국내외에서 인공지능에 대한 논의는 진짜 돈 많은 기업, 그리고 아주 똑똑하다고 생각되는 사람들이 다 주도하잖아요. 보통 사람들은 감히 어떻게 가까이 가기가 어려울 정도일 테니까요.

왜냐하면 나중에 숫자는 정확하지 않다고 부인하긴 했지만 샘 올트먼은 7조 달러를 들여서 AI칩을 만든다고 보도가 됐었으니까요. 우리나라 삼성전자조차도 그런 숫자를 생각하지 않는데, 주눅이 들어요.

우리는 용인에 반도체 클러스터 만든다고 하는데도 어려움이 많은데, 밖에서 들려오는 얘기들은 차원이 다른 거라서, '이거 완전히 뒤처지는 거 아니야?' 이런 생각까지 들 정도예요.

그런데 여기에다가 퍼블릭 AI 에이전트 같은 개념을 들이대면 '무슨 얘기하는 거야?' 이럴 것 같고. 이런 근본적 변화를 우리 사회에서 어떻게 사람들한테 알리고 대응하게 해야 하는지 … .

박영선 　 정책 개념이 중요한데요. 이건 공중전화와 개인전화의 차이예요. 부자인 사람들은 개인전화를 갖고 있지만 개인전화가 없는 사람들은 공중전화를 쓸 수밖에 없으니까, 정부에서 공중 전화를 만들어 주었잖아요. 마찬가지로 AI 에이전트가 없는 사람이 퍼블릭 AI 에이전트를 쓸 수 있게 해 줘야 하는 거죠. 그리고 퍼블릭 AI 에이전트가 개인화된 AI 에이전트와 차이 나지 않는 수준을 유지하는 나라가 빈부 격차가 덜한 선진국이 되겠지요. 마치 요즘 국공립 유치원이 사설 유치원보다 인기가 있는 것처럼 말이죠.

AI 시대, 인간이 가장 중요하다

윤수열 듣고 보니, 퍼블릭 AI 에이전트를 만들어 주는 공공정책은 아주 중요한데요. 우리가 이것을 어떻게 정당화할 수 있을까? 결국 인본주의 그 자체인 것 같아요.

제 생각에는 아마 거대한 정치적 이데올로기가 나타날 텐데, 인간이 그 어떤 이유에서도 제일 중요한 존재라는 주장이 나오겠죠. 또 가장 높은 레벨에서는 AI도 인간과 비등한 형태의 중요한 권리를 갖는다는 주장도 나올 거예요.

몇 달 전 인기를 끌었던 영화 〈듄 2〉에서는 인간과 유사한 존재를 만들었다가 문명이 붕괴해요. 그래서 AI를 만드는 것이 불법인 것으로 묘사되거든요. 우리가 가고 싶은 길이 그쪽은 아닌 것 같아요. 세 분이 앞서 슈퍼얼라인먼트에 관해 얘기하셨던 것처럼 인간과 AI가 공존하는 형태로 가야 할 것 같단 말이죠.

우리보다 똑똑한 개체에 대해서 우리가 어떤 식으로 우리의 정치적 입장을 주장할 것이냐, 이에 대한 이데올로기가 필요할 겁니다.

저는 가능한 솔루션은 오직 하나라고 봐요. 인간이 그 어떠한 이유를 불문하고 훨씬 더 중요한 존재이므로 우리는 당연히 기본소득을 누려야 한다, 어쩔 수 없이 AI만으로 이루어지는 생산 시스템으로 계속 진화해 가는 것은 필연이다, 인간은 뇌 용량도 적고, 조금씩 주변부로 밀려날 텐데 ….

저도 어떻게 될지 모르겠습니다. 좀 무섭기도 합니다.

유호현   SF 소설이나 영화 속 이야기가 현실이 되는 것 같아요.
〈멋진 신세계〉, 〈매트릭스〉, 〈터미네이터〉, 〈듄〉⋯.

윤수열   결국은 소유의 문제거든요. AI를 소유해야지만 어떻
든 미래에 말도 안 되는 빈부 격차 속에서 내가 기본소득 계층으
로 떨어지지 않을 수 있다는 그런 두려움이 있는 거죠. 어떻게든
내가 이 생산 체계에서 핵심 기능을 하는 AI 에이전트를 소유해
야지만 살아남을 수 있다는 두려움이 사람들에게 있어요. 그것
을 소유하는 전략이 뭐냐를 개인과 기업이 치열하게 고민해야
하는 시점인 거죠.

유호현   빅테크기업 주식에 투자하는 길밖에 없을까요?

윤수열   그게 가장 현실적 해법이라서 엔비디아 같은 기업 주식
이 잘나간다고 생각해요. MS나 구글, 이런 기업의 0.0000001%
주주가 되는 게 방법이죠. 이런 생각도 해요. 지금은 빅테크기업
에서 일하는 사람들한테만 주식을 주는데 전 인류에게 주식을 나
눠 줘야 하지 않나?
　이런 생각도 해봐요. 지구 연방에 소속된 사람들에게는 AI에
대한 소유권 일부를 불하한다, 이렇게요.

유호현   그게 '오픈AI'죠. 올트먼의 오픈AI는 결국 오픈을 안 했
지만, AI 사용료를 기본은 무료로 하고, 유료도 20달러로 낮춰

놓은 것은 혁명인 것 같아요.

윤수열 맞아요. 대표님 말씀에 동의합니다.

박영선 올트먼이 기본소득 얘기를 하면서 윤 대표님의 주장처럼 기업 주식을 나눠 줘야 한다는 것과 비슷한 주장을 해요. 자기가 쓴 에세이에서. 그게 DAO Decentralized Autonomous Organization, 다시 말해 '탈중앙 자율조직'과 일맥상통하는 거죠.

제임스 올트먼 에세이에서는 미국의 상장사들로부터 일부 배당을 받아서 그걸 미국인들한테 다 나눠 주자면서 실제로 계산까지 한 걸 봤어요. 저는 그 글을 읽으면서 올트먼이 한국에 오면 완전히 사회주의자로 취급받겠는데, 생각했어요.

윤수열 미국에서는 이제 옛날처럼 공산주의 대 자유주의, 이런 이데올로기 대립으로는 살아 나갈 수 없다고들 생각하는 것 같아요. 세상이 너무 많이 변했고, 기본소득은 너무나 당연한 건데. 3년 전까지 제가 한국에 있을 때 누가 기본소득이라는 단어를 쓰면 사람들이 "너 빨갱이야?" 이런 소리를 했어요. 하하.

 지금 와서 생각해 보면, 어색한 거죠. 왜냐하면 세상이 실제로 변화하는 방식이 지금 우리 모두가 상상할 수 없을 정도로 거대한 빈부 격차가 나타나기 직전에 와 있는데 …. 이런 논의를 Layman, 즉 평범한 사람들이 따라가기 어렵죠. 저희들 중 누구도 LLM을 직접 코딩해 본 사람이 없잖아요. 세상에서 많아야 한 1,000명 이내 사람들만이 이런 기술을 실제로 구현하는 방식을 알고 있을 거란 말이죠.

제임스　방금 말씀하신 'Layman'이라는 단어가 딱 와닿네요. 기술 진영에서 본 기술 인민들, 평민들? 하하하.

AI의 유혹: 인간은 너무 어려운 존재다

윤수열　한번은 박 장관님이 모 대기업의 인사담당 상무를 소개시켜 주셨어요. 그분과 AI 에이전트에 대해 얘기하면서 느꼈어요. '기업은 인간을 AI 에이전트로 대체하려는 욕구가 정말 강하구나.' 인간은 너무나 통제하고 관리하기 어려운 존재라서, 가능하면 에이전트로 빨리 바꾸고 싶다는 게 그분의 솔직한 심정이었어요.

　그때 AI 에이전트 시대가 생각보다 빨리 올 거라는 두려움이 생겼어요. 기업이라는 조직이 인간을 대체하는 데 얼마나 적극적인 관심을 가지고 있는지를 본 거죠. 어마어마한 니즈, 어마어마한 욕구가 있어요.

박영선　노동조합의 문제죠.

제임스　그렇겠네요. AI 에이전트는 노조가 필요 없을 테니까.

윤수열   기업의 니즈가 엄청나고, 기업의 니즈가 모여서 미래를 만들어 갈 텐데, 그때 또 한 번 느꼈죠. AI 에이전트 시대는 막을 수 없는 흐름이다.

박영선   100년 전의 공장 자동화를 생각하면 되는 거예요. 당시 기계가 인간의 근육을 대체했잖아요. 이제 AI 에이전트가 인간의 두뇌를 대체하는 거죠.

윤수열   학계보다 산업계에 있는 분들이 인간을 대체하는 것에 더 거리낌이 없는 거 같아요.

유호현   거리낌이 없는 게 아니라 간절하죠.

윤수열   학계에서 이런 얘기를 하면 약간 불편해하는 분위기가 좀 있어요. '그럼 앞으로 세상에는 대체 뭐가 남는 거야?' 하는 분들도 있거든요. 그런데 기업 관계자들을 만나 보면 조직의 입장에서 인간을 대체하는 것이 필요하다고 말씀하세요.

제임스   그래서 기본소득론 중에는 AI 에이전트를 도입하면 세금을 물려야 한다는 주장이 같이 나와요.

윤수열   AI 에이전트는 국가라는 시스템 위에서 작동하는 생산 시스템의 일부이기 때문에 당연히 세금을 내야 되는 거구요. 나중에 법률에도 특정한 상황에서 문제를 해결하기 위해서 다양한 도구나 액션들을 취할 수 있는 것을 에이전트라고 정의하고, 그런 방식의 AI 코드 베이스 생산 시스템을 쓰면 세금을 내도록 할 것 같아요.

어제 클로드가 새로운 AI 에이전트를 발표했는데요. 이들은 오픈AI에서 한 단계 나아가서 특정 에이전트를 '복붙copy and paste' 해서 뿌릴 수 있게 자동화했어요. 예를 들어 피자 주문 에이전트가 있다면, 재료를 약간 바꿔서 짜장면으로 바꾼다든지 하는 식이죠.

우리가 오늘 얘기하지 않은 것 중에 왜 사람들이 AI 에이전트에 열광하느냐가 있어요. 카피(복사)가 가능하기 때문입니다. 노동력은 카피할 수 없어요. 거의 불가능하죠. 그런데 AI 에이전트는 정확하게 작동하는 프로그램을 손쉽게 카피할 수 있습니다. 인간보다 더 거대한 콘텍스트를 들여다보면서 어떤 실험적 판단을 할 수도 있어요.

제임스 AI 에이전트의 단점은 없나요?

윤수열 인간의 의식은 계속 발화하기 때문에 연속성을 가지고 작동해요. 늘 깨어 있죠. 에이전트는 그런 연속성이 아직까지는 없어요. 유 대표님 말씀처럼 API Application Programming Interface(프로그램과 프로그램을 연결해서 신호를 주고받는 것)로 오픈AI 서버에 요청을 하는 순간에만 작동해요. 만약 API를 계속 콜해서 연속적으로 작동시키면 어떻게 될까, 그러면 엄청나게 돈이 많이 들거든요. 하지만 그렇게 연속적인 API 콜도 결국 인간보다 비용이 낮아지는 시점이 분명히 올 텐데. 그 시점이 곧 오지 않을까 싶어요.

박영선   로봇을 도입하면 세금을 내도록 하는 얘기는 벌써 나오고 있으니까. 기업들이 상응하는 행동을 하도록 해야죠.

유호현   그래야죠. 로봇이나 에이전트 때문에 일자리를 잃은 사람들 4대 보험료라도 내주는 걸로요.

제임스   오늘 토론은 이렇게 정리하겠습니다. 인간 기자로서 밥숟가락 놓지 않고 계속하려면 무엇을 해야 할 것인지 고민해 봐야겠습니다.

AI 에이전트 경제
미래 경제를 위한 전략

빌 게이츠는 AI 에이전트가 5년 내에 사회 전반에 큰 영향을 미쳐 인간 생활을 혁신할 것이라 전망했다. 그는 AI 에이전트가 모든 비즈니스를 통합할 수 있다는 비전을 제시했다. PC 시대를 선도했던 게이츠가 AI에 대해 이렇게 적극적으로 발언한 것은 그 자체로 의미가 있다.

기업들은 이미 AI 에이전트를 위한 하드웨어와 소프트웨어, 서비스에 뛰어들었다. 미국의 스타트업 래빗Rabbit과 휴메인Humane 등은 포스트-스마트폰 시대를 겨냥한 AI 에이전트 전용기기를 출시했다. 한국에서는 LG전자 같은 대기업뿐만 아니라 뤼튼WRTN, 라이너 LINER 등 벤처기업들도 다양한 AI 에이전트 제품을 선보이고 있다. 온디바이스 AI 제품으로는 미국 구글의 픽셀8Pro와 삼성전자의 갤럭시S24가 벌써 시장에 나와 있다.

미국 상무부는 이미 1998년에 디지털 경제 정책에 대한 대략적 방향성을 제시했다. 기술을 경제의 관점에서 접근한다는 것이 큰 줄기다. 2000년 닷컴 시대를 거쳐 미국은 디지털 경제 전략으로 세계 최고 국가 지위를 유지하고, 경제 성장의 원동력으로 삼았다.

미국은 이제 AI를 경제적 관점에서 접근하고 있다. 모든 사람이 초강력 AI 에이전트를 가지는 지속 가능한 시장 경제를 선도하겠다는 구상이다.

학교에서 경제학을 배울 때는 수학이 자주 등장한다. 그러나 진짜 경제는 심리다. AI 에이전트가 만들어 낼 새로운 경제는 어떨까? 인간 심리를 AI가 어떻게 알 수 있을까?

AI 에이전트 경제는 소비자와 생산자가 직접 거래하는 경제 체제를 보다 체계화할 수 있다. 그럼 인간인 소비자와 인간인 생산자는 어디로 갔을까? AI 에이전트는 사용자를 위해 제품과 서비스를 탐색하는 소비활동, 조직 내 자원 배분이나 가격 등 거래 조건 협상과 같은 생산활동도 대신할 수 있다. 결국 대부분의 경제 활동이 자동화·최적화된다.[4] 다시 말해 인간은 앞으로 나설 일이 없다.

소비자와 생산자는 각자 AI 에이전트를 두고 상호 간에 협상하며 경쟁과 혁신의 기회를 공정하게 보장받는다. 이는 '디지털 권리장전'의 구현과도 같다. 기계가 기계와 협상을 하기 때문에 좋은 것은 '인간의 감정'이 배제된다는 것이다. 사람 대신 AI 에이전트가 나서면 감정 개입이 없어져 인간과 인간이 부딪히는 것보다 원활하게 협상할 수 있다. "김 사장이 그동안 나한테 잘해 준 것이 있으니, 이번에도 잘해 주겠지" 하고 주문했다가 뒤

---

4 연합인포맥스·UCAI 주최, 〈디지털권리장전에 기반한 글로벌 AI 구현 컨퍼런스〉 (2024. 1.24.) 요약보고서 및 "[이경전의 AI와 비즈니스 모델] 'AI 경제 집사' 온 다…미래 물결에 올라탈 준비하라", 〈한국경제〉, 2024. 1. 11.

통수를 맞을 일은 없다.

AI 에이전트는 소비자와 생산자의 관점에서 독립적으로 행동해 경제 시스템 효율성을 증대시킨다. 기존에 소비자와 생산자를 매개하는 상인들과 달리 중간 유통 마진을 추구하는 것이 아니라 소비자, 생산자의 이해를 대변한다. AI 에이전트 경제에서는 유통 단계가 줄어들어 비용은 저절로 내려간다. 이는 부의 편중을 줄이는 데에도 기여한다. 데이터와 고객 접점이 사용자와 에이전트에 분산되어 격차가 감소되고, 소비자와 생산자에게 도움이 되는 AI 에이전트를 제공하는 혁신 기업이 등장할 것이다.

여기서 생각해 볼 문제가 있다. "내가 어려울 때 김 사장이 날 많이 도와줬는데, 이번에는 김 사장을 우리가 도와줘야겠다." 이런 상황은 어떻게 처리될까? AI 에이전트에게 '인간적 유연성'을 어느 정도 허용할 것인가는 결국 사람이 결정할 수밖에 없다.

AI 에이전트 경제를 위한 민관 협력 방향

우리나라는 플랫폼 경제에서는 한발 늦었다는 평가를 받는다. 전 세계를 물류를 장악한 아마존, 알리바바나 검색시장을 석권한 구글이 부러울 따름이다. AI 에이전트 경제에서는 우리가 선두에 설 기회가 있다. 우리나라는 민과 관이 하나의 목표를 놓고 질주할 때 놀라운 성과를 내 왔다. AI 에이전트 기술의 개발과 적용도 비슷한 방법을 써야 할까?

우선 정책 당국자들이 AI 에이전트가 무엇인지 정확하게 인식

할 필요가 있다. 인터넷 초기에 각 정부 부처가 홈페이지를 구축하던 때를 떠올려 보자. 민간 기업에서 하루 이틀 코딩하면 될 일을 예산을 들여 몇 달이나 걸려 홈페이지를 구축한다며 난리를 치던 시절이 있었다. AI는 자고 일어나면 기술이 바뀐다. 개념을 잡고, 빠르게 의사결정을 하지 않으면 이미 때는 늦은 거다.

정부는 생산자와 판매자에게 판로를 열어 주고 소비자와 직거래할 수 있게 판만 깔아 주면 된다. 나머지는 민간에서 알아서 대응하도록 자율권을 주고, 민간의 손이 닿지 않는 곳에서만 관 주도의 AI 에이전트를 구축해 주는 것이 바람직하다.

예를 들어 온디바이스 AI의 킬러앱인 AI 에이전트를 개발한다면 정부는 방향만 제시하고 초거대 AI와 협력, 기업 간 경쟁, 온디바이스 AI와 연합학습 federated learning 체제 구축 등은 민간에서 스스로 하도록 응원해 주면 된다. 데이터 뱅크 data bank 비즈니스 모델과 제도도 정부가 운을 띄우면 기업이 알아서 도입을 서두르게 될 것이다.

"모든 경제 주체의 데이터 소유권을 보호 관리하고 AI 성능을 높여야 한다"는 정책 목표를 세웠다면 정부는 기업들이 그 길을 잘 갈 수 있도록 표지판을 세우면 된다. 표지판을 따라가면 데이터 부족과 AI 전문가 부족에 시달리는 소상공인, 중소기업들도 AI 에이전트 경제의 혜택을 보며 성장과 발전을 지속할 수 있는 희망을 갖게 될 것이다.

정부가 할 일은 하나다. 간섭하지 말고, 길에서 이탈하는 약자들을 끝까지 완주하도록 돕는 것이다.

실리콘밸리에는
AI 신들이 살고 있었다

방대한 지식과 이해력, 상상력과 창의력을 갖추고 있고, 앞으로 에이전트 모델을 통해 행동력까지 갖추게 될 AI에 없는 것은 무엇일까?

사람에게 남겨진 마지막 영역은 이 세상의 문제를 피부로 느끼고 사업이나 사회 운동을 통해 해결하고자 하는 강력한 미션과 의지력이다. 뚜렷한 방향과 미션을 가지게 되면 그것을 이루기 위한 실무는 모두 AI가 도와줄 수 있는 세상이 오고 있다. AI가 이전까지 상상하지 못했던 속도로 인간의 잠재력을 열어 주고 있다.

또한 인류는 AI의 한계치를 매일 끌어올리고 있다. AI와 인류는 서로를 도우며 인류 역사의 발전 속도를 이전까지 상상할 수 없었던 방법으로 끌어올리고 있다.

세탁기가 빨래에서 우리를 해방시키고, 자동차가 이동의 한계를 뛰어넘게 했듯이, AI는 급속도로 인류가 안고 있는 많은 문제들을 해결하고 한계를 뛰어넘게 할 것이다. 그리고 그 끝에는 어떤 문제들을 어떻게 해결해서 누구에게 제공할 것인가를 결정하는 거버넌스, 즉 AI와 정치의 문제가 있다.

이러한 변화들은 사람들에게 더 많은 역량을 제공할 것이다. 우리가 해결해야 하는 큰 질문은 두 가지이다. 어떻게 효과적으로 많은 사람들에게 AI와 쉽게 협업할 수 있도록 하여 AI를 잘 쓰는 사람과 그렇지 못한 사람 간의 격차를 줄여 나갈 것인가, 그리고 AI가 마련해 준 새로운 시간과 자원들을 우리는 앞으로 어떻게 활용할 것인가?

누구나 쉽게 AI를 활용하여 10시간 할 일을 1시간에 마칠 수 있게 해 주면 우리에게는 하루 9시간이 남게 된다. 그렇다면 어떻게 누구나 쉽게 AI를 활용할 수 있게 해 줄 것인가? 그리고 남는 9시간을 우리는 어떻게 채울 것인가? 새롭게 주어진 시간 동안 우리는 더 많은 일을 할 수도 있고, 가족이나 친구들과 시간을 보낼 수도 있고, 정치에 참여할 수도 있고, AI가 우리의 삶을 지배하는 것을 막을 수도 있다. 우리의 9시간은 어떻게 채워져야 할까?

새로운 문제를 해결하기 위해 인류는 지금까지 많은 소통을 해 왔다. 첫 수천 년간에는 가족들과 이웃을 중심으로 소통하였다. 그때의 인류는 아주 천천히 발전했다. 문자와 인쇄술의 발명으로 인류는 사회와 소통할 수 있게 되었다. 인터넷으로 이어진 소통의 혁명은 인류를 전 세계와 소통하게 만들었다. 인류는 전 세계의 지식에 접근할 수 있게 되었다.

그리고 AI는 실시간으로 전 세계의 모든 역사적·현재적 지식과 대화할 수 있게 만들었다. 소크라테스부터 스티브 잡스에 이르기까지 전 인류의 모든 사람들과 동시에 지혜를 나눌 수 있도록 한 것이 AI이다. 그리고 AI 에이전트를 통해 인류의 총체적 지식과 지혜는 직접 행동할 수 있게 될 것이다.

박영선은 하버드에서의 반도체와 AI에 대한 프로젝트를 마무리하고 귀국을 앞두고 있었다. 마지막 일정으로 샌프란시스코에서 옥소폴리틱스의 유호현 대표와 만날 예정이었다. 유호현은 직접 공항으로 마중 나왔고, 박영선은 오랜만에 만나는 그의 얼굴을 보게 되어 기뻤다. 유호현 역시 조만간 서울에 들어가 새로운 프로젝트를 진행할 계획이라고 말했다.

유호현은 예전처럼 테슬라를 몰고 나왔다. 자율주행 모드가 켜진 차는 운전자의 조작 없이도 스스로 복잡한 도로를 주행했다.

"테슬라는 자율주행 모드에서 운전자가 딴짓을 하면 눈을 보고 알아차려요. 차 안 카메라로 제 눈을 보는 거죠. 그래서 핸드폰을 보거나 테슬라 화면을 보고 있으면 경고하고 계속 말을 안 들으면 자율주행 기능을 꺼버려요. 그런데요, 선글라스를 끼고 있으면 제 눈을 못 보더라고요. 그래서 저는 선글라스를 끼고 핸드폰을 봐요."

"그것 봐요, 그게 바로 AI의 약점이라니까. AI는 인간의 창의적 행동들을 절대로 다 따라가지 못할 거야."

차 안에서 두 사람은 인공지능 기술이 가져올 미래에 대해 깊이 있는 대화를 나눴다.

생각의 속도에서 시간의 속도로

박영선은 우리가 이미 AI로 인해 인간 뇌의 노동시간을 크게 단축시켜 주는 초입의 시대에 살고 있다고 했다. 마치 산업혁명 시기 기계가 인간의 육체노동을 대신했듯이 말이다.

빌 게이츠는 일찍이 1999년 《생각의 속도》라는 책에서 인터넷과 이메일이 지배하는 세상을 예견했다. 20여 년이 지난 지금, 세상은 훨씬 더 빨리 생각할 수 있는 도구를 손에 쥐게 됐다. 우리는 생각의 속도에 날개를 달았다.

박영선은 단순히 여가 시간이 늘어나는 것에 그치지 않고, 어떻게 그 시간을 의미 있게 보낼 것인지가 중요하다고 강조했다. AI가 정치·사회·경제 참여 욕구를 키우고 문화예술에 대한 관심을 높이는 계기가 될 수 있다는 것이다.

유호현은 AI 덕분에 업무 효율이 비약적으로 향상되면서 개인의 여가 시간도 늘고 있다고 말했다. 예전 같으면 6개월은 걸릴 프로젝트도 이제는 2주 만에 끝낼 수 있게 되었다는 것이다. 그러나 그는 CEO로서 오히려 일의 양이 더 많아졌다고 고백했다. 단위 시간당 처리할 수 있는 업무가 늘다 보니 더 많은 프로젝트를 동시에 진행하게 된다는 설명이었다.

"인공지능, AI 에이전트는 시간을 금으로 바꾸는 마이더스의 손이에요. 내가 토론 때 얘기했지만 산업혁명, 공장 자동화도 근육의 힘으로 하던 일을 기계가 대신하면서 시간을 자유롭게 만든 측면이 있잖아요. 각종 가전제품들도 여성 인력의 사회적 기여를 높이는 기능을 했고요. 이제 AI 에이전트를 이용할 수밖에 없어요. 시간을 얼마나 아껴 줘."

"여유 시간이 많아진 것은 사실이에요. 삶의 본질적인 것에 가까워졌다고 해야 하나. 일의 중요성이 낮아진 걸 느껴요. 평소 같으면 사나흘 걸릴 일을 차 안에서 인공지능 켜 놓고 슬슬하기도 하니까요. 오늘 할 일을 내일로 미뤄도 가능한 상황인 거죠. 가족과 지내는 시간, 아이들과 노는 시간, 레저 시간이 늘어났어요. 그런데 동시에 일을 많이 하기도 해요. 동시다발적으로 여러 프로젝트를 합니다. 한 개 할 것을 열 개도 할 수 있으니까요. 어찌 보면 여유 시간이 생기니까 살짝 일을 더 하고 싶어지는 거 있죠."

"내가 공식처럼 얘기하는 게 있잖아요. 기계가 인간 근육을 대체한 것이 자동화고, 그게 서구 민주주의를 자극하면서 정치 참여 욕구가 커진 거라고요. 또 청소기와 세탁기가 여성 가사노동을 덜어 주었고, 그게 여성 참정권 운동, 여성 운동으로 이어졌고요.

지금은 AI가 인간 활동을 대체하면서 재택근무 등으로 족쇄에 묶였던 시간에 자유를 얻었어요. '이 시간에 난 뭘 하지' 하면서 인간 대 인간 스킨십이 확대되고, 사색도 하고, 음악·책·그림에 대한 관심이 높아지고 있죠. 물론 카페에서 수다도 많이 떨고요. 하하하 ….

유 대표가 일을 더 하고 싶다는 건 회사를 경영하는 CEO니까 그런 것이고, 기업이나 기관의 구성원이라면 어떨 것 같아요?"

"업무량이 달라졌겠죠. PC와 엑셀만 있을 때, 인터넷과 AI가 있을 때는 업무량과 그 임팩트가 다르죠. 노동시간이 분명히 줄어듭니다. 저도 어떤 프로젝트를 구상하면 예전에 '한 6개월 걸리겠네' 이랬던 것을, 이제는 회의 때 '2주면 되지?' 하게 되더라고요."

AI는 이미 인간을 능가했다?

두 사람이 이런 진지한 대화를 나누고 있을 때 제임스 정 〈블록미디어〉 편집장이 화상으로 합류했다. 제임스 정은 최근 일론 머스크가 2025년 말 AGI의 등장 가능성을 언급한 일을 소개하며, 이에 반대하는 다른 전문가들과 1천만 달러의 내기를 했다는 흥미로운 소식을 전했다.

"〈블록미디어〉가 보도한 기사 재밌던데요? 'AGI가 내년에 나온다'에 1천만 달러 내기가 걸렸다면서요?"

"네, 머스크가 내년 말에 어쩌면 AGI가 나올 수 있다고 인터뷰했고, 이에 대해 다른 미국 스타트업 CEO 두 명이 '머스크 당신 틀렸어' 이러면서 '1천만 달러 내기하자', 이렇게 나왔죠. 지난번 윤수열 대표랑 토론하면서 얘기했지만, AGI 문턱에 거의 다 온 게 아닌가 싶어요."

이에 대해 유호현은 AGI의 빠른 도래를 확신하며 일론 머스크의 편에 섰다. 실리콘밸리에서 매일 AI의 발전상을 직접 목격하고 있다는 그는 자신 있게 내년 AGI 등장을 점쳤다. 또한 그는

AGI로 인한 대규모 실업 사태 등을 너무 두려워할 필요는 없다고 잘라 말했다. 오히려 AGI는 자율주행처럼 기존의 시스템을 뛰어넘는 전면적 혁신을 가져올 것이라고 전망했다.

"실리콘밸리에서는 매일매일 AGI가 다가오는 걸 느껴요. 사실 그 변화가 두렵기도 했는데, 막상 닥쳐 보면 다르더라고요. 여기도 감원이 심했는데, 잘린 개발자들은 다른 주로 가서 새로 취업하거나 창업하면서 변화에 적응하더라고요. 워낙 이직과 해고가 많은 곳이니까요. 기업들도 AGI 개발에 엄청난 돈을 쏟아 붓습니다. AGI가 내년쯤엔 등장할 수 있다고 봅니다. 이미 GPT-4, GPT-4o도 나왔고 80% 정도는 AGI에 다가선 것 같아요."

반면 박영선은 분명 AGI 시대가 다가오는 것은 맞지만 인간의 복잡한 내면까지 100% 이해하기는 어려울 것이라며 의견을 달리했다. '자신조차 자신을 온전히 알 수 없는 것'이 인간의 속성이라고 역설했다. 그러면서 왠지 머스크가 이번 내기에서 졌으면 하는 마음이 있다고 했다.

아울러 그는 어느 특정 부문(예를 들어 가장 빠른 길 찾기)은 AGI가 데이터 분석 등을 통해 의사결정을 인간보다 더 잘할 수 있겠지만, 모든 결정의 최종 주체는 어디까지나 인간이 되어야 하지 않느냐는 소신을 피력했다.

"지금까지 나는 머스크 의견에 대체로 동조했는데 이번 내기에서는 머스크가 지기를 바라고 있어요. 하하. '네가 나를 모르는데 난들 너를 알겠느냐?' AGI가 과연 인간을 완전히 이해할까요? AI 에이전트가 나를 관찰하고 나를 대리할 수는 있겠지만, 실시간으로 완벽할 수는 없다고 봅니다.

물론 어떤 부분에서는, 내가 나를 모르는 부분까지 나를 넘어설 수도 있겠지요. 지난번 토론에서 우리가 그 얘기를 열심히 했듯이요. 내가 선거도 여러 번 해보고, 정치를 하면서 많은 사람들을 봤잖아요. 정말 알 수 없는 것이 유권자들, 사람의 마음이에요. 사람 속은 잘 모른다고."

제임스 정은 두 사람의 견해 차이를 흥미롭게 바라보며, 진짜 내기를 해보는 것은 어떻겠냐고 제안했다. 선글라스를 쓴 유호현의 모습을 보며 그는 AI를 살짝 속일 수 있는 것 역시 아직은 인간의 창의성이라고 평했다.

"제가 테슬라를 자율주행 모드로 운전하면서 느낀 건데요. AGI가 '강림'하는 것을 그렇게 두려워할 필요는 없을 거 같아요. 예를 들어 테슬라가 99% 인간 운전자를 대신해서 자율주행을 하다가 마지막 1%를 채워서 100%로 가는데, 지금 실리콘밸리에서는 뭘 생각하느냐면 120%도 가능하다는 거예요. 다시 말해 완전한 자율주행을 넘어서서 AGI가 교통체계 자체를 바꾸는 거죠. 기계가 운전하면 난폭운전이나 졸음운전 같은, 인간에 의한 교통사고 자체를 없앨 수 있다는 거예요. AGI가 시스템을 완전히 재설계할 수 있습니다."

"기계가 운전하면 난폭운전이나 졸음운전을 안 한다? 참 재미있는 발상이네요. 100% 동의해요. 그리고 어느 한쪽으로는 120%

를 이룰 수 있다는 데도 충분히 동의해요.

그러나 내가 샌프란시스코 시장이라면 AGI에 교통정책을 우선 맡겨 보고 테스트를 거친 후 최종 결정은 결국 인간이 내려야 한다고 하지 않을까요? 최종 결정을 AI에 맡기자는 결정도 결국 인간이 내려야 하지 않을까요?

AI가 종합적 정보를 수집하고, 분석할 수는 있지만, AI가 내놓은 해결책을 우리가 받아들일 것인지 선택하려면 결국 사람의 의사결정이 있어야 하잖아요. AI의 해결책을 선택할 것인가, 말 것인가? 조금 수정할 것인가? 그 수정을 AI에 요구할 것인가? 문제 해결의 모든 과정에서 최종 의사결정은 인간이 개입해야 하죠. 그것을 인간의 책임감이라고 할까요. 요즘 AI 안전성을 강조하는 반(反)올트먼 세력이 하나둘 회사를 떠나면서 올트먼의 경영 스타일이 구설수에 오르는 것도 주목해야 해요.

최근(2024. 5.16)에 미국 바이든 행정부가 인공지능 기술을 도입한 기업들의 근로자 보호 지침을 행정명령으로 발표했어요. 기업들이 AI를 도입할 때 8가지 원칙을 지켜야 한다는 것이었죠. 그 원칙은 근로자들이 AI 시스템 설계·개발·테스트·교육·사용·감독에 대해 정보를 얻고 충분히 의견을 제시할 수 있어야 한다는 것, 고용주는 직장에서 사용되는 AI 시스템에 대해 근로자나 구직자에게 투명하게 공개해야 한다는 것 등이었어요. MS가 이러한 행정명령이 발표되자 이 원칙을 채택하겠다고 했다는 점도 눈에 띄었어요. 결국 인간이 근본을 생각하게 될 것이라고 봅니다."

"두 분 의견이 살짝 엇갈리시네. 내기하시죠. 정말로."

자율주행 모드로 샌프란시스코 시내를 누비는 차 안에서 박영선, 유호현, 제임스 정의 AGI를 둘러싼 열띤 토론은 계속 이어졌다.

신이 있다면 이 상황을 어떻게 바라보고 있을까? 유호현은 인간이 인쇄술을 만들었을 때, 자동차를 만들었을 때, 컴퓨터를 만들었을 때, 달에 도착했을 때 신이 놀라지 않은 것처럼 지금도 흐뭇하게 바라보고 있을 것이라고 이야기했다.

"AI 시대에는 생각하는 자동차, 생각하는 냉장고, 생각하는 청소기 등이 있습니다. 우리가 가족과 친구 이외에도 대화할 상대가 너무 많아졌어요. 자동차에게 어디로 가라고 말하면서 냉장고에게 오늘 사 와야 할 식재료가 무엇이냐고 물어보고 …. 생각하는 사물들과 이야기를 나누는 시간, 이것이 미래의 새로 변화된 영역이네요.

그래서 인간이 더 편리해지면서 외로움을 덜 느낄 수 있을까요? 인간과 생각하는 사물들과의 대화는 반려동물들과의 대화와는 또 다른 차원입니다. 질문에 표정이나 감정으로 응하는 것이 아니라 언어를 사용해서 답하니까요. 질문하는 법이 매우 중요해질 것입니다. 그에 따라 요즘 질문학에 대한 연구가 활발해지고 있고요.

1999년 빌게이츠는 '생각의 속도'라는 표현을 썼는데 20여 년이 지난 지금은 '시간의 속도'라는 말로 표현하고 싶네요. 몇 개월 걸릴 일을 AI로 하면 한두 시간 만에 처리하기도 하지만 하루

24시간이 무한대로 확장되면서 인간의 사색의 시간을 늘려 주니까요. AI로 인한 시간의 연금술이라고 할까요? 인간이 사색할 수 있는 시간이 늘어난다는 것. 그것이 또 엄청난 세상의 변화를 가져오겠죠.

그런데 결국 이것의 시작은 반도체네요. 베트남전 패배가 미국의 반도체 집중투자의 촉매가 되었는데,《AI, 신들의 전쟁》그 시작이 결국 반도체라는 것이 또 아이러니하네요."

박영선은 미래를 "시간의 속도"라는 말로 그렇게 묘사하고 상상했다.

인간의 능력을 초월한 듯한 사람들, 인간의 한계를 뛰어넘을 듯한 사람들, 우리는 그들을 신과 같다고 여겨 왔다. 그 신의 한수가 AI로, 인간이 AI를 활용하여 신의 영역이라고 생각했던 영역에 도전하고 있는 지금. AI는 인류를 신과 같은 인류, 호모데우스 Homo Deus로 만들어 가고 있다.

인간에게 주어진 불이 농업혁명을 일으켰던 것처럼, 인간이 만든 반도체는 AI 혁명을 일으켰다. 이제 실리콘밸리에 AI 신들의 전쟁이 본격적으로 시작되고 있다.

유발 하라리의 말이 떠오른다.
"신적인 인류."
신적인 인간은 결국 반도체에 의해 만들어지고 있다. 프로메테우스가 인간에게 불을 준 후 신들의 미움을 받아 추방당했던 것처럼 샘 올트먼의 축출 작전도 그런 것이었을까?

그 축출 작전은 완료형이 아닌 진행형일까?(이 책을 마치며 진
행형이라는 쪽에 마음이 실린다.)

그래서 반도체 전쟁은《AI, 신들의 전쟁》으로 이어지는 것일까?
인간에게 주어진 불이 농업혁명을 촉발시켰던 것처럼. 이제 인간
이 만든 반도체가《AI, 신들의 전쟁》의 방아쇠를 당기고 있었다.

《AI, 신들의 전쟁》은 실리콘밸리 — 신들의 궁전 올림포스에서 신
들의 고향, 우주를 향해 가고 있는 것일까?

미국 반도체 정책에
허점은 없는가?*

좋든 싫든 반도체 산업은 글로벌화됐다. 워싱턴의 전략은 민주적 파트너(국가)와의 협력을 강화함으로써 이러한 현실을 반영해야 한다.

반도체는 운송, 통신, 의료, 인공지능^{AI}은 물론 군사 하드웨어를 포함한 첨단 기술 응용 분야에서 중요한 역할을 한다. 필자가 발간한《반도체 주권국가》에서 서술했듯이, 미국은 예상치 못한 곳에서 반도체 산업 성장을 위한 촉매제를 찾았다. 미국에게 가장 큰 상처를 준 베트남전쟁이었다. 베트남전의 패인 가운데 하나가 포탄이 실제로 지정된 목표에 도달하는 명중률이 너무 낮았다는 점이었다. 이후 높은 명중률을 보장할 수 있는 반도체의 연산력이 현대 전쟁과 글로벌 산업의 필수 요소가 되면서 지정학 및 국가 안보에 대한 반도체 기술의 영향은 더욱 심대해졌다.

베트남에서 철수한 후, 미국은 냉전 시대의 지정학적 경쟁을 통해 반도체 투자와 개발에서 상당한 발전을 계속 이루었다. 원래 소련의 기술 혁신에 대응해 출범한 DARPA(국방고등연구계획국)는 실리콘밸리가 혁신의 허브로 부상할 수 있는 기반을 마련했다. 오늘날 미국의

---

* 이 글은 박영선 전 중소벤처기업부 장관이 *The Diplomat*에 게재한 기고문(2024. 5.25)이다. "The Missing Links in US Chip Policy", https://thediplomat.com/2024/05/the-missing-links-in-us-chip-policy/

의사결정자들은 기술 우위를 지키려는 지속적 노력에도 불구하고, 반
도체 공급망의 전 세계적 분업이 반도체 산업을 둘러싼 정치적 역학을
변화시켰다는 사실에 직면해야 한다. 중국·대만·한국·일본과 같은 국
가가 반도체 공급망의 주요 플레이어로 부상하면서 경쟁이 격화되고
지정학적 긴장이 심화되고 있다.

미국은 특히 중국과의 광범위한 안보 경쟁이라는 맥락에서 반도체
정책을 정확히 어떻게 조정할지 고민하고 있다. 따라서 다음과 같은
질문이 제기된다. 글로벌화된 반도체 산업에 대한 미국의 접근방식은
소련 붕괴 이후 30년 동안 성공했는가?

하버드대학의 스티븐 월트Stephen Walt와 시카고대학의 존 미어샤이
머John Mearsheimer 같은 일부 전문가들은 미국이 이 기간 동안 힘에 의
한 민주주의를 촉진하고 자유주의 경제 관행을 해외로 확장하는 데 지
나치게 집착한 나머지 오히려 지정학적 도전 — 새로운 강대국 적들의
등장 — 을 불러일으켰다고 오랫동안 주장해 왔다. 필자가 한국의 중
소벤처기업부 장관으로 재임하면서 특히 반도체 산업에서 그러한 중
국의 도전을 체감할 수 있었다.

소련 붕괴 이후 세계 유일의 강대국이 된 미국은 비용 절감을 위해

제조업을 중국과 같은 국가에 아웃소싱했다. 중국과 미국은 경제적으로 상호 의존하게 됐고, 전체 무역 규모는 1980년 100억 달러에서 2023년 6,000억 달러 이상으로 증가했다. 이러한 상호 의존에 힘입어 중국 경제는 놀라운 속도로 성장했으며, 1인당 국민소득은 25배 증가했다. 2010년 중국의 국내총생산 GDP은 일본을 넘어섰다.

중국이 점점 커지는 경제력과 군사력을 이용해 미국에 도전하는 데는 오랜 시간이 걸리지 않았다. 새롭게 격화된 패권 경쟁에서 종종 간과되는 중요한 사실 하나는 냉전이 끝난 후 수십 년 동안 미국의 수많은 반도체 제조 공장이 중국·대만·한국과 같은 국가로 사업장을 이전했다는 점이다. 애플 Apple과 같은 빅테크기업조차도 칩 생산을 위해 이들 국가에 계속 의존하고 있다. 이러한 대외 의존은 오랫동안 미국이 취한 안일한(미국의 시장이 더 커질 것이라고 가정한) 세계화 접근 방식, 즉 자유무역주의의 직접적 결과이다.

반도체 생산에 대한 중국의 야망은 대만 TSMC의 시장 지배력에 직접 도전하려는 SMIC와 같은 기업의 전략적 육성을 통해 드러난다. 중국은 현재 공급량의 80%를 수입하지만 2025년까지 국내에서 소비되는 반도체의 70%를 국내에서 생산하는 것을 목표로 삼았다. 따라서 중국은 자국의 반도체 산업에 막대한 보조금을 지급하고 있으며 향후 몇 년 동안 400억 달러 규모의 투자를 계획하고 있다.

이러한 중국의 반도체 발전은 반도체 문제가 중국과 미국의 관계를 어떻게 복잡하게 만들 수 있는지를 보여 준다. 마오쩌둥의 경제계획 실패와 문화대혁명의 혼란으로 중국에서 초기 반도체 기술 개발의 속도는 더뎠다. 1978년 이후 개방정책에 따른 많은 투자에도 불구하고 중국 반도체 산업은 눈에 띄는 발전을 이루지 못했으나 2001년 중국의 세계무역기구 WTO 가입과 세계경제 편입으로 눈에 띄는 성장세를 보였다. 2015년 시진핑 주석은 '중국 제조 2025' 10개년 계획에서 반도체 개발이 중국과 미국의 기술 경쟁의 핵심이 될 것이라고 선언했다.

2014년 새정치민주연합(현재 더불어민주당) 원내대표로서 필자가 시진핑 주석을 만났을 때 그는 동아시아 정치 지형을 새롭게 형성하고 궁극적으로 지배하려는 중국의 야망을 강력히 암시했다. 시 주석은 "피는 물보다 진하다"는 말로 북한 문제에 대한 대화와 협력의 입장을 옹호했다.

최근 왕이王毅 중국 외교부장이 "한국과 일본 같은 나라는 뿌리가 어디에 있는지 알아야 한다"고 호소한 것도 같은 맥락이다. 그는 이렇게 덧붙였다. "머리를 아무리 노란색으로 염색해도, 코를 아무리 뾰족하게 만들어도 결코 유럽인이나 미국인으로 변하지 않을 것입니다. 당신은 결코 서양인으로 변하지 않을 것입니다."

이러한 상황에서 미국은 반도체 산업과 관련해 무엇을 해야 하는가? 2022년 8월 바이든 행정부는 미국 반도체 제조역량을 강화하고 첨단기술 성장을 촉진하는 것을 목표로 하는 중요한 이니셔티브인 〈CHIPS 및 과학법〉에 서명했다. 이 법안의 핵심 중 하나는 반도체 산업에 대한 연방정부의 지원을 확대하고 기술 경쟁력을 강화하는 데 초점을 맞춘 530억 달러 규모의 투자 계획이다. 이와 같은 미국의 반도체 지원 정책이 미국의 핵심 안보 이익은 물론 전반적인 동맹 네트워크를 효과적으로 보호할 수 있을지는 논쟁의 여지가 있다. 특히 중국에 대한 미국의 기술 제재는 그 실효성을 면밀히 따져 볼 필요가 있다.

한국 중소벤처기업부 장관으로서의 경험은 이 문제에 대한 필자의 관점에 큰 영향을 미쳤다. 2020년 한국과 일본은 무역 분쟁을 겪었고, 이 기간 동안 일본 정부는 반도체 제조에 사용되는 핵심 소재의 수출을 제한해 긴장과 논란을 불러일으켰다. 당시 한국 정부는 이런 수출규제에 대한 대응전략을 마련하기 위해 매일 고위급 회의를 열었다. 처음에는 당황했지만 한국 정부와 반도체 업계는 공급업체 다각화와 자체 기술 개발을 통해 결국 안정화에 성공했다. 역설적이게도 일본의 수출규제는 결국 한국 반도체 관련 산업의 역량을 강화시키는 결과를 낳았다.

이러한 경험을 토대로 미국의 대중국 제재를 재평가하고 재조정하려면 더 사려 깊은 대안이 필요하다. 이런 결과들은 적어도 이토록 중대한 기술의 모든 측면에서 공격적으로 경쟁적 접근방식을 채택하는 것은, 솔깃할 수 있는 방안이지만, 바람직한 결과를 얻지 못하고 비용이 많이 드는 방식으로 역효과를 낼 수도 있다는 교훈을 보여 준다. 필자가 특히 주장하려는 것은 중국과의 패권 경쟁이 심화되는 가운데 미국의 기술 수출 제한 범위는 더욱 정밀하게 규정해야 한다는 것이다. 일각에서는 이를 '작은 마당, 높은 울타리' 접근방식이라고 부르는데, 군사적 잠재력이 높은 기술에 대한 제한을 강화하고 제한 대상 품목을 줄이는 방식이다.

실제로 이는 제이크 설리번 미국 국가안보보좌관이 2023년 4월 브루킹스 연구소 연설에서 밝힌 내용이다. 설리번 보좌관은 미국 행정부 정책이 '디커플링'에서 '디리스킹'으로 전환됨을 알렸다. 이 아이디어는 미국의 동맹국과 파트너에게 해를 끼칠 수 있는 광범위한 제재를 피하면서 상대적으로 위험한 기술의 확산을 억제하는 데 정면으로 초점을 맞춘 것이다.

미국의 광범위한 제재가 국내적으로 경제적 어려움을 초래할 뿐만 아니라 동맹국과의 관계도 긴장시키고 위협하는 사례를 찾는 것은 어렵지 않다. 반도체 수출을 중국 시장에 크게 의존하는 한국과 같은 국가의 경우가 그에 해당한다. 현재 한국의 반도체 수출은 미국에 7%, 중국에 40%에 달한다. 한국의 많은 관계자들은 미국이 2022년 중국에 대한 수출 제한을 처음 고안했을 때 동맹국에 미칠 영향을 충분히 고려하지 않았다고 느꼈다.

예를 들어 미국에 우호적인 주요 반도체 장비 생산국 가운데 한국이 경제적으로 가장 큰 어려움을 겪었다는 사실은 한국 언론의 주목을 피할 수 없었다. 아이러니하게도 미국의 대중국 장비 수출은 3.1% 소폭 감소에 그쳤다. 일본과 네덜란드의 수출은 각각 4.7%와 150.6% 증가했는데, 이는 중국 기업들이 미국 주도의 수출 제한 확대에 선제 대응하기 위해 이들 국가로부터 '레거시 장비'(범용장비)를 전략적으로 비축하는 데 안간힘을 썼기 때문이다. 이와 대조적으로, 중국 산업에 더욱 광범위하게 결합되어 대체 가능성이 더 높은 한국 반도체 장비의 수출은 2022년 56억 달러에서 2023년 45억 달러로 무려 20%나 감소했다.

효과적인 반도체 정책은 마치 팀 스포츠의 전략과 같다. 미국이 주도하는 동맹 국가들과 더 넓게는 자유 민주주의 국가들이 함께 협력하여 반도체 공급망에 대한 국가 전략을 동기화하는 것이 중요하다. 오늘날 한국과 같은 오랜 미국 동맹국들은 중국을 향한 지역 무역 환경의 급격한 악화로 인해 경제 침체를 겪고 있다. 이번 총선에서 윤석열 정부 여당인 '국민의 힘'이 참패한 것은 상황이 더욱 악화됐음을 입증한다.

결론은 미국이 국가 안보 문제와 동맹국 및 동맹 관계에서 건강한 균형을 맞추도록 주의를 기울여야 한다는 것이다. 이는 특히 선진국 경제에 꼭 필요한 요소일 뿐만 아니라 전 세계적으로 상호 연결된 특징을 가진 반도체와 같은 부문에 대한 정책의 경우 더욱 그렇다. 동맹국 간의 단결을 유지하면 지정학적 도전에 맞서 강력한 전선을 확보할 수 있다. 미국은 자국의 국가 안보뿐만 아니라 동맹 관계를 더 돈독히 하기 위해 동맹국들의 '반도체 주권'을 보호하기 위해 노력해야 한다.

용어 해설

1. AI 기반 기술

머신러닝 Machine Learning

머신러닝은 데이터를 분석하고 그 데이터를 기반으로 학습하여 예측이나 결정을 내리는 인공지능 기술이다. 기본적으로 머신러닝 알고리즘은 데이터를 통해 패턴을 인식하고 이를 바탕으로 새로운 데이터를 분석한다. 예를 들어, 이메일 스팸 필터링 시스템은 과거의 스팸 메일과 정상 메일 데이터를 학습하여 새로운 이메일이 스팸인지 아닌지를 예측할 수 있다.

튜링 테스트 Turing Test

튜링 테스트는 인공지능이 얼마나 사람처럼 잘 대화할 수 있는지를 측정하는 시험이다. '컴퓨터의 아버지' 앨런 튜링이 1950년에 고안한 테스트다. 사람 심사관은 기계와 사람 중 누가 대답하는지 모른 채 질문을 던진다. 만약 심사관이 기계와 사람을 구별하지 못한다면, 그 인공지능은 튜링 테스트를 통과한 것이다.

언어모델 Language Model

언어모델은 인간의 언어를 이해하고 생성하는 인공지능 기술이다. 이 모델은 방대한 양의 텍스트 데이터를 학습하여 문장의 구조와 의미를 파악한다. 언어모델을 통해 인공지능은 자연스럽고 의미 있는 문장을 만들어 낼 수 있다.

인공신경망 Artificial Neural Network

머신러닝의 하위 개념으로 인공신경망이 있다. 인공신경망은 인간 뇌의 뉴런 구조를 모방한 컴퓨터 알고리즘으로, 여러 계층layer으로 구성된 노드node들이 연결되어 있다. 각 노드는 입력 데이터를 처리하여 다음 계층으로 전달하며, 최종적으로 예측 결과를 도출한다. 인공신경망은 이미지 인식, 음성인식 등 다양한 분야에서 활용된다.

강화학습 Reinforcement Learning

강화학습은 인공지능이 보상을 받거나 벌을 받는 방식으로 학습하는 기술이다. 예를 들어, 게임에서 승리하면 랭킹이 올라가는 보상을 받고 패배하면 랭킹이 떨어지는 벌을 받는 식이다. 인공지능은 최적의 행동을 찾기 위해 반복적으로 학습한다.

딥러닝 Deep Learning

딥러닝은 인공신경망의 한 형태로, 특히 다층 구조의 신경망을 사용하여 복잡한 패턴을 학습한다. 일반적으로 딥러닝 모델은 수십에서 수백 개의 층을 가질 수 있으며, 각 층은 이전 층의 출력을 입력으로 받아 더욱 복잡한 특징을 추출한다. 딥러닝은 대규모 데이터와 고성능 컴퓨팅 자원의 발전으로 인해 최근 많은 주목을 받고 있으며, 이미지 및 음성인식, 자연어 처리 등에서 뛰어난 성능을 보인다.

생성형 AI Generative AI

생성형 AI는 언어모델을 포함한 다양한 인공지능 기술을 사용하여 새로운 콘텐츠를 만들어 내는 기술이다. 생성형 AI는 텍스트, 이미지, 음악 등 다양한 형태의 데이터를 생성할 수 있다. 예를 들어, 챗GPT는 텍스트 생성형 AI로서, 주어진 주제에 맞는 글을 작성하거나 대화형 응답을 생성할 수 있다. 다른 예로, GAN Generative Adversarial Network이라는 기술은 이미지를 생성하는 데 사용되며, 이를 통해 새로운 예술 작품이나 현실감 있는 가짜 이미지를 만들 수 있다.

2. AI 기술 및 개념

AI 에이전트 AI Agent

AI 에이전트는 주어진 환경에서 자율적으로 행동하며 목표를 달성하는 인공지능 시스템이다. 예를 들어, 게임에서 플레이어 대신 움직이거나, 스마트 홈에서 조명을 제어하는 에이전트가 있다. 최근 대두되는 AI 에이전트는 인간 사용자를 대신하여 여행 스케줄을 잡거나, 영화표를 예약하는 등의 '비서' 역할도 할 수 있을 것으로 기대된다. 오픈AI, 마이크로소프트, 구글, 메타 등이 유사한 서비스를 앞다퉈 내놓고 있다.

온디바이스 AI On-device AI

온디바이스 AI는 데이터 처리를 클라우드 서버가 아니라 기기 자체에서 수행하는 인공지능 기술이다. 이 기술은 개인 정보 보호와 실시간 처리가 중요한 상황에서 유용하다. 예를 들어, 스마트폰에서 얼굴 인식을 수행하는 기술이 있다.

AI 메모리 AI Memory

AI 메모리는 인공지능 시스템이 정보를 저장하고 필요할 때 이를 활용하는 기능을 의미한다. 이 메모리 시스템은 과거 경험을 기억하고 이를 바탕으로 더 나은 결정을 내릴 수 있도록 도와준다.

AI 플래닝 AI Planning

AI 플래닝은 인공지능이 목표를 달성하기 위해 최적의 행동 순서를 계획하는 기술이다. 예를 들어, 로봇이 장애물을 피하면서 목적지에 도달하는 경로를 계획하는 데 사용된다. 글을 쓸 때 관련 자료를 조사하고, 아웃라인을 작성하고, 서론부터 쓰는 등 일을 나누고 순서대로 수행하는 의미로도 사용된다.

일반인공지능〈인공일반지능〉 AGI: Artificial General Intelligence

일반인공지능은 인간과 같은 수준의 지능을 가진 인공지능을 의미한다. AGI는 특정 작업에 국한되지 않고, 다양한 분야에서 인간처럼 생각하고 학습할 수 있는 능력을 갖춘 인공지능이다.

뉴럴링크 Neuralink

뉴럴링크는 일론 머스크가 설립한 회사로, 뇌와 컴퓨터를 연결하는 기술을 개발하고 있다. 이 기술은 뇌 질환 치료, 인간의 인지 능력 향상 등 다양한 의료 및 기술적 응용 가능성을 가지고 있다.

3. AI와 사회 및 윤리

효과적 이타주의 Effective Altruism

효과적 이타주의는 자원을 가장 효과적으로 사용하여 최대한 많은 사람에게 도움을 주는 철학이다. 이는 인공지능 개발에서도 윤리적 지침으로 사용될 수 있다. 예를 들어, 무료 의료시설을 위해 100만 달러를 기부할 것이냐, 아니면 인류 전체를 위한 인공지능 개발에 기부금을 낼 것이냐 같은 선택의 문제를 제기한다. 효과적 이타주의자들은 인공지능을 사용하여 의료서비스 접근성을 높일 수 있다면 100만 달러를 무료 병원이 아니라 인공지능 개발자들에게 줘야 한다고 생각한다. 그것이 더 많은 사람들에게 효과적으로 혜택이 가도록 자원을 배분하는 일이기 때문이다.

기본소득 Basic Income

기본소득은 모든 시민에게 조건 없이 일정한 금액을 지급하는 제도이다. 인공지능의 발전으로 인한 일자리 감소 문제를 해결하기 위한 방안 중 하나로 논의되고 있다. 인공지능이 고도로 발달하면 생산이 소비를 항상 초과하게 된다. 일자리와 일정한 수입이 없는 사람이 생산품과 서비스를 소비하지 않으면 생산 시스템 자체가 돌아갈 수 없다. 따라서 인간에게 일정한 수입을 보장해줌으로써 생산과 소비가 균형을 맞출 수 있도록 하자는 구상이다.

리퀴드 데모크라시 Liquid Democracy

리퀴드 데모크라시는 직접 민주주의와 대의 민주주의의 혼합 형태로, 개인이 특정 이슈에 대해 자신의 투표권을 전문가나 신뢰하는 사람에게 위임할 수 있는 시스템이다. 인공지능 기술은 이러한 시스템을 구현하고 관리하는 데 활용할 수 있다.

슈퍼얼라인먼트 Superalignment

슈퍼얼라인먼트는 매우 강력한 인공지능 시스템이 인류의 이익을 위해 작동하도록 보장하는 개념이다. 이는 인공지능의 잠재적인 위험을 최소화하고, 안전하고 유익한 방향으로 기술을 발전시키는 데 중점을 둔다.

퍼블릭 AI 에이전트 Public AI Agent

퍼블릭 AI 에이전트는 공공 서비스를 위해 설계된 인공지능 시스템을 의미한다. 예를 들어, 정부의 행정 업무를 돕거나, 시민들에게 정보를 제공하는 인공지능이 이에 해당된다.

4. AI 하드웨어 및 인프라

슈퍼컴퓨터 Supercomputer

슈퍼컴퓨터는 매우 높은 성능을 가진 컴퓨터로, 복잡한 과학 계산이나 대규모 데이터 분석에 사용된다. 인공지능 연구에서는 대규모 모델 학습에 필수적인 장비이다.

GPU Graphics Processing Unit

GPU(그래픽 처리 장치)는 그래픽 연산을 빠르게 처리하는 장치로, 딥러닝 모델 학습에도 사용된다. 높은 병렬 처리 능력을 갖춘 GPU는 복잡한 계산을 효율적으로 수행할 수 있어 인공지능 연구에 필수적이다.

양자컴퓨터 Quantum Computer

양자컴퓨터는 양자역학 원리를 이용하여 기존 컴퓨터보다 훨씬 빠르게 복잡한 문제를 해결할 수 있는 차세대 컴퓨터이다. 양자컴퓨터는 인공지능 알고리즘의 성능을 획기적으로 향상시킬 수 있는 잠재력이 있다.

HBM High Bandwidth Memory

HBM은 데이터 전송 속도가 매우 빠른 메모리 기술로, 인공지능 모델의 학습과 추론 속도를 크게 향상시킬 수 있다. 고속 데이터 처리 능력이 요구되는 인공지능 응용 분야에서 중요한 역할을 한다.

NPU Neural Processing Unit

NPU(신경망 처리 장치)는 인공지능 연산을 효율적으로 처리하기 위해 설계된 특수한 프로세서이다. 이는 인공지능 모델의 학습과 추론을 가속화하고 전력 소비를 줄이는 데 도움을 준다.

엣지 디바이스 Edge Device

엣지 디바이스는 데이터를 중앙 서버가 아니라 기기 자체에서 처리하는 장치를 의미한다. 이는 지연 시간을 줄이고 데이터 전송 비용을 절감할 수 있어, 스마트폰이나 IoT 기기 등에서 널리 사용된다.

인공지능 반도체 AI Semiconductor

인공지능 반도체는 인공지능 연산을 최적화하기 위해 설계된 특수 칩이다. 높은 연산 성능과 낮은 전력 소비를 통해 인공지능 응용 프로그램의 효율성을 크게 향상시킬 수 있다.

5. 데이터 및 학습

데이터 학습 Data Training

데이터 학습은 인공지능 모델이 데이터를 통해 패턴을 학습하는 과정이다. 다양한 데이터를 분석하고 이해하여 인공지능 모델이 더 정확한 예측을 할 수 있도록 돕는다.

데이터 뱅크 Data Bank

데이터 뱅크는 대량의 데이터를 안전하게 저장하고 관리하는 시스템이다. 인공지능 모델 학습에 필요한 데이터를 제공하고, 데이터 접근성을 높이는 역할을 한다.

거대 언어모델 LLM: Large Language Model

거대 언어모델은 방대한 양의 텍스트 데이터를 학습하여 인간의 언어를 이해하고 생성할 수 있는 인공지능 모델이다. 예를 들어, GPT-3 같은 모델이 이에 해당하며, 다양한 언어 관련 작업에서 뛰어난 성능을 발휘한다.

연합학습 Federated Learning

연합학습은 데이터를 중앙 서버에 모으지 않고 분산된 여러 장치에서 모델을 학습시키는 방법이다. 개인정보 보호를 강화하면서도 모델 성능을 향상시킬 수 있는 장점이 있다.

유저 콘텍스트 User Context

유저 콘텍스트는 사용자의 현재 상황과 환경을 이해하여 맞춤형 서비스를 제공하는 기술이다. 인공지능이 사용자에게 보다 개인화된 경험을 제공하는 데 중요한 역할을 한다.

반도체
주권국가

박영선(전 중소벤처기업부 장관)
강성천(전 중소벤처기업부 차관)
차정훈(전 중소벤처기업부 창업벤처실장)

반도체는 왜 무기화 되었나?
미·중 갈등 속 기술패권의 향배는?
반도체 주권국가를 향한
대한민국의 생존전략을 찾아서

21세기 글로벌 반도체 산업의 지각변동 속에서 한국의 생존전략을 탐색했다.
역사·경제·외교·과학의 경계를 넘나들며 반도체 전쟁의 승부를 가를 핵심요인을
짚고, 고래싸움 속 대한민국이 처한 현실을 명쾌하게 풀어냈다. 대표저자 박영선 전
장관은 1950년부터 현재까지 70년 반도체 산업의 역사와 미·중 갈등 속 요동치는
반도체 세계지형을 한눈에 조망할 수 있는 관점으로 '반도체 무기화'와 '패권국가의
전략'을 제시했다.

신국판 | 384면 | 24,000원

나남
nanam
Tel: 031-955-4601
www.nanam.net